在异乡的窗口，守望

夏榆 著

上海三联书店

新经典文化股份有限公司
www.readinglife.com
出品

目 录

最需要思考的是对人的解放

不止是回忆，也是永久的创伤

在东亚的天空下

评估世界的尺度

将他们带进你的灵魂（代序）

1972 年 6 月 8 日，摄影师大卫·伯内特和同在越南的美联社摄影记者黄功吾经过一个遭受美军战机轰炸的村庄。战机投下的凝固汽油弹燃起冲天大火，他们看到一群在路上惊慌奔跑的孩子，一个哭泣的女孩裸体跑在最前边，身上没有了衣服。大卫和黄功吾几乎同时把镜头对准那些奔跑的孩子并按下快门。大卫照相机里的胶卷已用到最后一张，他迅速换上新的胶卷再举相机的时候，那个哭泣的女孩已经跑到他们身后，大卫拍到那个女孩跑去的背影。黄功吾拍摄到了正面。这幅题为《火从天降》的照片刊登在美国《纽约时报》头版，次年获美国普利策奖，在荷兰世界新闻摄影比赛中又被评为年度最佳照片。

2004 年 2 月 17 日下午，我在北京惠新街附近一家咖啡馆采访美国联系图片社总裁罗伯特·普雷基。这一年是我从事新闻工作的第四年，此时正激情满怀，被职业理想感召，追求卓越感，不辞劳苦奔走在新闻现场，寻找那些具有新闻价值和公共意义的人与事。普雷基曾为"荷赛"（世界新闻摄影比赛 /WORLD PRESS PHOTO，简称"WPP"或"荷赛"）评委会主席，他讲述联系图片社旗下那些著名摄影师拍摄震撼世界的照片的故事，回忆起大卫·伯内特与黄功吾的往事。普雷基视他们为 20 世纪最伟大的摄影家之一。"越战的提前结束跟那些在越南的杰出战地记者的工作有关，他们拍摄的残酷的战争影像促使美国人民反思越战，正视战争的创伤。"普雷基说。

对这些故事我怀有热忱，此前我看到过这些照片。从事新闻工作之前，我在一家出版公司做事，编辑过大型图文书。当时正值世纪之交，告别与缅怀20世纪的情绪弥漫世界，在编辑部的档案室我看到20世纪震撼人心的影像，看到那些改变历史进程的瞬间。我看到过那幅题为《火从天降》的照片，在空袭的轰炸中哭泣着裸体奔跑的女孩潘金淑和她身后惊慌失措的孩子的照片令我难以忘怀。普雷基将新闻记者的职责和摄影师相比，他说："新闻记者的责任是用自己独立的思想判断事物，认识现实。比如美伊战争中美国政府说伊拉克有大规模杀伤性武器，那就有吧，但要让我们亲眼去看看；比如说克罗地亚，他们的总统说没有大规模的种族屠杀，那好吧，就算没有，但要让我们亲眼去看看，必须给我们机会让我们自己去寻找答案。"

当你起航前往伊萨卡
但愿你的旅途漫长，
充满冒险，充满发现。

此刻想起希腊诗人卡瓦菲斯于1911年写在诗歌《伊萨卡岛》的诗句。我的始于千禧年的新闻职业在2002年成为标志性转折，这一年加盟《南方周末》担任驻京文化记者，到2004年进入职业生涯的深水区，我频繁地介入国际时事的报道，各种突发事件、海湾战争、地区冲突、恐怖袭击……我选择切入这些重大事件的角度，从文化的背景观察时代风云的变幻。

从这个时刻开始，我工作的领域在扩展，抵达的场域更遥远，访问的对象更纷繁。政治人物、学界精英、作家、艺人，都是受访者。倾听这个世界杰出者内心的声音，储存丰饶的精神遗迹成为我的工作。这些受访者的声音变成文字聚集在纸上。现在我写作这篇文字的时候，电脑前就放置着存有受访者声音的微型磁带，它们垒起来像是一堵微型的墙。在录音带的时代，我保存下来上百盘的微型录音带；在数码的时代，我保存着更多的访问音频。用坏了若干录音机，也用坏了若干录音笔。四海的漫游，环球的奔走强健了身体，也坚固了精神。

2012年7月，在新闻工作做到十年的时候我决定辞别，开始职业写作。整理旧物时看到放在木盒里的微型录音磁带，重新将它们垒砌成墙。以前台湾著名媒体人高信疆先生说过："这些磁带可以捐给新闻博物馆，它们有文物的价值。"让我深有感触的是，当年访问过的人有的已经辞别人世，他们珍贵的声音储存了下来；远在地球另一端的人，只要打开录音机，他们的声音就聚拢眼前。

不仅依靠记者的眼睛观察这些纷繁的人事，也要用作家的头脑注视世界的变迁。这是我对自己的要求。"所谓作家，就是注视世界的人。"苏珊·桑塔格这么定义作家的工作。

此刻，重忆往昔，是对奇崛时光的纪念。汇集在此的文字，是时间的刻痕，是心灵的回声，也是精神的遗存。当我默诵卡瓦菲斯的《伊萨卡岛》时，觉得那些写于百年前的诗句契合这些文字的精神气质，也传达我的体验。

除非你将他们带进你的灵魂，
除非你的灵魂将他们耸立在你面前，
但愿你的道路漫长，
但愿那里有很多夏天的早晨。

夏 榆
2016年9月

第一部分

站在世界的维度

阿尔·戈尔：全球性的紧急状态

我们需要一种道德力量和一种长远的视野，达尔富尔的问题仅仅是政治问题吗？我们的热带雨林正在以每秒钟失去一个足球场的面积消失。还有我们非洲的艾滋病问题，这些问题都仅仅是政治问题吗？面对这些危机，我们需要的是一种伦理的力量。

——阿尔·戈尔

北欧的冬季之夜寒冷、深邃而漫长，夜色中的奥斯陆则瑰丽而奇异。

2007 年 12 月 10 日夜，奥斯陆的民众手持点燃的火把穿过卡尔·约翰大街游行。

推着婴儿车的妇女、怀抱幼子的男人、纯真的少女、秀美的少年、慈祥的老人，他们手举自制的纸火把，从千米之外的广场出发，沿着卡尔·约翰大街行进。天空飘着细雨，而长街覆盖着尚未消融的积雪。两名骑着高头大马的骑警在前，两名骑摩托车的警察随后，由三名印度鼓手率领，游行队伍蜿蜒数千米，燃烧的火把如火龙般横贯长街。

奥斯陆市民手持火把游行，向诺贝尔和平奖得主致敬是挪威延续100年来的传统。

卡尔·约翰大街的"大旅馆"自1874年建起，在100多年里是诺贝尔和平奖得主的下榻之处。

2007年度诺贝尔和平奖获得者、美国前副总统阿尔·戈尔与IPCC（政府间气候变化专门委员会）主席巴乔里下榻在"大旅馆"二楼。游行队伍行至"大旅馆"前停下，鼓手击鼓舞蹈，游行的民众以欢呼之声等待在旅馆二楼临街包厢的戈尔和巴乔里出现。驻守在宾馆其他房间的摄影记者把重炮般的长镜头对准二楼的包厢，他们静候着阳台门的打开。

晚8点整，戈尔和巴乔里出现在阳台上，身边是他们的伴侣。他们微笑着向等候在长街的民众挥手致意，伫立长街的民众以激越的鼓声和热情的舞蹈，向他们致敬。

难以忽视的真相

奥斯陆时间12月10日下午1时整，诺贝尔和平奖颁奖典礼在挪威市政厅举行。

进入市政厅要提前一小时，来自世界各国的政要和来自世界各地的新闻记者们候在青铜制作的大门外，分批而入。全副武装的警察三三两两守在入口处，进入门廊者先要把随身携带的物品和皮包放到一间内室，接受高大威猛的警犬的检验，通过检验者被放行，再过安检通道。

12时40分，市政大厅楼顶四吨重的大钟敲响，钟声响彻奥斯陆城市上空。

挪威首相、国王和王储以及来自社会各界的政要前来出席颁奖典礼。四名身穿传统皇家礼服的乐手肃然而立，他们站在市政大厅通向二楼的阶梯吹起礼宾曲，阿尔·戈尔、巴乔里和他们的夫人踏上红色地毯，在嘉宾的掌声中走进市政大厅。他们和挪威诺贝尔委员会主席奥勒·丹博尔特·姆乔斯及秘书长吉尔·伦德斯诺德面向观众坐在主席台侧。与他们相对一侧的是表演区，来自欧美及挪威本国的著名音乐人以他们精湛的节目为颁奖典礼助兴。

主席台上方的墙壁绘有抽象的壁画，淡蓝色调的主席台上是镶嵌着金色诺贝尔头像的讲坛。它们被鲜花环绕。二楼一侧的看台是媒体席，记者架设起密集的高倍摄影长镜头，专门搭建起木制的电视转播间，来自全球的四百家通讯社现场报道和平奖颁奖典礼。二楼的侧厅有大屏幕，媒体记者可在此观看和报道他们想要报道的新闻。

在观众席前端的四张座椅是国王和王后以及王子王妃的位置。与神情庄重的国王和王后不同，王子和王妃相握手掌而坐。他们年轻的面孔现出生动之气。

"今天，我来这里，是带着一个使命的。我希望我能更有效更迅速地说服听众，以完成我的使命。"戈尔站在挪威市政大厅的主席台上发表获奖演说。他身后的窗外是暗下来的天色，远处是覆盖着积雪的山峦，海岸，泊在峡湾的远洋邮轮，邮轮上升起的桅杆。主席台上的戈尔身穿黑色西服，白衬衣，蓝色领带，他的声音浑厚而有磁性。戈尔身材挺拔魁梧，作为昔日的政治明星其个性魅力彰显。他的演讲感性而亲和。

"有时候，全无征兆地，一个幽灵就从未来走到现在，给人们带来弥足珍贵却又让人痛心的预言。119年前，一个富有的发明家读到了他自己的讣告，而讣告却阴差阳错地在他生前发表了出来。误以为发明家已经去世，一家报纸回顾了他的一生，并对其意义做出了尖刻的评价，因为他的发明——炸药，而不公正地给他打上了'死亡商人'的标签。这为时过早的谴责性墓志铭使发明家大为震惊，他因此做出了一个重大决定——投身于和平事业。七年以后，阿尔弗雷德·诺贝尔创立了以他的名字命名的和平奖和其他奖项。"

"七年以前，我写下我自己的政治讣告，做出了当时看来纵使不算不成熟，却也是痛苦而错误的决定。但法院的裁定同样带来了一份珍贵而苦涩的礼物，给了我一个机会，一个寻找新的道路来完成我的既定使命的机会。始料未及的是，那条道路把我带到了这里。即便到了现在，我仍然担心我的言辞赶不上变化，只求意思能够清楚，在这个备受尊敬的场合下，启迪那些听见的人，让他们能说出：'我们必须行动了'。"

戈尔的演说不时被掌声所打断，在他结束演说回到座位时掌声依然不断，戈尔起立手抚胸口鞠躬致谢。

戈尔受到欢迎并不出人意料。挪威诺贝尔委员会主席奥勒·丹博尔特·姆乔斯在颁奖典礼开始时致辞说："和平奖的路是爱的路。当 IPCC 为人们了解气候变化奠定了科学基础的时候，戈尔尽其努力，为人们采取政治措施来应对气候变化而奔走，由此进入挪威诺贝尔委员会的视野。戈尔是沟通大师，他把消息传遍了全世界。早在 20 世纪 70 年代，作为众议院的一名年轻议员，他就已召开过关于温室气体排放的听证会。在当时，气候变化问题是一个相对荒诞的话题，所以他的执着也备受非议，非议不仅来自美国，也来自其他国家。1992 年，戈尔出版了《濒临失衡的地球》，该书提出了一个全球性马歇尔计划以保护生物圈，成为美国的畅销书。该书展现了作者的远见卓识。成书建立在广泛的科学基础上，行文却是政治家和实干派的风格。戈尔一直在迈进。"

"作为副总统，戈尔签署了京都协定，但遭参议院的反对，在美国没有得到批准。自 2000 年总统大选失败以后，他开始了全新的事业——做世界环境问题的政治发言人。我们从他的书、他的电影里，就能知道他近几年的成就，他的得奖实至名归。政治上的失败焉知非福。"

2000 年戈尔竞选总统失利丢掉工作，但他同时也获得新的机会——以非政治的立场，从保护环境的角度关注全球变暖给人类带来的巨大危害。戈尔通过他的电影和书籍不断提醒世人，只有十年时间挽救全球变暖危机。他援引了大量事实，他的视野从浩瀚星球到广袤极地，从辽阔海洋到荒漠冰川，从热浪袭击到陆地沉陷。

《难以忽视的真相》被看成是戈尔对世界的警示。这部高居《纽约时报》、亚马逊图书排行榜的畅销书，使戈尔成为2006年美国"羽笔奖"图书大奖得主。同名影片获奥斯卡金像奖最佳纪录片和最佳音乐奖。因为《难以忽视的真相》，也因为长期以来的杰出贡献，戈尔与IPCC主席巴乔里共同分享2007年度诺贝尔和平奖。

"能与著名的科学家们分享今天的这个奖项，是我此生的荣幸。他们已经给我们找到了一条路，此刻我耳边回响起了远古先知的声音：'要么生存，要么死亡，要么祝福，要么诅咒。选择生存，那么你和你的子孙都能延续下去。'"

戈尔说："现在大量的证据表明，除非我们大胆而迅速地来处理全球变暖的基本成因问题，否则我们的世界将遭受一系列可怕的灾难，在大西洋和太平洋将会有比'卡特里娜'更猛烈的飓风。我们使得北极的冰川融化，事实上也让高山冰川融化，我们使格陵兰以及西南极洲岛屿上大面积的积雪处于不稳定的状态，全球海平面将有上升20英尺的危险。我们向地球环境中排放了过多的碳氧化物，以至于改变了地球和太阳之间的关系。海洋已经吸收了太多的二氧化碳，全球变暖。还有人类对森林以及其他重要栖息地的砍伐和烧毁，使得物种消失的速度和6500万年前恐龙灭绝的程度可以相比。而那次灾难据说是由巨大的小行星造成的。当今，并没有小行星撞击地球，带来浩劫的正是人类自己。"

"那些旱灾、海啸、热浪不再是新闻，它们会一而再再而三地不断降临，而且愈演愈烈。"戈尔说，"这是一次全球性的紧急状态，我们如同坐在一枚定时炸弹上面，必须尽快行动，阻止浩劫。"

总有人不相信真理

戈尔和巴乔里到达挪威的四天里在奥斯陆掀起狂飙。

卡尔约翰大街两侧的灯柱，沿街悬挂着印有金色诺贝尔肖像的白色丝绸布幔。诺贝尔和平新闻中心设在"大旅馆"七楼回廊的尽头，一个斜切下去的玻璃房子是新闻记者的工作间，从玻璃房可以俯瞰城市的街景。来自世界各地的新闻记者聚集在玻璃房里，第一时间把和平奖的消息发回本部。

戈尔和巴乔里应邀出席各种集会，成千上万的民众聚集在街上，争睹戈尔和巴乔里的风采。

奥斯陆时间12月11日19点30分，"诺贝尔和平之夜"音乐会在挪威国家大剧院举行。

舞台两侧巨大的屏幕是和平奖的标志——金色的诺贝尔头像，舞台背景和装置是流转的音符的造型及竖琴，乐队的乐手坐在纵形排列的乐池里。音乐会由美国著名影星乌玛·瑟曼和汤米·李·琼斯共同主持。汤米·李·琼斯与阿尔·戈尔在哈佛大学时是室友。现年37岁、曾主演过《低俗小说》《危险关系》和《杀死比尔》的乌玛·瑟曼在政治上也很活跃，她支持枪支管制并积极为贫困人群谋权益。音乐会的表演嘉宾包括艾丽西亚·凯斯和安妮·勒鲁什，还有戈尔的环境纪录片《难以忽视的真相》主题曲《我该醒来》的主唱玛丽莎·艾索瑞奇，她凭借这首歌获得了第79届奥斯卡最佳音乐奖。

19点25分，在音乐序曲中，戈尔和巴乔里穿过中部看台的通道出现在有金色诺贝尔头像标志的贵宾席，已经入场的观众全体起立，回头鼓掌欢迎戈尔和巴乔里，戈尔和巴乔里向全场观众挥手致意。

19点30分演出开始。来自世界各国的知名歌手和电影明星参加演出，音乐会在全球一百多个国家同时现场播出。艾索瑞奇和她的乐队一起出现在舞台上，激情演唱《我该醒来》。演唱到高潮部分的时候，全体观众起立，随着音乐节拍击掌舞动。

坐在剧场中部看台的戈尔和巴乔里也在击掌舞动，戈尔随着艾索瑞奇的音乐节奏摇摆，身边是他的妻子蒂帕。

在观众的欢呼声中，戈尔和巴乔里穿过观众席的过道，走上舞台。戈尔发表了他充满感性的演讲，他引用狄更斯《双城记》的开头说："这是最好的时代，这是最坏的时代。我们的地球现在也是这样。"

　　在"和平之夜"的音乐会上，站在戈尔身边留着灰白胡子的印度人巴乔里，向观众发表他的感言。和戈尔的意气风发不同，巴乔里态度谦逊。他面色黧黑，须发灰白，身穿黑色上衣，白色长裤，黑色的西服口袋插着绿色的绸绢。

　　主持人汤米·李·琼斯采访巴乔里："您假期的大采购结束了吗？"

　　巴乔里说："我不喜欢大采购，我只买生活必需品。这个世界有足够的资源来满足每个人的需要，但却不能满足每个人的贪婪。"

　　汤米·李·琼斯说："巴乔里先生，如您的报告所说，我们已经发现了真理。但也有一部分科学家持怀疑态度，我们应该如何说服他们呢？"

　　巴乔里说："总有一些顽固派，硬着脖子不相信真理。"

　　巴乔里 1940 年 8 月 20 日生于印度的奈尼塔尔，他在美国北卡罗来纳州立大学完成学业，获得工业工程博士和经济学博士学位。他先后在美国和印度多所大学任教，包括在耶鲁大学教授林业学和环境学。他曾经是世界银行的专职科研人员。1994 年到 1999 年之间，他是联合国开发计划署的能源和自然资源可持续管理行政顾问。为了表彰巴乔里在环境领域作出的杰出贡献，印度总理在 2001 年 1 月授予他"印度公民荣誉奖"，这是印度授予公民的最高荣誉之一。他还被法国政府授予 2006 年"法国荣誉军团勋章"。

　　由巴乔里担任主席的 IPCC 是一个独立的实体。它成立于 1988 年，由联合国环境计划（UNEP）和世界气象组织（WMO）创建。在 IPCC 的组织下，来自全世界的科学家共同参与到旨在评估气候变暖的进程中，从气候变暖的程度、原因、后果和应对措施等方面进行研究。目前有超过 130 个国家、450 名作家、800 名捐助者，还有 2500 名科学家参与了听证会。

气候变化研究已经是一个全球性项目，越来越多的科学家就气候变暖可能带来的严重后果达成一致。在 20 世纪 80 年代，气候变暖可以被视为有趣的假说，但到了 90 年代，有关气候变暖的证据越来越多。

巴乔里以他作为科学家的严谨表述着他对 IPCC 与戈尔共同获得诺贝尔和平奖的感谢之心。

"和平可以被定义为人身安全和对取得生活必需资源的途径之保障。对获取生活必需资源途径的破坏对和平也是具有破坏性的。从这个角度来说，气候变化有了更多的内涵，当人口在以下几个方面受到了负面影响的时候：

——取得洁净水的途径；

——取得足够食物的途径；

——稳定的健康状况；

——生态系统资源；

——居住地的安全。

某些地区尤其易于受到气候变化的影响：

——北极，由于受自然系统和人类社区频繁投射热量的影响；

——非洲，因为该地适应能力低，并受已显现的气候变化的影响；

——小型岛屿，人口和基础性设施都暴露出已显现的气候变化对它们的影响；

——亚洲和非洲的大型三角洲，因其人口数量庞大和大量受海平面上升、风暴和洪水影响。"

寻访世界危机之旅

戈尔引述一句非洲古谚表达自己对全球气候危机所持的态度和立场："想走得快，自己动身；要走得远，团结而行。我们需要走得远，而且要快。"

戈尔表示，他的讲述全球变暖的经历就像一次旅行，它既是精神之旅，又是现实之旅。

儿子阿伯特幼年时遭遇的严重事故是改变戈尔人生道路的一个契机。

1989年4月，戈尔和夫人蒂帕带着儿子去观看在巴尔的摩举行的棒球开季赛。

离开运动场的时候，戈尔牵着6岁儿子阿伯特的手，往停车场走。同来的邻居在路边小憩，儿子的一个朋友和他爸爸就在路边。儿子突然蹦下人行道，拼命奔跑起来。他穿过面前繁复的单行线，甚至不顾车流从相隔仅半个街区的地方向他驶来。戈尔目睹了天下父母都难以承受的一幕：随着一声恐怖的巨响，儿子被撞到半空，接着落到30英尺以外的人行道上，他的身体擦着地面不断滑行，直至最终停下，一动不动。

等待救护车警报在耳边响起的六分钟成了戈尔生命中最受煎熬的时刻，戈尔和妻子都跪在阿伯特身旁，紧紧抱着他，和他说话，为他祈祷。戈尔忍受着前所未有的绝望和无助。六分钟以后，儿子被赶来的救护车送到约翰·霍普金斯医院，那里的医护人员努力挽回了儿子的生命。事故造成儿子脑震荡，锁骨和肋骨断裂，大腿骨复合性骨折，脾脏破裂，他在混凝土地面上的滑行造成了二级烧伤，以及对从脊髓到右臂大束神经的损伤，他的右臂因此而丧失功能几乎整整一年。

戈尔跟妻子在医院守护儿子一个月，最终万幸的是阿伯特全身打着石膏回到了家里。戈尔的三个女儿日夜不停地照顾他，几个月的疗养后，阿伯特康复了。

儿子的事故代表着戈尔生命的转折点，事故打乱了戈尔的生活节奏，在那段苦难的时光里，戈尔开始重新思考一切。

在儿子阿伯特康复期间，戈尔开始写自己的第一本书《濒临失衡的地球：生态与人类精神》，并开始准备第一版的幻灯片展示。

1992年，《濒临失衡的地球》出版，该书提出了一个全球性马歇尔计划以保护生物圈，成为美国的畅销书。戈尔同时竞选上了副总统一职，一干就是八年，作为克林顿—戈尔政府的成员，戈尔有机会得以采取一系列新政来应对气候危机。1997年，戈尔协助在日本京都举行的会谈取得了突破性的进展。此次，全世界共同起草了一个奠基式的议定书来控制全球温室效应——《京都议定书》。但是当戈尔回到美国时，却为争取参议院对该议定书的支持而陷入一场不断升级的斗争。在呼唤世人勇于面对真相的道路上，这次失败的遭遇仅仅是一个开始。

然而失败并没能改变戈尔为自己确定的道路。

在探访世界危机之旅中，戈尔去了许多常人难以到达的地方，去了星球的边缘地带。

为了探索全球变暖涉及的热点地区，戈尔的旅途从格陵兰岛的冰丘到位于佛罗里达州沼泽地的国家公园；从咸海到死海；从阿拉斯加的北坡到新西兰的南岛；从非洲东部的塞伦盖蒂大草原到中亚西部的克孜勒库姆沙漠；从尼罗河到刚果；从纳米比亚的骷髅海岸到加拉帕戈斯岛（达尔文采集鸟类标本的地方）；从夏威夷的毛纳罗亚峰到湄公河三角洲；从美国南达科他州的恶土国家公园到非洲的好望角；从田纳西州的橡树岭国家实验室到乌克兰切尔诺贝利石棺；从亚马逊丛林到冰川国家公园；从最高的喀喀湖到最低的沙漠死亡峡谷……还去了北极和南极。全球变暖不仅在北极和南极体现得淋漓尽致，在赤道也发现了关于全球变暖的证据。

戈尔在他完成于2006年的著作《难以忽视的真相》中说："不同于其他形式的污染，二氧化碳无色、无味、无嗅——这更加掩盖了气候危机的真相，人们眼不见，自然就不劳心了。气候变暖带来的全球性灾难的威胁是前所未有的，而我们通常会把'前所未有'跟'不太可能'搞混。更有甚者，我们发现，要开展在现在看来有必要的大规模行动是不容易的。当巨大而有震撼力的真相使人感到不安的时候，整个社会都会努力试图把它遗忘。但正如乔治·奥威尔所说：'虚假的信仰迟早要与坚实的真相产生碰撞，而且通常是在战场上。'"

"如何唤醒人们应对此刻危机的秘密，早已被世界上最伟大最优秀的领导者所发现。圣雄甘地凭借着'真理的力量'铸就了'非暴力'这一极大的民主的决心。真理的力量就是他所说的非暴力抵抗及不合作主义。在每一片土地上，真理一旦被发现，就拥有解放我们的力量。"

戈尔的演讲激起经久不息的掌声。

万物有灵，令人敬畏

12月12日上午，是戈尔和巴乔里与挪威的少年儿童在一起的时候。

来自挪威各地学校的数千名中小学生聚集在诺贝尔和平中心前的广场上，他们在戈尔和巴乔里出现的时候发出欢叫。

诺贝尔委员会主席奥勒·丹博尔特·姆乔斯致辞说："和平奖的路是爱的路。2007年的诺贝尔和平奖是跟我们每个人都相关的和平奖。以前我们有过政治家获奖，有过激进主义者和人权活动家获奖，他们都在努力争取一部分的理想。这一次的和平奖不同，它关注的是我们全部的世界、我们的星球和我们赖以生存的环境。它和我们每个人都息息相关。"

姆乔斯引述1984年诺贝尔和平奖得主图图大主教在2007年6月5日——世界环境日的讲话说："置气候变暖的挑战于不顾，就是犯罪。这就是渎神。这是罪孽。这脆弱而美丽的星球就命悬我们之手。我们是神创造的万物的守护者。"

罗尼·汤普森是美国俄亥俄州大学的冰川研究学者。

2000年，他屹立于乞力马扎罗山之巅，指着身边矗立的一块残冰向世人预测：乞力马扎罗山的雪在10年之内将不复存在。

喜马拉雅冰川群，坐落于青藏高原，是受全球变暖影响最大的地区之一。它的含冰量是阿尔卑斯山脉的100倍。作为亚洲七大水系的发源地，该冰川群为世界上40%的人口提供了一半以上的饮用水。而半个世纪以内，世界上达 40% 的人口将可能面临非常严重的饮用水短缺危机。

挪威著名的女探险家丽维·阿尼申看见过南极洲冰架的破裂。

2007 年 12 月 9 日清晨，戈尔和巴乔里到达奥斯陆的时候，丽维·阿尼申刚要离开奥斯陆去巴黎。

阿尼申为未能见到戈尔和巴乔里遗憾。其时她正开着越野车来到位于奥斯陆远郊的斯迪恩农庄接受我的访问。农庄有 300 年的历史，被积雪覆盖着，空旷而荒寂。身材高挑的阿尼申穿着红色滑雪服，蓝色运动裤，黑色运动鞋。她头上缠着蓝花的丝绸巾，双腿修长，走路的时候右腿有些吃力，她在极地探险中因冻伤而被截掉右脚拇趾。

2001 年 2 月，50 岁的丽维·阿尼申和 48 岁的美国女教师安·班克罗芙特结伴，徒步穿越南极大陆。她俩或是步行，或是滑雪，或是在冰上使用风帆，在 97 天的时间里，拖着 250 磅重、6 英尺长的供给雪橇行进了 1700 英里。从毛德皇后地经极点再到罗斯冰缘边界，阿尼申和班克罗芙特第一次完成了由女性单独完成的壮举，成为女性横跨南极的穿越之旅的历史创造者。

2007 年 12 月，世界探索组织宣布女性发现奖获奖名单，极地探险家安·班克罗芙特和丽维·阿尼申获得女性勇气奖。获奖原因是：她们是首位徒步跨越南极大陆的女性。

此前，丽维·阿尼申曾获《魅力》杂志 2001 年"年度女性"称号，被选入斯堪的纳维亚—美国名人堂的"先驱奖"(2001)，获得挪威—美国商会的"成就奖"(2001)，还获得过俄罗斯地理协会的"荣誉证书"(1999)。

17 世纪，英国人将金丝雀放到矿井里检测矿井里空气的质量。如果金丝雀死了，表示矿井里的空气已达到可使人中毒的水平。地球上，有两个地方可以称为"煤矿里的金丝雀"：一个是北极，另一个则是南极洲——地球上迄今为止发现的最大的冰层。

可怕的变暖趋势正在影响南极洲。南极半岛两侧海岸冰架的崩塌将成为人类得到的预警之一。崩塌将从半岛的最北边开始，慢慢向南拓展，冰架将不断破裂。

戈尔在《难以忽视的真相》中说："南极洲让我们有机会在地球上体验一个完全不一样的世界。它是如此的与众不同——无论从任何角度看都是绵延不绝的白色，广袤且寒冷——比北极还要严寒。累累的冰雪掩盖了一个惊人的事实：南极洲其实是一片荒漠。之所以符合沙漠的标准，是因为南极洲每年的降水量还不足 25.4 毫米。数量可观的企鹅、海豹以及海鸟都栖息在南极洲大陆的边缘，在那里它们可以从海里获取食物。但是边缘以外的南极洲就没有生物的迹象——除了有时会有小队科学家的身影。因为取暖设备的关系，他们没法走太远或进行长时间考察探险。"

作为同道，阿尼申熟知戈尔描述过的极地境况。

在 1700 英里的行程中，阿尼申和班克罗芙特要冒严寒（一般都在华氏零下 35 度以下）、过冰隙，不屈不挠地往前走。其中有让她们难以忍受的事故伤痛，也有掉进冰隙里九死一生的经历。为什么会去那样一个冰天雪地、寒风呼啸的不毛之地？为什么要冒着被冻伤、摔伤甚至死亡的危险，仅凭滑雪板在冰原上穿越极地？这是很多人对她们的好奇。

"在奥斯陆临近我的小木屋的森林中穿行，在穿过国土的峡湾中以独木舟划行，我感受到了壮丽和一种深层的与天地相贯的灵魂之静。我不是宗教信仰者，却感受得到与宗教信仰者所描述的一致的意境：万物有灵，令人敬畏。"阿尼申表达了她面对自然山川的感觉。

阿尼申第一次去北极是 2005 年，当时她是从俄罗斯进入极地，从西伯利亚往北走，滑雪行走已经 20 天了，行进中突然有一架俄罗斯的直升机过来，阿尼申和班克罗芙特以及另外一个探险队被扣住不允许继续走。那一次，阿尼申去北极探险的梦想被搁浅。

第二次前行是 2007 年 3 月份，这次是从加拿大出发。第一天，有直升机把她们送到一个岛上，从那里开始出发，第二天岛上又来了一个探险队，在直升机降落的时候，突然出现事故——她们距离直升机太近，飞机的螺旋桨转动激起的狂风把她们吹散，什么都看不见，连她们随身的衣物也被吹跑了。直升机最后在她们身边停下来。然而因为大风吹袭，阿尼申带在身上的鞋子丢了——这是她日后被冻伤的原因。她的鞋子穿坏了而没有替换，她的脚就那样被冻伤了。

当时的气温非常冷，零下60度，可惜的是，那样的温度因为地球的温室效应已经不再容易保持。

现在，阿尼申正在等待着她脚趾的伤病康复，以继续极地计划。在能够再去寒冷极地工作以前，阿尼申接受联合国难民署的工作，10月，她以善心大使的身份去过肯尼亚，在肯尼亚有一个难民营，在那里有17万难民需要慈善服务。

阿尼申新的梦想是，2011年再访南极，2011年正好是挪威另一位探险家罗尔德·阿蒙森征服南极100周年纪念，阿尼申想要组织一个女性科学家南极考察队，跟她们一起滑雪，重走罗尔德·阿蒙森走过的路。

然而，戈尔在《难以忽视的真相》呈现的南极冰川的现状令阿尼申忧虑：

正在融化的冰块给北极熊等生物带来了噩耗。一项新的科学研究表明，历史上第一次发生大量北极熊溺死事件，这样的死亡现象在过去很少见。但现在，这些北极熊发现它们要游很长的距离才能从一块浮冰到另一块浮冰上。在某些地方，冰块的边缘离岸边远达30至40英里。

站在世界的顶端看这一大片开阔的海洋，这曾经被冰块覆盖的大海意义何在？

答案是：我们应该深切地关注它，因为它将带来严重的全球温室效应。

（本文写作得到朱力安的友情协助，在此致谢）

伦德斯诺德：和平是暴力的缺席

挪威奥斯陆被冰雪覆盖着，街道和楼群看起来像一座晶莹的城堡。

德拉门大街 19 号。

来到这里的游客看到一幢黄色小楼前诺贝尔铜像的时候，也会看到挪威议会诺贝尔委员会的标志。

按照约定，诺贝尔和平奖委员会常务秘书、挪威诺贝尔研究院院长吉尔·伦德斯诺德在他的办公室里等候着我。

握手的时候，我只握到了伦德斯诺德的两根手指——他的右手只有两根手指。访问中，有时伦德斯诺德会站起身，举起两根手指其中一根，赞誉那些他热爱的和平奖得主，当然这样的时候并不是很多。

在伦德斯诺德的身后，有一扇朱红的大门，门后的房间里，昂山素季、戈尔巴乔夫、图图、特蕾莎修女……100 年来和平奖得主的黑白肖像整齐地挂在四面墙上，"敬天爱人"是金大中于 2000 年在这里留下的墨迹。

伦德斯诺德推开另一扇门，指着里边的一个会议厅说：这个厅有超过 100 年的历史。1866 年修建，1905 年开始在这里颁发和平奖，只是在 1991 年才从这里移到奥斯陆市政厅。

"理想地说，和平是一种暴力的缺席，它是一种伦理价值。"这是戈尔巴乔夫 1991 年在奥斯陆市政大厅的发言。

在戈尔巴乔夫之前，所有获诺贝尔和平奖的得主都会在诺贝尔研究院的会议中心或者议会大厦接受颁奖。戈尔巴乔夫发表获奖演说时，委员会把场地移至市政大厅。市政厅比诺贝尔委员会的会议厅高大、恢弘。

"那不是对权力的敬畏，是对一个人的作为的尊敬。"吉尔·伦德斯诺德说。

因为那个时候，戈尔巴乔夫正在他的国家领导着一场"新思维"的革命。那时候，在他的身后是东西方冷战的结束，铁幕的撤除、德国的统一、苏美由对抗走向相互影响并朝向伙伴关系，军备得以控制。

诺贝尔委员会对戈尔巴乔夫的看重是因为他推动的和平进程，为超越意识形态、宗教信仰、历史和文化的分界去解决那些紧迫的世界问题开辟了新的可能性。

在戈尔巴乔夫之后，站在奥斯陆市政大厅接受诺贝尔和平奖以及发表演说的还有曼德拉、德克勒克、安南和金大中。

漏选甘地是最大的错误

在和平奖的评选历史上，有时会出现空缺，为什么？

伦德斯诺德：这样的情况发生过几次。有的是因为战争，比如一战二战；另外的原因是没有发现合适的人选，也有可能是我们评委的意见不一致。和平奖有两年空缺，没有授奖，一次是 1948 年，一次是 1972 年。

1948 年为什么空缺？ 1972 年呢？

伦德斯诺德：1948 年，和平奖差不多要授予甘地了，但不幸他被枪杀，因此 1948 年这一次没颁给任何人。但即使他去世了，这也不能成为我们原谅自己的借口。因为 1961 年的和平奖就授予了曾担任联合国秘书长的哈马舍尔德，他是瑞典人，而他也已经去世。所以，和平奖是可以授予甘地的，也完全应该在他去世后授予他。1961 年，哈马舍尔德获奖后，诺贝尔奖改变了规则，去世的人不能再得和平奖了。

1972 年那届是迄今为止最后一次没有颁出奖。我猜测原因可能是意见难以一致吧。一般情况是三四个评委同意一位，一两个评委同意另一位，这样就会有结果了。这种情况下即使少数评委反对，也不会将反对贯彻到底，大部分情况如此。有时，少数反对者到最后仍然不能接受多数评委的最后决定，那么这一两个人最后可能离开，然后公开批评我们。

据说甘地被提名六次，却始终没能获奖。对甘地的遗漏可以被看成是和平奖的缺失吗？

伦德斯诺德：我们并不宣称和平奖评委会拥有完美无缺的记录。我们有过失误，以我个人观点，甘地落选是我们百年历史上最大的一次错误。如果回顾和平奖的历史，令人吃惊的是，我们并非只犯某个错误，而且是犯了如此巨大的错误，我想甘地的例子就是，而有些人获奖或许是完全不应该的。但要避免犯错误是非常困难的，值得庆幸的是，近年来我们越来越少犯错误了。

你说的这种错误会影响评委会对自己选择的信心吗？

伦德斯诺德：我们知道自己不是完美的，难以作出世人觉得完美的决定，但我们会尽力。和平奖不像科学奖那样，即使有争议也只是少数人的观点，所有人都可以对和平持有自己的观点，因此争议比其他奖项大很多。

这样的争议多吗？

伦德斯诺德：发生过三次。一次是 1935 年卡尔·冯·奥西茨基的当选，一次是基辛格当选，还有就是阿拉法特。

评委意见最不一致的是哪一年？

伦德斯诺德：我是从 1990 年开始担任常务秘书的，如果让我选择，争议最大的获奖者，我认为是 1935 年的卡尔·冯·奥西茨基，他是争议最大的，同时他也是众望所归的一个。奥西茨基是德国的政治记者、反法西斯主义人士。那一年，评选结果出来后，引起的反响很强烈。当时有两位评委反对评选结果，宣布退出，其中一位时任挪威外交部长。这也促使和平奖在后来的评选中，在职的政治家不能担任评委。当时，希特勒对评选结果也非常生气，他作出决定，不准他控制下的获奖者来领奖。这一事件很重要，你从中可以看到诺贝尔和平奖评委会是独立的。

选择的困难

选择一位和平奖得主很难吗？

伦德斯诺德：非常困难。和平奖是非常敏感而特殊的奖项。某种意义上讲，只有尽力做到最好，希望我们选择的得主能够被公认和接受，当然世界上最优秀的人选不是唯一的，但我们也只能这样。在作出决定前，我们要开五六次会议，倾听、发言、讨论，之后作出我们必须作出的选择和决定。

和平奖的评委是怎样产生的？任期是多久？

伦德斯诺德：每届评委会有五个成员，由挪威议会选举产生，他们分别代表不同的政治立场。现在的评委会是由五个政党选举出来的，任期是六年。评委可以连任，但现在连任的情况比较少。我是常务秘书，1990 年开始担任到现在，现在的主席已经是第五个了。

评委会对议会负责还是对政府负责？

伦德斯诺德：评委是由议会选举产生的，但不向任何机构包括议会和政党负责，他们也不向任何人负责。五位委员和一位常务秘书作为一个小组共同为和平奖而工作。我们是独立的，不对原属政党负任何责任，也不受原属政党的任何制约和影响。不论是议员还是政府官员，这些只是他们过去的政治身份。评委们在政治上不存在任何前途问题，因此在政治上是独立的，我们可以没有任何政治顾虑地工作。

你们对和平的定义是什么？选择标准是什么？

伦德斯诺德：没有理论上关于和平的定义。怎样定义和平，要具体地看这一年是选择了谁获奖。理论上没有该选择某位或者不该选择某位。有很多道路通向和平奖，所以会有不同类型的和平奖得主。有些得主为国际组织工作，和联合国的关系较为紧密；另外一种往往是政治家，在地区冲突中起到和平作用；再有是一些伟大的坚持人道主义的个人或者组织；再有就是关于军备控制和核武器方面的，比如今年（2005）得主巴拉迪；还有些是为人权而工作的。

1979 年和平奖得主是特蕾莎修女，1991 年和平奖得主是昂山素季，这是完全不同的两位女性。和平奖对她们的选择标准是否一致？

伦德斯诺德：她们服务于不同的领域，并且看上去有很大不同。每一届评选时，我们不是把不同类型的人放在一起来比较，而是将类似的人选放在一起比较，比如要是有两个人进入最后评选，那么这两个人必须是在同一领域内工作。特蕾莎修女应该得到诺贝尔和平奖，因为她用最根本的方式，用她对人的尊严神圣性的确证来促进和平。昂山素季是因为她争取民主和人权的非暴力斗争而获奖，她的斗争是几十年来在亚洲所表现出的公众勇气最杰出的范例之一。她被软禁达 15 年之久，但始终致力于建设民主和人权，我们都十分敬仰她。

即使现在来看，在人道主义者当中，也不可能将她们忽视。

能否告诉我们，诺贝尔和平奖最直接的标准是什么？什么样的人能够得奖？

伦德斯诺德：从长期来看，我们希望将不同类型的人包括进来。我们选择的时候，先从给哪一类人开始判断，我们从来不会在开始评奖之前就指定给哪一类人或者某人。要解释这个标准会很长，简单来说就是根据常识，根据评委自己的判断力。

1973年，诺贝尔和平奖颁给美国的基辛格和越南的黎德寿，黎德寿后来发表声明拒绝，评委会怎么处理这样的事情？

伦德斯诺德：唯一拒绝领和平奖的就是黎德寿。事实上，他表示只要在越南实现了和平，他是可以到这里来领奖的。他通知诺贝尔委员会，只要美国不遵守停火协议的条款，他就不会接受这个奖。按照诺贝尔委员会的规则，他如果改变想法接受这个奖的话，必须在第二年10月之前，但最终他并没有改变想法。

基辛格也没有来领奖，是大使来的。那一年，有两个评委退出，或许这种情况的出现说明了争议和成功是并存的。关于基辛格和黎德寿，全世界都感谢他们，他们通过长期的谈判努力促成了越南战争停火协议的签定。

和平奖不接受礼物

经常有获奖者不能出席授奖仪式，1991年昂山素季获奖时是她的丈夫和儿子代她领奖。你怎么看？

伦德斯诺德：这并不是第一次。由于自己国家的政治环境，和平奖获奖者不能亲自来领奖。1935年的卡尔·冯·奥西茨基是这样，他当时被关在希特勒的集中营里。安德烈·萨哈罗夫和瓦文萨都是这样。奥西茨基在希特勒政权倒台前死去，但萨哈罗夫和瓦文萨看到了他们斗争的胜利。我们必须面对一种可能性，在我们的世界里，和平与和解并不能一蹴而就。我们永远也不能降低我们的标准。与此相反，一个较好的世界需要我们更大的警觉、更大的勇气，需要像昂山素季那样，显示出人性和无畏，这样的结果会让我们生活在一个较好的世界中。

回顾和平奖百年历史，你觉得有哪些评选是重要的？

伦德斯诺德：从诺贝尔和平奖首次颁发到今天，已有100多年。1901年，我们授予了共同获奖者——瑞士人亨利·迪南和法国人弗雷德里克·帕西。迪南在伤者和俘虏这些战争受害者身上富有同情心的工作，导致了1864年国际红十字会的创建和维也纳公约的通过；帕西在国际冲突自愿仲裁方面的开创性工作，导致了1889年国际会议联盟的建立。这是里程碑式的工作。

2004年和平奖授给肯尼亚环保主义者旺加里·马塔伊争议巨大，因为在那一年世界局势动荡，冲突剧烈，有人质疑和平奖有避重就轻的倾向。

伦德斯诺德：我们的选择会有自己的道理。事实上我们作出决定的时候并不很在乎外界的争议。今年（2005）巴拉迪的获奖在挪威乃至世界也是争议很大，很多人反对国际原子能机构。关于这些有争议的事情，我们作决定时并不太考虑。所有的决议都受到过批评，比如特蕾莎修女，她的有些捐款被认为有问题。但所有人都不能称自己就是圣洁的，从宗教上说每个人都是有罪的，天主教会在某些问题上会有他们自己的看法。

和平奖有没有介入国际政治的意图？有一种说法，2003年伊朗人权活动家莎琳·艾巴迪的当选是挪威议会对伊朗政治的介入。

伦德斯诺德：我们评委会每年只进行一次政治活动，就是宣布获奖者的时候。在其他方面，我们不卷入任何政治活动。

在选择和平奖得主时，你们要承受的压力是什么？

伦德斯诺德：在各种压力中应对游说的压力是最大的。现在总有一些人到处搞签名活动，这些签名活动让我们很头疼。其中我收到的一次签名记录是2500人支持某个人，一次是75万个签名支持某个人，信送到这里来，而这两个人都无法获奖。每年都会有差不多10到15个代表团将提名送给评委会，但他们只能见到我，见不到其他五位评委。有时候他们甚至会送礼物给我们，这样做的结果是更加不可能。我们不会接受任何人和任何组织的礼物。和平奖不接受压力，也不会接受礼物。接受礼物不是挪威的做法，挪威更不接受任何人或组织的钱。

这样大规模的签名不会对评委施加影响吗？

伦德斯诺德：很难。像这样的签名我们可能会看，但不会有任何具体的意义和影响。

（本文采访由瑞典皇家工程学院学者张钰翻译，谨致谢意）

希拉克：当我从政治抽身时，还有艺术在那里

2003 年的美伊战争使雅克·希拉克的反战立场变得醒目。

时任法国总统的希拉克和时任德国总理的施罗德结为坚定的反战同盟。这使他们赢得了广泛的支持，也获得不少美誉，在他们先后离开政坛之后成为他们的政治资产。

希拉克把艺术视为他的"秘密花园"。少年时代的他就热爱诗歌和绘画。在回忆这段时光时他说："当时的我是个孤独的孩子，被最古老的文化所吸引，游离于时代之外，对政治或其他时事无动于衷——吉美博物馆对于我这样的孩子来说是绝无仅有的启蒙之地。"

1951 年 10 月，希拉克进入巴黎政治学院学习。青年时代的希拉克深受圣雄甘地的影响，当年他从收音机里听到甘地被刺的消息，这让他深受震动。甘地的去世是希拉克青年时代所感受到的最大冲击之一。"作为我年轻时的偶像，圣雄甘地是对我政治观的形成影响最大的人之一。"

2010 年 11 月 5 日，希拉克应邀到上海访问，同时为其回忆录在中国的出版与读者见面。

"我觉得有必要让世人了解我的政治追求，以及在我四十年的从政生涯中引导我进行抉择的政治信念。我希望通过此书向那些我曾有幸接

触的卓越人物表达敬意。"希拉克对他的中国读者说。

回忆录的出版始于 2009 年，当时译林出版社版权负责人参加法兰克福书展，获悉法国罗贝尔拉夫出版社即将推出希拉克的传记，于是就跟出版社的人接洽。

当时大概有三四家国内重要的出版社，得到消息都去竞价，想购买希拉克回忆录的版权。译林出版社出版过希拉里的《亲历历史》、克林顿的《我的生活》、奥巴马的《我父亲的梦想》，包括德国总理施罗德、巴基斯坦前总统穆沙拉夫的传记，在国际版权贸易中有过成功的经验。基于此，罗贝尔拉夫出版社把希拉克回忆录版权授予译林出版社。

洽谈的时间一个半月，译林出版社以 25000 欧元预付金获得版权。

拿到书稿是在 2009 年的 10 月，2010 年的 11 月就出版。

对希拉克的专访是在他到访中国之前，我通过电子邮件访问这位远在巴黎的前总统。

希拉克很高兴回忆录能被中国读者所关注，他说："法国需要向世界传达一种独特的声音。这种声音表现为对于权利的尊重和对人道主义与多边主义的奉行。国际社会对这种与众不同的声音充满了期待。"

对中国的认识是希拉克看重的人生经历。1975 年 5 月邓小平正式访问法国，这是中法建交以来中国领导人第一次访法。希拉克回忆道："毛泽东发起的灾难性的'文化大革命'结束之后，长时间受到冷遇的邓小平当上了副总理。他似乎为中国带来了新气象。在其中山装的外表之下，我感觉到的是那古老中国的生命力和展现欲。中国文化是世界上最古老的文化之一，它今天依然滋润着一个不靠意识形态，而是凭借千百年的习俗传统而运作的国度。"

政治、文化与人性

你 18 岁开始研究异域国家，包括俄罗斯和中国。你说你对亚洲的了解最先来自吉美博物馆，当时什么给了你启示？

希拉克：我确实是在吉美博物馆发现亚洲艺术的。小时候我上学时会路过吉美博物馆，我常常在那里停留很长时间，甚至耽误了上课。我被博物馆的氛围、展览和古老的艺术所深深吸引。我还喜欢在塞纳河畔徜徉，沉迷于阅读旧书商出售的二手杂志，特别是关于远东艺术品的。对我而言，那是一段梦想、逃避现实和渴望冒险的时光。

你小时候就可以流利地讲俄文，涉猎俄国历史和文学，阅读托尔斯泰的全部作品，翻译普希金的诗，俄罗斯的文化传统和精神世界对你有影响吗？

希拉克：在学生时代，我最初想学梵语。我在 14 区的一幢旧房子里找到了一位名叫贝拉诺维奇的先生，他教授梵文。上完几节课后，他对我说："你没有天赋。你最好还是学习俄语吧。"我听从了他的建议。他到我家住了下来。18 岁时，我可以说两种语言了……尽管因为不怎么用俄语，我已经忘得差不多了，但是我对俄罗斯、它的民族和文化都保有一种非常特殊的感情。

你很早就对亚洲艺术感兴趣，据说你更喜爱日本文化。你曾经 44 次访问日本。你为什么如此偏好日本文化？你认为中国文化与日本文化的主要差异是什么？

希拉克：日本文化来源于 6 世纪至 7 世纪的中国文化。在我看来，中国文化似乎经朝鲜半岛传入了日本。紧接着，日本按照自己的特色发展了一种原创的、引人入胜的独特文化。但是认为我更喜爱日本文化是不准确的。按照我的信念，所有的文化都具有相同的价值。每一种文化都有自己的特色。亚洲文化的多种多样其实是对人性的丰富多彩的一种深刻反映。

成年后对自己的个人爱好守口如瓶，以至于有人认为你对一切文化都无动于衷。为什么要守口如瓶？对政治家来说，政治和文化不能相容吗？

希拉克：我相信秘密花园的效用。其实，事情都不是用来被说或被知道的。在这座秘密花园中，我很早就开始耕耘，我希望当我从政治的风云变迁中抽身时，还有艺术在那里。我对艺术的激情，尤其是对亚洲艺术的热情，从我年轻时在巴黎吉美博物馆的参观中就确确实实地发生了。

我不知道这种感情是否在我遇到的政治选择中指引了我，但可以肯定的是，这种感情有助于我坚定自己的信念：所有的文化、文明都是平等的、等值的。

你对文化的这种情感影响你一生吗？后来执掌权力——包括巴黎市长、政府总理、共和国总统，你曾制定特别政策致力于文化保护吗？

希拉克：我一直对文化保有一种真正的热情，特别是亚洲文化，尤其对精致古老的中国文化特别敏感。中国文化是世界上历史最悠久的文化之一，它在千年的时间中，形成了一种卓越的亚洲表述。不论亚洲成果的起源是什么，只要它富有价值，我就会关注成果本身。我面对那些局限在单一思维体系中的人时，总会保持距离。对我而言，所有的文化都是平等的。所以，对一段特殊时期或世界某一特殊部分赋予优先权的想法总是深深地刺激了我——我们有一种不好的习惯，认为法国18世纪的历史更为重要。这就是为什么我通过中国的诗歌，被世界的多种文化，包括泰诺人和伊努伊特人的文化所吸引。确实，在我执政的过程中，我努力增进对文化的亲近，例如在巴黎创建乔治·蓬皮杜中心和凯布朗利博物馆。

圣雄甘地、戴高乐、蓬皮杜

1951 年 10 月，你进入巴黎政治学院，所认可的唯一信念是圣雄甘地的非暴力原则。圣雄甘地曾经在《青年印度》的书中列举"七桩社会罪行"：没有原则的政治；没有牺牲的崇拜；没有人性的科学；没有道德的商业；没有是非的知识；没有良知的快乐；没有劳动的富裕——这些社会罪行是你在后来执政中努力消除的吗？

希拉克：印度是当时通过全体人民的冷静、仁慈、宽容和顽强获得独立的世界上最大的国家之一。但是由于印度分裂所带来的灾难，暴力又掌握了政权，甘地成为了牺牲品。这条消息使我感到深深的痛苦。他一直到今天仍是我的模范和参照，以后也是。我认为他在《青年印度》中列举的"七桩社会罪行"应当能够启示很多的政治领袖。

法国历史上有很多令我们敬仰的伟人，他们传承着伟大的法兰西精神，比如戴高乐将军、乔治·蓬皮杜——后者被你视为精神之父，能谈谈这两位政治家的历史价值和他们对你的影响吗？

希拉克：我很幸运能够遇到两位伟大的国家领袖，他们塑造了法国的历史。我从他们的信任中获得了很大的支持。我对戴高乐将军怀有无限的敬仰。这和我跟蓬皮杜总统的私人关系不一样。乔治·蓬皮杜是一位卓越的、文化造诣极高的人，一位热爱土地的人。如果戴高乐将军不容置疑地心怀法国，那么我可以说乔治·蓬皮杜是心怀法国人。蓬皮杜延续了戴高乐将军的成就，在经济和社会层面，推进了法国的现代化进程。

你长期担任保卫共和联盟主席一职，被称为新戴高乐派的领袖。在你看来，戴高乐派、戴高乐主义的基本宗旨是什么？在法国现代历史中，它扮演的是什么角色？

希拉克：戴高乐主义是法国的特色。它不是一种教条，更不是一种意识形态。戴高乐主义是一种精神：不求最终得到或失去什么；理解努力、统一、团结能够改变一个民族的命运；拒绝丧气、因循守旧和顺从大流；争取开辟新途径。超越区分。超越政党。但始终坚持一个信念：法国有一条特殊的讯息要带给世界。这条讯息就是对权利、人道主义和多边主义的尊重。这就是塑造了戴高乐主义现代性的原则。

你说蓬皮杜预感到我们这个越来越个人化，越来越冷漠，技术至上的社会迟早会重寻对灵魂的认识，而这只有艺术和文化才能办到。一味地追求物质条件不能支撑起他的政治蓝图。这是否也是你本人的观念呢？

希拉克：当然。财富不是最终目的。政治行动的最终目的是提高公民的境遇。财富只是让我们的世界更美好的一种手段。其他的手段还有团结的机制，宽容和尊重的价值，及对文化的亲近。我确信应当摆脱个人主义，今天世界的挑战需要集体的和联合的回答。

在乔治·蓬皮杜的个性以及他作为政治家的优点当中，最使你感动的是他对世界的人道主义视角。他重视文化多样性，关注现代社会不同文化之间不可避免、日益加深而且积极有益的交叉和融合。现在以这样的准则看，世界的发展符合你的理想吗？

希拉克：即便我不再介入政治，我仍对法国乃至世界的经济、政治和社会局势保持关注。我在衡量经济和财政危机、文化危机、环境危机等种种危机带给我们的困难，为了面对这些前所未有的困难，我们有责任提供新的回答。我们可以利用财务新方案，例如对飞机票进行征税。我们应当使现代化更加人性和协调。我们应当创造新的团结机制。

世界格局、邓小平、中法关系

1968年的五月风暴对法国很重要，也影响到世界别的国家，包括中国。那些发出质疑的年轻人所关心的与其说是政治革命，还不如说是道德解放。你说20世纪60年代是一个时代的结束，一个新时代的开始。
为什么这样说？

　　希拉克：在个人层面上，1968年五月风暴在我的政治生涯中永远都
是强有力的一段，因为当时作为就业事务国务秘书的我，需要进行艰苦
的谈判，以促成格勒纳勒协议。五月风暴也标志着在新时期震荡的法国
社会开始了不可避免的变化。

　　五月风暴首先是一次精神的革新。那些僵化法国的锁扣被消除了，
这就保证了之后的重大进步。总之，虽然风暴波及的范围过广，但是我
认为它对于法国仍是有益的。

　　1975年5月邓小平正式访问法国，这是两国建交以来第一次中国领
导人访法。你当时负责总理府工作，这次会见留给你什么样的印象？这
次访问对中法关系产生什么样的影响？

　　希拉克：邓小平是我的朋友。他是一位卓越的人物，不仅因为他机智、
灵活，而且因为他在不打乱中国的框架和政治机构的前提下，开放中国
的决心。他年轻时，和周恩来等人一样在法国生活过，因此他和法国有
一种特殊的关系。1975年他访问法国时，我就明白他已经完全把握住了
世界的发展，他希望解放中国强劲的活力，使中国适应现代世界。

　　30年前，邓小平认为巴黎和北京之间的关系是中国摆脱两极格局和
冷战阴影的一块基石。现在看是这样吗？你认为现在世界完全摆脱两极
格局和冷战阴影了吗？

　　希拉克：柏林墙的倒塌震动了我们的世界。东德西德的对峙终于消
解了，因为人们超越了意识形态间的危险对抗。但是今天我们的世界面
临着新的不稳定：新的分裂可能产生……不仅产生在工业国家和新兴国
家中，而且产生于这些国家和贫穷国家之间。今天的世界比40年前复
杂和不稳定得多。

　　1978年你与夫人首次访问了中国。你说，中国文化是世界上最古老

的文化之一，它今天依然滋润着一个不靠意识形态，而是凭借千百年的习俗传统而运作的国度。在你的经验和感受里，中国文化的最大魅力是什么？最应摆脱的阴影是什么？

希拉克：中国文化的最大魅力，在我看来，在于它感知到万事万物的互补性。在中国，差异不意味着对立。中国文化使得差异相辅相生，从而维护了和谐。你问我中国文化最应该摆脱的阴影是什么，这很难回答。但可能是现代中国与伟大哲人比如孔子、老子和庄子传承下来的智慧渐行渐远。

你曾说，一个强大、活跃而繁荣的中国可以确保世界的平衡。现在，新世纪的头十年过去了，你还这么认为吗？

希拉克：很明显。中国，凭借它的强大，在世界上肩负着更多的责任。这些责任更具有决定性。中国应当利用它从历史上继承下来的智慧为世界的更广泛的和谐而服务。

你是（第二次）伊拉克战争坚定的反对者。当年你反对它的逻辑是什么？这么多年之后，你对这场战争的意见有所不同吗？

希拉克：我的信念是法国应当带给世界不同的声音。这种声音是对权利、人道主义和多边主义的尊重。人们期待听到这种不和谐的声音，我在伊拉克战争上所采取的立场就证明了这一点。关于伊拉克问题，我希望对国际权利的尊重能够战胜武力。我非常反对防御战争的理念。我确信所有的军事介入只能在联合国的框架内进行。

（本文采访由译林出版社协助，江蕾翻译，在此致谢）

吕克·巴雷：我经常被认成是那个影子写手

访问时间：2010 年 12 月 7 日

访问地点：北京法国文化中心

《影子写手》是由波兰斯基执导的一部政治惊悚影片，曾经风靡世界。

这部电影根据英国著名的政治新闻记者、编辑罗伯特·哈里斯的小说改编。2007 年，首相布莱尔任期结束，远离带给他毁誉交加的政坛，哈里斯开始撰写这本小说。哈里斯视政治为"一潭浑水"，《影子写手》就是他对政界的个人总结。

在北京朝阳区的法国文化中心，采访法国传记作家让 - 吕克·巴雷，很难不让人联想到《影子写手》的主人公，巴雷也看过这部电影，他说："我经常被认成是那个电影的主人公。主人公在电影里被谋杀了，我可不希望我以后会这样。"

巴雷用钢琴的"四手联弹"形容他跟雅克·希拉克的合作关系。"我把他讲的话录下来，回家去写一个草稿，然后我们对草稿中的一些问题深入讨论，再作修改，之后再进行文字加工，就这样写出第一部自传。"巴雷说。

吕克·巴雷，历史学家、政治传记作家、出版家，多年从事政治传记的写作和出版工作。

"2009年，巴雷出版了三本极具分量的传记，一本是希拉克的回忆录，一本是戴高乐的传记，还有一本是作家莫里亚克的传记。后者因披露了作为天主教徒的莫里亚克是同性恋者的新闻，在法国掀起轩然大波。因为颠覆了莫里亚克的形象，在那段时间里他可以说是家喻户晓。"熟悉巴雷的中国出版界人士如是说。

《希拉克回忆录：步步为赢 1932—1995》凝结了巴雷的很多心血，然而他是一个不具名的合作者。2010年12月7日，吕克·巴雷应法国大使馆邀请来华访问，他开玩笑地和我说："我经常被认成是那个影子写手。"

我相当于总统的托付者

1986年4月，美国人要求法国批准他们飞越法国领土去轰炸利比亚首都的黎波里。

其时，恐怖主义猖獗。卡扎菲被认为是欧洲恐怖袭击的主要责任人，恐怖活动袭击了在欧洲的几名美国人，美国政府决定惩罚卡扎菲，因此要求法国在这次报复行动中给予支持。

4月11日，时任总统的里根在电话中向希拉克提出要求。

"我们要消灭卡扎菲，"里根对希拉克说道，"所以我们的轰炸机需要通过你们的领空……"

竟然有人在没有进行任何协商之前就要求法国参与到他们的行动中，对于这样的行为希拉克感到震惊，他拒绝了美国的要求。"将法国卷入到这次事件中，"希拉克对里根说，"这是完全不可能的。您很有可能根本就找不到卡扎菲……这种行动很少能成功。"

事实上，四天后，美国飞机被迫绕过法国领土轰炸了的黎波里和班加西，结果却一无所获，只是利比亚领导人的一个女儿不幸被炸死。

希拉克在回忆录中这样讲述在他政治生涯中的"秘闻"。

从不轻易谈论自己，向来行事低调的希拉克，第一次坦诚地讲述自己的故事。

2009 年，卸任数年的希拉克依然保持着他 75% 的民意支持率（2010年 6 月 IFOP 数据），这一年他推出的回忆录《步步为赢》，受到法国公众的欢迎，这部回忆录长期占据图书销售排行榜首位。从国民议会议员，到法国总理、保卫共和联盟主席、巴黎市长，再到共和国总统，希拉克的每一次发展轨迹都构成他的政治历险。

在撰写回忆录之前，希拉克需要一个合作者。

他要寻找一个历史学家，刚好让 - 吕克·巴雷曾经参与过希拉克领导的戴高乐派的政党"保卫共和联盟"，通过选举在法国西南部城市政府内任职。此前他已认识希拉克，虽然其间也产生过为希拉克写传记的想法，但未能实现。

当希拉克征询巴雷意见的时候，他毫不犹豫地接受了提议。"我非常欣赏他，我们交往了三年，每周都见面，相处非常融洽。"巴雷说。

就回忆录的写作而言，他们的工作方式就是巴雷提问，希拉克回答。

希拉克行事低调谨慎，不容易敞露心扉，巴雷就要想办法去激发他开口讲述。

对于希拉克而言，巴雷相当于他的托付者，是他的政治思想和生活中不为人所知一面的托付者。"我们之间的交流非常自由，没有任何禁忌。"巴雷说，"第一次见到希拉克的时候，他就跟我说，我可以问他所有的问题。这对写作非常有利，我可以问任何问题，甚至一些恼人的问题，包括政治家可能希望回避的那些事情。总统先生力求自己的回答直率，而我则力求真实。"

巴雷形容自己的角色有些像民间传说中的助产士和接生婆，他帮希拉克顺利完成回忆录的写作。

"我是历史学家，跟总统先生的合作是对话的形式，我们没有任何力量上的交锋。所有的政治观点是他的观点，不是我的观点。有的时候，我也分享他的观点。但如果我是记者，他就会比较谨慎。"

希拉克希望有这样一个合作者，可以使他不断获得启示，在传记写作时候更加深入。

希拉克有作为政治家的一面，也有普通人的一面。巴雷更多地接触了他作为普通人的一面，比如他很少公开提到家庭生活，他和太太的关系。他有两个女儿，小女儿在公共场合中跟他的政治活动关系紧密，他的长女患病多年，这些都被巴雷看在眼里。

在写作回忆录的过程中，希拉克不愿意对他的继任者作任何评判，这是他坚持的唯一原则。

巴雷一周见希拉克几次。"作为一个从政 40 年的政治家，当过部长、总理和总统，卸任后要适应另外一种平静的生活，并不是那么容易的。但是有三件事情让他比较轻松地跨越了这段时间。一是他成立了自己的基金会，基金会关注文化、医疗和经济方面的问题；二是个人传记写作，他从政这么多年也是一种政治探险；三是他在法国的民意支持率非常高，比现任者萨科齐高。他是一位非常有人情味的政治家，经常帮助贫穷的人。"巴雷说。

我可不愿意被谋杀

1985 年 3 月，法国外交部两名官员马塞尔·丰丹和马塞尔·卡尔通在贝鲁特被绑架。

此后法国就成为宗教极端组织以及类似秘密组织袭击的首选目标。同年 5 月，法国社会学家米歇尔·赛拉和记者让 - 保尔·考夫曼在黎巴嫩首都被劫持为人质。接下来的第二年，袭击事件接二连三地在法国发生。

1986 年 3 月 17 日，在巴黎—里昂高速火车上发生炸弹爆炸事件；三天后，在香榭丽舍大街的"秀点"商场发生爆炸事件，造成 2 死 28 伤。

面对这种暴力事件频发的状况，前任政府因为缺乏有效打击恐怖主义的手段而无法对此采取行动。1988 年 4 月 28 日，弗朗索瓦·密特朗与希拉克进行了电视辩论。

希拉克回忆道："那天晚上，总统不仅仅是社会党的候选人，他对于我指责他宽恕恐怖主义者感到愤怒。"

希拉克的回忆录中到处可见历史细节，这些细节呈现出 20 世纪末奇幻诡谲的国际政治风云。

巴雷看过《影子写手》这部电影，"我经常被认成是那个电影的主人公。主人公在电影里被谋杀，我可不希望我以后这样。电影里的主人公就是看到了很多真相和事实，破解了其中的奥秘。可能我在同样的一个位置也会看到一些事实，了解一些机密，但我和希拉克总统的合作关系不会像电影里面一样，让人觉得不安。"

政治家在卸任后经常会因为某些决策被追责，参与传记写作的作家会卷入政治纷争。

对此巴雷没有担心，"我从未有这方面的忧虑。希拉克总统从没被发现有腐败问题。明年 3 月份的时候，他要去打一个官司，是他在当巴黎市长时的'空职位'事件。他没有可指摘的地方，但是要接受这个诉讼的过程。"

英国前首相布莱尔和美国前总统小布什，最近分别出版了自传性质的回忆录。

巴雷没看到乔治·布什的自传，但看过布莱尔的，"他的自传更多的是在表现自己的优点，可能因为他们发动过伊拉克战争，犯过错误，所以要写一本书来突出自己的优点，获得大家的原谅。"

"希拉克的传记不是抱着这个目的来写的。希拉克先生并不是为了表现自己的优点，这本书里面也披露了他犯过的错，希拉克的传记跟他们的是不一样的。"巴雷鉴别道。

在法国，私人生活是被保护的

希拉克在 56 岁那年经历了一次失败。

1988 年 5 月 8 日，弗朗索瓦·密特朗以 54% 的得票率再次当选法国总统。作为竞争者的希拉克失败。"失败之后是不可避免的孤独，在内心深处，我毫不怀疑自己重整旗鼓的能力，坚信自己下一次能够达到预定的目标。但我同样知道，要想达到目标，还必须做到：固守信念，不断探索，坚持自我，直抒胸臆，忠诚于自己所认定的法兰西的价值、原则和观点，忠诚于自己的世界观。"在回忆录中，希拉克讲述政治生涯，也讲述他的内心经历，包括他的家族往事、冲动的青春和辉煌的政治成就背后的"秘密花园"。他写朋友，也写敌手，很多经历连他夫人都坦言"不愿意看到"。

"在法国，出版政治家传记不需要经过任何出版审查，"巴雷说，"但在法国，私人生活是被保护的，是不能被恶意攻击的。传记写作会涉及其他人，但是不能恶意攻击。还有国家机密也是不允许泄露的，即使作为总统，也不能写危害国家安全的内容。"

巴雷写作政治传记源于对戴高乐的热爱。

戴高乐去世的时候巴雷 13 岁，没有见过他本人，但跟他的儿子有交往，因而成为第一个接触戴高乐私人档案的历史学家。"我一直是戴高乐主义派的忠实信徒。"巴雷说。

因为在大学期间学过历史，青少年时期非常热爱戴高乐将军，后来选择学习历史也跟热爱戴高乐将军有关，巴雷的第一部政治人物传记写的就是戴高乐将军。

巴雷也创作了一些法国最著名的知识分子的传记：哲学家雅克·马

利坦、作家多米尼克·德·鲁和弗朗索瓦·莫里亚克。他坦言，写哲学家和作家传记并不比写政治家传记更容易："政治家给你提供的资料可能很难指向真相，知识分子不一样，他们追求真理和真相。但是，政治家涉及国家机密，会被保护。知识分子有时候会比较复杂，比如我写的莫里亚克的传记也很难，他是很难接近和写就的作家。政治家通常会引导你走向思想之上，走到事件之上。因而，我更喜欢写这些人的传记，他们与普通人不同，会告诉我很多事情，也会滋养我的思想。"

巴雷欣赏奥地利作家斯蒂芬·茨威格，"他写了王后玛丽·安托瓦内特的传记，不一定是政治人物的传记——茨威格追求的是好的内容跟文采的结合。很多传记内容不错，但是文采和形式感稍弱。我认为传记是文学作品，除了内容吸引人，在文学形式和文采上也要有文学创作的意味。"

最后，当被问及"在传记写作中，真相和客观性的原则，更关注哪一个"时，巴雷回答："更关注真相。真相必须要拥有第一手的材料才可以达到。但是客观性，对于每个人都是不一样的。"

（本文采访得到法国驻华大使馆协助，张艳翻译，在此致谢）

第二部分

诺贝尔文学时间

略萨：我的国家不是叫我生气，就是让我伤心

他曾支持卡斯特罗和切·格瓦拉的革命模式，1960 年起，曾多次到古巴"朝圣"及了解情况。后转向自由主义。

他在 1963 年创作的《城市与狗》引起秘鲁军方的不满，曾经被禁，并被公开焚烧。

1980 年代，他开始组织政党，并参加秘鲁总统竞选。竞选期间，政客用极其肮脏的手段和阴谋诡计对他造成了极大影响，后来他说："这个世界是由魔鬼统治的，谁介入政治，谁就和魔鬼签了契约。"

竞选失败后，他正式宣布退出政坛，选择与妻子到伦敦居住，后加入西班牙籍，专心投入文学创作。

2010 年 10 月 7 日，瑞典学院宣布巴尔加斯·略萨获得 2010 年诺贝尔文学奖。

有人问这位身在纽约的诺贝尔文学奖得主："秘鲁马上就要举行总统大选了，你会不会再次回国参选？""绝对不会，我有很多写作计划要完成。"巴尔加斯·略萨回答。

获奖消息公布后，略萨的生活并没有改变。正在普林斯顿大学讲学的他，还是照常授课、散步、上街，和朋友吃饭，一切如常。

近年来，略萨穿梭于美国、法国、西班牙、英国，在各个大学担任客座教授。2004年，他还自费去过以色列、伊拉克，采访巴以冲突和美伊战争。

略萨笔耕不辍，近年来先后完成三部长篇小说：《天堂在另外那个街角》《公羊的节日》《坏女孩的恶作剧》。

略萨远离自己的祖国秘鲁已经二十余年，然而在精神上从来没有摆脱过祖国。"它不是叫我生气，就是让我伤心；往往是既生气又伤心。"略萨在他的自传《水中鱼》说。

想要握萨特的手，结果握到了加缪

"我要去见见萨特，我要握握萨特的手。"略萨一生深受法国思想家萨特的影响，在秘鲁他曾被称为"小萨特"。

1957年9月，青年略萨参加法国一家杂志组织的短篇小说比赛，获得去巴黎旅行的机会。略萨把法国看成是一个神话般的国度，那里有他最钦佩的作家们。

当时他在巴黎与后来他在法国近七年的日子不同，那时略萨称自己为上等公民。"我感到这是我的城市，我要在这里生活，我要在这里写作，我要在这里永远待下去。"后来在巴黎的七年，他近乎是幽居在左岸。

1958年初，在巴黎期间，略萨费了九牛二虎之力要萨特接见他一次，但未遂。略萨只见到了时任萨特秘书的让·考。"他很会工作，对我们的要求一再拖延，直到我们放弃为止。"他后来在书中回忆道。

但是这次法国之行，略萨见到了阿尔贝·加缪，跟他握了手。事先打听到加缪正在某个林荫大道的剧场里导演某部剧作，一天上午，21岁的略萨很冒失地跑去见他。略萨站在剧场门外等候。跟加缪在一起的还有女演员玛利亚·卡萨莱斯，略萨立刻认出她来，因为他喜欢她演的一部电影《天堂里的孩子们》。略萨走过去，用他认为糟糕的法语表达他对加缪的仰慕之情。加缪望着慌乱的略萨，用漂亮的西班牙语说了几句亲切友好的话。

"他穿着照片上常见的那件雨衣，手上习惯地夹着香烟。"多年以后，略萨还清楚记得当时的情景。

巴黎的美妙之处对略萨来说，很大程度来自拉丁区的旧书店。

略萨采购了很多书，包括一整套萨特主编的《现代》杂志。《现代》第一期上有萨特的主张与宣言，略萨几乎可以背诵出来。他接受了萨特的存在主义观念，认为文学的主要目的就是要干预社会。

在巴黎的四个星期很快过去，略萨可以选择留在这个国家，开始一种新的生活，因为在这里当作家似乎是可能的。但他还是选择回到秘鲁继续自己本来的生活。

几年以后，略萨终于在法国长住下来了。他热爱巴黎："如同一个男人选中一个女人，同时也被她选中一样，城市也是如此：我们选中了巴黎，巴黎也选中了我们。"

我想永远忘掉秘鲁，但却时刻记在心头

然而，略萨一生中始终无法摆脱秘鲁。

在谈到自己的祖国时，他曾说："它不是叫我生气，就是让我伤心。它引起世界注意的是灾难，是创纪录的通货膨胀，是走私毒品，是践踏人权，是恐怖组织的杀人，是执政者的暴行。也许说我爱自己的国家是不准确的，我常常厌恶这个国家，从年轻时起，我几百次发誓要远离秘鲁，要永远忘掉秘鲁的落后；但实际上，我时时刻刻把秘鲁记在心头。"

1980年代末，略萨投身政治，并以总统候选人身份投身选举。

每当有人问起略萨为什么要放弃写作去搞政治，他说："那时的环境

把我置于领袖的位置，而国家正处于艰难的时期。"

略萨一向以为自己了解秘鲁，但那段时间他看到了祖国的另一张面孔，那上面有扇形的地貌，社会和民族状况，有各种复杂的问题，有激烈的矛盾以及多数秘鲁人无依无靠、令人震撼的贫穷和落后。

略萨在总统竞选中提出政治纲领，旨在稳定国家的金融财政，结束通货膨胀，让秘鲁经济面向世界，拆毁社会歧视性结构、推翻特权制度，让几百万贫困的秘鲁人最终有机会获得哈耶克所说的文明社会不可分离的三位一体：法治、自由和财产。

略萨渐渐发现，政治是让虚构扎根的沃土，特别是当无知与狂热在政治中起着十分重要作用的国家里。

"为什么在我们知识分子中，尤其是进步知识分子中，骗子、流氓和无赖会如此之多？这些人为什么能够如此下作地生活在道德分裂中，往往用私下的行动戳穿他们信誓旦旦地在文章与公开场合提倡的一切？"略萨开始反思古巴革命和秘鲁的知识分子，"秘鲁的知识分子，如果不采取革命的姿态，对社会主义思想不是毕恭毕敬，不表示自己是左派成员，就没有办法找到工作。"略萨把这些知识分子称为"廉价知识分子"，这也让他与秘鲁的左翼知识分子开始了冲突。

他领教了反对者的手段，人们上街示威，焚烧他的肖像，抬着贴有他姓名的棺材游行。

总统竞选失败后，略萨曾对西班牙媒体戏谑说道：他曾写了两本毁了他政治前途的小说，一本是《胡利娅姨妈与作家》，另一本则是有许多情色描写的"性小说"《继母颂》。他被骂为"无赖""堕落分子""喜欢黄书"。国家电视台每天在黄金时段播送一章《继母颂》，主持人会事先警告母亲们让自己的孩子离开电视机，因为下面要听到的东西令人作呕。播音员遇到情爱描写时会故意变调，全书播完后，便开始讨论，不同党派阵营的心理学家、性学专家、社会学家，对略萨进行全面分析。那些专家认为依据弗洛伊德学说，略萨应该接受心理治疗。

1989年10月26日，"光辉道路"的喉舌报纸以所谓"保卫人民革命运动组织"机关报的名义发布通告，为支持"人民战争"，号召发起"无产阶级的武装与战斗总罢工"。"光辉道路"是极左思潮影响下的武装组织，也是带有强烈政治色彩的恐怖主义组织，该组织的指导思想是"武装夺取政权"，他们在山区实行"红色恐怖"，在首都利马的工厂、学校和贫民区办训练营，谋杀、绑架、置放炸弹、草菅人命。1990年1月9日，秘鲁前国防部长被恐怖组织杀害在利马街头。此次谋杀是一系列政治谋杀案的起点，是秘鲁左翼政治组织"光辉道路"等组织破坏选举进程的活动之一。

1990年3月13日一个竞选集会上，略萨刚刚登上主席台，就有一群捣乱分子用石头和鸡蛋向他扔来。其中有个鸡蛋打碎在略萨妻子的前额上。

在略萨退出竞选前的两个月中，有六百多人死于政治暴力，杀人案多达三百多起。

1990年秘鲁大选，略萨的得票率仅达23%。"我虽然在选举中失败了，却替别人赢得了胜利，因为藤森总统剽窃了我的主张，实行的是我的政治纲领。"选举失败反而使略萨有了被解放感，他带着妻子回到了伦敦。

那一年，意大利授予他西西里文学奖；美国迈阿密佛罗里达国际大学聘他为荣誉教授；美国波士顿大学、英国伦敦大学、以色列耶路撒冷大学分别授予他荣誉博士称号。重新回到文学，略萨得以回顾和反省自己失败的政治生涯。

1993年略萨出版长篇小说《利杜马在安第斯山》，揭露了秘鲁"光辉道路"的政治暴力，用小说的形式揭露和批评了极左的政治恐怖。

坚持站在贫穷民众一边

远离政坛后，略萨热爱旅行的愿望得到了满足，在世界各地讲学也给了他在不同文化间切身体验的机会，他依然保持着对新鲜事物的好奇心。略萨非常反对作家把自己封闭起来，而文字是他与现实保持密切关系的渠道。他坚持为西班牙《国家报》每两周撰写一篇时评文章，早年的记者生涯让他对当今世界保持敏锐，2004 年，他曾自费到以色列、伊拉克，采访巴以冲突和美伊战争。

文学创作是略萨一直未曾中断的事业重心。2000 年起，他出版了三部小说，《公羊的节日》创作历时 3 年时间，描写了特鲁希略家族骄奢淫逸的生活以及军警特务为了维持社会稳定而进行的镇压活动。该书问世后，特鲁希略的后代们扬言要杀死略萨。《天堂在另外那个街角》则写了法国画家高更的故事，塑造出了一个坚持独立思考和追求精神自由的艺术家形象。"通过绘画发掘自己的激情，放弃资产阶级的生活方式，去塔西提岛寻找没有污染的世界"，作品发表后，略萨曾接受《时代》周刊的专访，谈及他对平等社会与回归原始的理解。他也希望借由这个故事折射秘鲁的社会现实。

2006 年，略萨推出《坏女孩的恶作剧》，利用真实的人名、地名、事件作为框架，以一场缠绵悱恻的爱情作梁檩，构建出结构现实主义的文学空间，依然与社会现实休戚相关。小说中，出生在秘鲁贫民区的"坏女孩"装成富有的智利人，最终沦为一个黑帮老大的性工具和玩偶。

担任《坏女孩的恶作剧》翻译的西班牙语翻译家尹承东说："略萨的小说是主张社会变革的，他站在贫穷的民众一边，一直保有强烈的社会正义感。"

1963 年，略萨创作完成《城市与狗》，内容写秘鲁一所军事学校中的高压暴政。秘鲁军界向政府施压，宣布该书"亵渎了伟大的军队和爱国主义感情"，禁止发行。但是这个举动在当年反而成为使之地下传播的助力。

10 月 7 日，巴尔加斯·略萨获得诺贝尔文学奖的消息传到秘鲁，秘鲁举国欢庆，人们非常高兴这位曾被禁止的作家终于赢得了这个荣誉。

（本文采访写作得到西班牙语翻译家尹承东先生支持，在此致谢）

奥尔罕·帕慕克：我喜欢排山倒海的忧伤

"一个作家从他驾驭语言那一刻起就应该看到，这个世界是多么奇特、伟大和令人惊叹。他开始超越语言的藩篱来寻找自己的声音。"这是帕慕克写在他的创作集《别样的色彩》序言中的话。踏入土耳其疆界，居于伊斯坦布尔之城，我可以看到这个国家和这座城市对帕慕克具体而细微的影响，他书写的事物和人生故事在这里获得印证。

我入住的位于塔克西姆广场的一家酒店大堂就摆放着他的英文版《伊斯坦布尔：一座城市的记忆》，书店里，他的新书《我脑袋里的怪东西》在热销。在纯真博物馆地下有一面墙的书架排列着帕慕克不同版本的书籍。我一直记得他关于写作与世界的关系的感言，这些片羽般的感言和他的繁复书写一样，显示出一个世界观察者和体验者的内心维度。

加哈格尔街区的中心区域是奥尔罕·帕慕克住过的地方。到伊斯坦布尔时，我带着他几乎所有的中文版著作，作为旅行指南的是《纯真博物馆》和《伊斯坦布尔：一座城市的记忆》，我依照书里所附的城市地图和所描写的城市细节确定方向和路径。关于加哈格尔街区，帕慕克在受访时说："我的某部早期作品是在这里完成的，在我祖父的房子里。夜里我常常被妓女和她们的壮汉保镖们惊醒，有时能听到她们和客人的交易，当然也有缠斗和厮打。"

伊斯坦布尔是一座古老和现代感交织的城市，多种民族及多种宗教共存，繁华和衰败同在。因为城市依山势而建，道路蜿蜒曲折，上下起伏。走在纵横交错迷宫般的街道，我仿佛看到帕慕克在这老城游走的踪迹。"土耳其人像我一样，既渴望现代化，但又处于惧怕丢失自己文化和身份的焦虑中。"帕慕克的很多小说都有对祖国的历史文化与文明的洞察，他的思考可以从他的著作中读到。《我的名字叫红》《黑书》《雪》《纯真博物馆》等，都有对逝去文明的追怀和挽悼。"呼愁"是他使用最多的词语，它起源于和忧伤一样的"黑色激情"。

"我喜欢排山倒海的忧伤。"帕慕克说，"伊斯坦布尔的'呼愁'不仅是由音乐和诗歌唤起的情绪，也是一种看待我们共同生命的方式；不仅是一种精神境界，也是一种思想状态，最后既肯定也否定人生。'呼愁'不是某个孤独之人的忧伤，而是数百万人共有的阴暗情绪。是伊斯坦布尔整座城市的'呼愁'。"

2007年我访问爱荷华大学"国际写作中心"的创办人聂华苓女士，她讲到帕慕克在爱荷华时的状态。帕慕克是当年受邀请的作家中最勤奋的一位。那是1985年，帕慕克33岁。那时他正在写《白色城堡》，生活日夜颠倒，写作通宵。聂华苓评价道："帕慕克是土耳其的社会良心，但他不以社会异议者自居。他尊崇的是艺术，但他也决不放弃说话的自由。"

希什利区也是帕慕克长久生活过的地区。在祖母独自生活四十三年的三层楼房正对面的法庭里他有过一次受审。2005年，他面临诉讼——因为在一次访问中谈到土耳其历史上有过一百万亚美尼亚人和三万库尔德人被屠杀，他受到司法指控。帕慕克是唯一一个有勇气谈论它的人。相关访问被刊登在瑞士的一家媒体上，同时也在土耳其引起了轩然大波：他受到了死亡威胁、媒体的诋毁，土耳其当局甚至以"公开诋毁土耳其人民尊严"为由对他进行指控。虽然当局的指控在一片国际抗议声中于

2006年被撤回，而对他的死亡威胁也慢慢地减少。

帕慕克的文学显示出多重性和丰富性。《雪》是政治小说，读这部书很容易将他想象成政治性作家；但是读《纯真博物馆》《新人生》，他又被看成是情感型作家；读《我的名字叫红》《黑书》，他又被视为悬疑作家。这种丰富性和多变性是他有意追求的。帕慕克很像他笔下的《雪》的主人公卡——他对政治并不是特别感兴趣，他甚至根本不喜欢政治；他看待土耳其政治的方式就仿佛别人看待一件意外的事故——不在意料之中，却已经被卷入进去。"政治小说是一种有局限的体裁。"他说道，"因为政治包含一种不去理解非我族类的决断，而小说艺术则包含一种要去理解非我族类者的决断。但是政治可以被纳入小说的程度是无限的。"

我们访问帕慕克是在炎热的7月。正午阳光炽烈，这是马尔马拉海岸的光照。马粪的气息在集市弥漫，数十辆马车停在集市上，毛色各异的高头大马们喷着响鼻等待着人们坐到装饰着的马车里。这是大岛的集市。从伊斯坦布尔市区到大岛——王子群岛中最大的一座，需要坐轮船40分钟，我和同行的采访团队从伊斯坦布尔街区乘坐轮船抵达大岛，帕慕克隐居在这里。大岛依山麓而建，四面临海。这里不通汽车，马车是唯一的交通工具。柏油路不断有高头大马载着客人奔驰而过，马蹄踏响的声音时疾时缓。下午三时，预约访问的时间到，帕慕克从临海一幢别墅的木栅门里走出来迎客。他穿着墨绿色的T恤，黑色短裤，光脚穿一双棕色皮凉鞋，戴着眼镜，面孔微黑，像个斯文的园艺工人。

这幢临海别墅是帕慕克临时的居所，这些年每到盛夏他会住在这里写作。一条在茂密的树丛之间开出的小径向下延伸百米长，小径的尽头就是帕慕克借居的别墅。他带我们进入居所，穿过廊道来到开阔的椭圆形阳台。那里面朝大海，海上有数十艘轮船或者行进，或者停泊，海风吹拂，沁凉的海风迎面而来。椭圆形的阳台是帕慕克的写作空间，两张长方桌对接拼在一起，墨绿色桌布上堆满杂物：他正在写作中的小说手稿，画满图画和符号满是修改的痕迹，剪刀、针线，几管黑色钢笔和颜色多样的铅笔，堆在桌上的东西看上去凌乱而随意。帕慕克身材高大，友善而活泼，采访团队进入阳台工作间后他回卧室迅速换下短裤，换上深黑西服出来，接受摄影师的调度拍摄。镜头前的帕慕克不时跟人逗趣，露出他的标志性微笑，这是狡黠和顽皮的笑。来自瑞士的摄影师双手高举摄影机跪在地上按动快门快速连拍，照相机发出清脆的声响。帕慕克在摄影灯光的烘烤下衣服迅速被汗湿透，他不时地朗声大笑，他的声音硬朗，说话时语气坚定，听着是一个性情果断的人。

帕慕克的声音在不同的场合会有不同的音调。在伊斯坦布尔老城区楚库尔主麻有一幢由民房改建的纯真博物馆，以帕慕克同名虚构作品为蓝本建造，观众只要佩戴解说器就能听到帕慕克的原声旁白。纯真博物馆的楼体是粉红色的，有三层，欧式建筑风格，大门上绘制着蝴蝶的标识，三层楼的展厅里密集陈列着纷繁的老照片和旧物品，都是帕慕克在虚构作品中写到过的东西。"那是我一生中最幸福的时刻，而我却不知道。"这是小说主人公，30岁的富家公子凯末尔的内心独白，它被书写在博物馆三层的墙壁上。凯末尔与名媛茜贝尔订婚在先，却意外遇到出身贫寒的远房表妹，18岁的清纯少女芙颂。小说对这场邂逅的情爱及其所涉物质有超绝而极致的书写。

只要戴上耳机就可以听到帕慕克的声音，优雅而平和，不失幽默感。在伊斯坦布尔访问的几天里，我数次到纯真博物馆，独自在那里观看由帕慕克多年来为写作小说从各处搜集的实物：钟表、油灯、针线、钢笔、电话、打印机、各种玩具、不同时期的老照片，这是浩瀚的物的世界。最为震撼的是如装置艺术般满墙陈列的4213个烟头——这是女主角芙颂吸过的。"三十年来我所积攒的所有收藏都在阴影里静静地待着，"帕慕克借助小说主人公的语言陈述他建立博物馆的初衷，"我能够看见所有的东西，就像一个能够发现物品灵魂的萨满巫师那样，我在感受它们的故事在我心里的骚动。"

"小说和管弦乐一样，是西方文明伟大的艺术。"2006年12月，帕慕克出现在瑞典学院文学院的讲台发表演讲《父亲的手提箱》。这是他被世界所认识的时刻。获得诺贝尔文学奖之后他被认为是当代欧洲最杰出的小说家之一，是享誉国际的土耳其文学巨擘，他的作品总计已被译成 60 多种语言。

《纯真博物馆》柔化了帕慕克的文学风格，使他的叙事显示出另一种音调。很多时候帕慕克被视为锋芒毕现的政治性作家——因为批评土耳其执政当局隐瞒亚美尼亚大屠杀的历史而惹出诉讼，被本土的批评家围剿式批评，几年前甚至随时面临生命危险，出行时必须带着政府配备的保镖，这是帕慕克经历过的异质生活。人们普遍将他视为关心公共事务，勇于对现实发出批判之声的政治倾向强烈的小说家。《雪》的中文版在 2007 年面世时就在封面上出现"最受争议的政治小说"的荐语。然而帕慕克似乎并不喜欢被贴上"政治"的标签。他说："政治不是我们热切为自己作出的选择，而是我们被迫接受的不幸事故。"

曾经有生命危险，整天和保镖待在一起

你的日常生活是怎样的？一天的时间是怎么过的？

帕慕克：我年纪越大，就越勤奋写作，因为我有很多写作计划。年轻时候很多的写作构想我希望现在能够付诸实现。我的女朋友 Aspa 在医院工作，每天早上我送她上班然后再开始写作。十二个小时之后她回来。她不在的时间里我都在工作。中间偶尔会睡一下，午睡。读书读一两个小时。再上网查一下邮件。我偶尔也会接受一些采访，一般每周的活动大概就是这样。

我年纪越大就越经常问自己，这辈子想做的事情都做了，钱也有了，身体也不错，我还要什么呢？我的回答是，我脑子里想说的东西，还要写出来，生活还要继续。我认为我自己是一个很幸运的人。年轻的时候

一直想做的事情是做一个作家，把住在伊斯坦布尔的事情写出来，后来那本书里面都写了。我想做的事情都做到了，并且人们也很感谢我做的事情。

看你的个性其实是开朗快乐幽默的，但是我看你写《伊斯坦布尔：一座城市的记忆》的时候，有大量的对于耻辱、失败和挫折的书写，我想问在今天你还会有这样的对于耻辱、失败和挫折的体验吗？

帕慕克：不要被我的外表欺骗了（笑）。我这个人的内在就跟一般人一样，都会有愤怒、嫉妒、难过和挫折，一般的情感都有。我现在没有金钱上的困扰。但是今天在土耳其这个很少人读书的地方，要用写作来达到自己的理想，我也经历过很多的挫折和沮丧。我现在很快乐地写作和过日子。但曾经有几年时间我随时有生命危险，整天和保镖待在一起。我写作的出发点是生活，又会想到全人类全世界的问题。年轻时我好像是个比较悲观忧郁的青年，但是年纪越大我越乐观，越快乐，越感到幸福。

生命受到威胁，那段时间是怎么过来的？这样的时刻对你的写作产生什么样的影响？

帕慕克：嗯，仍然在写作，持续了五年。书写对我来说像是药一样。七八年前是最难过的时候，父亲去世，和太太离婚，生命受到威胁。但我还是坚持写作，写伊斯坦布尔那本书，有时候我都不想起床，可起床洗个澡开始写作，我就会觉得高兴很多。写作对我来说不是困难的事情，像是小孩子玩玩具，让人感到很快乐。刚才你看到我随身都带着笔记本，到哪里都带着，写一写就很高兴。

我想知道你的写作立场、想表达的东西会不会因为这样的境遇而改变？

帕慕克：不会。我的脑子里对要写什么东西一直是有构想的。挫折和阻碍让我更有智慧。我把生活里面遭遇到的坏人坏事全部都写在小说

里面。我想在这里引用托尔斯泰的一句话：写小说中的好人的时候，加一些坏的成分，写坏人的时候，加一些好的成分。（笑）

看到你谈到尊敬的作家，我想知道这么多年之后再回过头看，你认为好的作家应该是什么样的，好的作家的标准是什么样的？

帕慕克：一个好的作家不是很快乐，也不会很悲观。一个好的作家应该能够明了别人的苦难和生活。他太快乐不行，太不快乐也不行，这样都不能理解别人的生活。我 20 岁开始写作，那时候还活着的作家跟我说，你还是小孩子啊，有什么能写的？我那时候跟他们说，文学不是关于生活的，文学是关于文学的。40 年之后我说，他们说的是对的，文学是关于生活的。好的作家要能经历很多。我经历了很多很多，同时我还是很快乐很幸福。

现在你还会像青年时代那样游历伊斯坦布尔，深入一座城市的街道吗？

帕慕克：是的，我还会这么做。比如我的新书《我脑袋里的怪东西》，讲述一个在伊斯坦布尔街头游荡了四十年的摊贩的故事。我一条条去走他走过的街道。我是伊斯坦布尔人，我出生的时候伊斯坦布尔只有 100 万人口，现在有 1700 万。我现在 63 岁，我从小出生在这里，1 岁到 45 岁有很多变化，45 岁到 63 岁也有很多变化。后面这段的变化更大，而最近五年的变化更大。作为一个作家要体验这些改变我就必须在街头走动。不用担心，我在街头的时候都有人保护我。小时候不曾走过的地方我都走过了，每个地方都去了。伊斯坦布尔变化得那么快，我都没法去了解了，但我会尽量去了解。

带着保镖在伊斯坦布尔街头走动会不会有不方便的地方？

帕慕克：十年前这样子我很不舒服。现在我已经习惯了，和保镖们也变成了好朋友。他们是政府派来保护我的，要求我接受保镖。我的生命危险也减少了。

你经常强调个人独立空间对一个作家的重要性。你说写《黑书》的时候，有四年时间是和外界隔绝的，切断电话线，谢绝一切可能的打扰。我想知道这样的情况还会出现在你的生活中吗？

帕慕克：我在写《黑书》的时候还不是很有名，所以我可以把自己关在房间里。但是现在有很多活动，比如书籍的宣传，到国外的介绍等等，所以没法再把自己关在房间里写作了。《黑书》是我找到自己声音的一部著作，我那时候常常工作到深夜才睡觉，快到中午才起来。我投注了很多心力写那本书。

我不是政治作家，但如果感到愤怒，我会说出来

你最近有什么新的写作计划？

帕慕克：我正在准备两本书，一本是《我脑袋里的怪东西》，描述的是在伊斯坦布尔生活了 40 年的一个流动摊贩的生活。男主角爱上了一个通信三年的笔友，后来两个人结了婚，一起在伊斯坦布尔生活。整本书其实就是写一个贫穷的人家在伊斯坦布尔的 40 年的生活。另一本正在写。是很久以来第一次写得短一点的小说。名字还没有定，有关一个挖井的人和他的学徒。1970 年代的时候伊斯坦布尔有很多水井。这本书的灵感来自我认识的一个挖井的朋友。

你有什么日常运动么？写作会不会影响身体状况？

帕慕克：我每天游泳四十分钟到一个小时。年轻时候我常常打篮球和踢足球，我很喜欢运动。不久前我踢足球伤膝盖动了手术。写作是会影响健康，所以我也很注意，于是我会游泳。冬天也可以继续游。

我注意到你书桌上准备了药。你常常把写作比喻成药物，现在还是这样吗？

帕慕克：是的。（笑）书写让我快乐。尤其是书写能让别人满意和

喜欢，我就会感到很乐观。

获得诺贝尔文学奖，对你的生活有多大的改变吗？因为很多人获得诺奖之后，生活有很大的改变，他们称之为"幸福的灾难"，需要对付世界性的应酬。

帕慕克：诺贝尔奖是我年轻时候获得的，并不是像老年退休金一般，所以对我的人生的改变是正面的。我那时候正在写一本书，我那时候不必特别考虑我要写什么，我要怎么写，已经可以专心地把我要写的东西写下来了。记者们都期待我对诺贝尔奖有些什么抱怨，可是我真的没有，我建议大家都去得诺贝尔奖（笑）。诺贝尔奖给我带来很多读者，我的书已经被翻译成60多种语言了，接触到这么多读者令我感到非常高兴。

你在评论阿尔贝·加缪时说："政治不是我们热切为自己作出的选择，而是我们被迫接受的不幸事故。"你对作家的政治意识怎么看？

帕慕克：作家并非必须要和政治扯上关系。我的上一代土耳其作家都很关心政治。他们经常批评我是布尔乔亚，富有人家出生的孩子。他们是政治作家。可是我不想像他们那样，我对政治一点兴趣都没有。很多作家被关在监狱，有些被控诉，有些人找我签名。我并不是因为关心政治才有名，而是因为我有名了才被政治牵扯。很多人问我与政治相关的问题，那么我就回答了。我在这个国家生活，我过得很好，但是有些人过得不好，我有责任关心他们。如果政府做的事情你不满意，你生气，你会忍不住就是要说。我从来不是一个有系统地从事政治活动的人，可是我关心这些人这些事。如果我感到愤怒，我就会说出来，帮助这些政治犯，并且回答别人的提问。

东西方文明的隔离或融合一直影响着各个地域的人。你谈到过，土耳其作家时常会在意来自美国的眼光。那么现在的土耳其作家还会在意西方的评价吗？

帕慕克：我的观点里，东方的观点和西方的观点没有太大的区别。

我内在两种观点都有。土耳其横跨东西，但与其说土耳其是东西的差异，不如说是阶级的差异更多。一般来说，富有的人、知识分子比较倾向于西方；比较贫穷的、没有知识的人，比较倾向于宗教和东方思想。我的工作，一个知识分子的责任，就是要去了解贫穷者的思想。可是土耳其人有关女权、平等、民主，还有尊重少数民族等等，都是从西方学来的。我们从欧洲学的并不是错。我要捍卫这些价值，同时我也是一个政教分离的捍卫者。欧洲的文明和土耳其的传统文明产生了冲突，就好像东西的冲突，在他们冲突的地方产生了我的小说。所以我不会抱怨这些冲突，只是他们不要因为我发生冲突（笑）。

你怎么看待现在的伊斯坦布尔？你对它满意吗？

帕慕克：我感到很惊讶，很难想象它有这样的变化。63年前，当我放眼这座城市，看到的全是山，没有什么房子。让我惊讶的有两点：一是高楼大厦像雨后春笋一般出现。最近十年土耳其变得很富有了。我小时候幻想要的东西，以前只在欧洲才有，现在这里什么都有了，都看得到了。这一切把我的脑子搞糊涂了。以前大家都在抱怨要变得有钱，现在大家还是在抱怨，但是方向不同了。一般针对的是政府的贪腐，没有好好地维护以前美好的建筑。近些年，对于人们变得富有了，我是给予正面肯定的。我小时候的伊斯坦布尔，人口只有100万，那是我可以了解的。可是现在的伊斯坦布尔有1700万人，变得很大，如果要了解，我必须要运用我的想象力。如果要了解他们，我就要更努力地书写。我小时候会停水停电，只有一个电台，没有电视。现在与那时候相反，什么都有了，但人的想象力变贫乏了。我常常写一些过去的事情，并不是因为我怀旧。我并不怀念过去。

你现在写作已经具有了一个国际性的视野，而且也有国际性的经历。从世界的文明角度观察，你怎么看待自己的国家？

帕慕克：现在来看我的国家，现执政政府是一个比较温和的伊斯兰政府。我来自一个支持政教分离的西化家庭，在基本价值上跟他们是有冲突的。我希望土耳其加入欧盟，可是他们没有。现任政府比较威权。我对这次选举的结果很满意，停止你的那种专政，不要做得太过分。

民族主义的怒气，带着动物的感觉

你曾经提到过一种模式，就是许多第三世界的诗人早年都是马克思主义者，等他们年纪大了之后就慢慢转到了伊斯兰，很多人说是因为人们有这个基本需要，去拥抱国家、拥抱传统、拥抱历史，寻找一种归属感。我想知道你对这种情况是不是有些失望？

帕慕克：这对我来说是个巨大的主题，也是我的小说《雪》里主人公所遇到的困境。我的许多书都有这样宏大的主题。从一定意义上说，他们相信欧洲思想、马克思主义、人的解放、平等，还有对传统的批评，有许多人特别是诗人都是如此。但当他们年老了，他们却选择拥抱并回到了他们的美丽梦境里。我对此并不太过批判，更多的是感兴趣。我不是那样的人，但我会被他们吸引。我并不打算肤浅地批判他们，而是努力地试图理解他们。我总是在问这样一个问题：拥抱传统，背弃欧洲的平等与民主的代价是什么？这就是我的问题。我也同意你的观点，年老、垂死，再以后呢？对死亡的焦虑。是的，这是我的答案。

你从1985年开始在美国生活，你说那是你找寻到你的身份认同的一年，这是怎么发生的？

帕慕克：1985年是我第一次去美国，陪我妻子攻读她的博士学位。那是我第一次离开土耳其，被美国的文化、大学和博物馆所惊叹，也加深了我的疑问：我的身份是什么？我的"土耳其性"是什么？于是我开始阅读所有的伊斯兰苏菲主义书籍，而这些都是以前因为自己的现代化思想而刻意忽略的。我开始读它们是因为我发现土耳其性和传统都和这些书籍有关，不过这时像卡尔维诺、博尔赫斯那样的作家帮助了我——他们是后现代主义者，当他们寻找传统时，找寻的只是其中的文学部分。那些年纪较大的现代的、世俗的土耳其知识分子是不读这些伊斯兰书籍的，他们觉得这些书反动又陈旧。当我真去读了后发现，所谓"反动"只是说说而已。我尝试通过卡尔维诺和博尔赫斯来读懂伊斯兰苏菲主义著作，那教会了我很多。

博尔赫斯和卡尔维诺都是短篇小说的大师。你写的则基本上都是长篇，考虑到他们对你的影响，你有没有想过写更多的短篇小说？

帕慕克：好问题。许多杂志主编，比如说《纽约客》的主编都约我写过短篇小说。我现在正在写一个短篇，快写完了。也许未来我会再尝试写短篇，但我有点恐惧。

真的吗？怎么会？

帕慕克：也许是因为写长篇小说让我感觉很舒服，而一个短篇对我来说就像一首诗。诗是上帝的灵感，我认为不适合我。这并不仅仅是因为诗很短，只是写诗需要有写诗的头脑，我不确定我有。

你提到了在美国的那段时间，也提到了土耳其人在寻找传统。我很好奇，为什么人们更多地从奥斯曼土耳其帝国寻找传统，而并不是从在那之前的历史中寻找？

帕慕克：也许是因为土耳其身份认同的一部分就是由伊斯兰构成，这是可见的。奥斯曼之前是萨满教传统，我认为有萨满教传统的土耳其人和中国人更类似，我挺想研究一下伊斯兰之前的土耳其传统。

我非常认可你说的，当你去往异国，身份认同就会变得格外重要。我的问题是，对于一个第三世界的作家或者记者，他们除了可能受限于审查，还可能受益于第三世界的现状本身吗？

帕慕克：当然！第三世界所有的生命都非常有特点，并和欧洲不同。

这很有趣，许多事情都在发生但很少有人记录下来。我非常有幸在我有生之年看到这个城市的生长。从100万人到1700万人，多少人有机会目睹这样的成长？没多少人，除非你在北京或墨西哥城。我自觉自己的文化和西方不同。整整一代土耳其作家都只盯着西方生活，而我尝试去感受所有的生活，所有的真实。我也谈论博尔赫斯、卡尔维诺、马尔克斯等我敬仰并尊重的作家，不过，土耳其特殊的现实给予了我不少独创性的可能，因为这里的生活和题材是那样的不同。所以当你年轻时去西方，看博物馆，看图书馆，看到那里的创造性，你会感觉到嫉妒。嫉妒之后是生气。然后你就会对自己说："我也想做出点什么，甚至做得更大。"我了解这样的情绪。作为哥伦比亚大学的教授，我注意到不少亚洲学生都有同样的怒气、野心以及身份认同的问题，因此我理解这样的感受。

你能多谈谈这种怒气和情绪吗？

帕慕克：好的，怒气是……民族主义怒气一直存在。这种情绪之所以是民族主义的，是因为它带着点动物的感觉，像一只猫，抓到了自己窝里没有的东西一样。你会想要那样的图书馆、那样的艺术、那样的画廊，以及大学里的言论自由，你都会想要。当你意识到你家乡没有那些时你就会生气，你会嫉妒，因为你没有。你先是对西方感到愤怒，然后转向自己的家乡。是谁让这个国家变成这样？创造性在这里不受尊重，你也会生气。在美国时，我经历了所有这些经验和问题。不过从另外一个角度讲，我也很高兴，因为我把我的能量转化为写作了。

作为作家，你是怎么找到你的声音的？

帕慕克：作者的声音像是电影里角色的声音，就像风一样，你开始听到声音。我是通过《白色城堡》和《黑书》两本书找到自己声音的，通过它们我发展了一个不同的写作方式。这种方式在《我的名字叫红》里得到了充分展现，并延续至今，《纯真博物馆》是我引以为豪的作品，还有《我脑袋里的怪东西》。

我在《新共和》上读过你的一篇采访，你说你30岁的时候发现抱怨是最甜蜜的事情。

帕慕克：抱怨是第三世界里最甜蜜的事情。哈哈哈。

但你也说，最后却并不意味着好小说，为什么呢？

帕慕克：因为好小说是另一码事。非西方或第三世界的知识分子无时无刻不在抱怨，这都变成一种生活方式了。这也和你见过更好的东西相关：更好的社会，更好的国家，更好或者更有趣的文化。这些你自己的国家都没有。所以你总在抱怨。抱怨不等于批判。抱怨只是絮絮叨叨，有气无力。抱怨也不算政治。抱怨是非系统性的，它很甜蜜，但并不能带来什么新的东西。好的写作超越了抱怨，能发现新的特质、线条、社会结构，并告诉你是什么深层原因让你抱怨以及你为什么会抱怨。文学应该能让我们明白这些。我认为作为作家，美好之处不是帮人们抱怨，而是让抱怨之人阅读并理解他们抱怨的原因。

你不太喜欢抱怨背后的苦涩吗？

帕慕克：我理解这种苦涩。但显然重点不是苦涩，而是终结利用这种苦涩的结构、文化、国家和政治。我们想要超越这种苦涩并和它共处。

你刚刚说，过去十年土耳其变得特别有钱。很多你童年时期的梦都成为了现实，但也让你在一定程度上迷失了。可以解释一下吗？

帕慕克：现在我已经实现了童年时期的所有梦想，绝大多数都是物质性的。以前欧洲有的东西现在土耳其人也有了，我必须开心啊。即使我现在什么都不是，我也开心。我批评对传统文化和伊斯坦布尔城市肌理的破坏，对绿色的破坏，污染、贫富差距等等。这是在打磨。从另一方面，我必须诚实地说经济的确在飞速发展。

除了大的地形，没有一座城市可以永恒

在《天真的和感伤的小说家》里，你谈到两种写作间的平衡。你认为保持平衡的关键是什么？

帕慕克：作家以描写他人经历的方式谈论自己的故事，又看似在写自传其实却写的是别人的故事。小说家的平衡就是结合个人和客体。小说家一方面应该是个诗人，依靠本能书写，他不知道他为什么要写这些。另一方面，他也应该是个客观的建筑师，平衡章节、控制故事和组织情节的展开。

你是怎么理解"时代精神"这个词的？

帕慕克：我觉得过去20年最有意思的一点是美国的霸权有点……我会说西方的自我满足开始有一点消解了。当我40年前开始写作的时候，没有人会谈论东方写作、东方艺术、东方的博物馆。现在世界不仅仅是西方或欧洲了，亚洲和其他文明都开始变得富足，和土耳其一样。中国在发展，印度在发展，你能感觉到从这些地方来的愤怒的、寻找他们代表性的个体，他们都想表达自己。这个世界也逐渐变得东西平衡了。有时我想到，40年前只有西方，如今东方也富起来了，我想待在中间（笑）。

对于东方的那一部分，对于印度、中国或韩国的小说家来说，被听到的最大障碍是什么？

帕慕克：显然是在拥抱传统的同时拥抱民主和言论自由，把它们结合在一起。另外，在购买、拷贝西方商品时产生的一种被西方化的廉价幻想也是危险之一，太过拷贝西方也是一种危险。这并不是说你不应希冀西方的理想、民主或妇女拥有的权利，而是说拷贝西方建筑、艺术、电影可能带来很大问题。

菲利普·罗斯1970年代去布拉格探访克里玛时半调侃说，你在捷克，你什么都写不了，但什么都很重要，我们在美国什么都能写，但什么都不重要。你在土耳其能感到这种张力吗？

帕慕克：是的……但这种说法现在变得像另一种陈词滥调了。在土耳其，我写，写的东西很重要，也让我陷入麻烦（笑）。所以这种说法更像当时的极端例子。反正，我在这里写的东西真的很重要，这就是为什么我惹上了麻烦。另一方面，我可以出版它们。在绝大多数时间里，我可以写我想写的任何东西，只要我足够小心。另外，罗斯也不能写他想写的任何东西吧。

你会刻意地和市场保持距离吗？

帕慕克：什么是市场？

比如，什么卖得好什么卖不好。

帕慕克：乐趣在于我可以为一本书谋划许多年。举个例子，我现在正在写一个关于挖井匠和他学徒的故事，我 20 年前就想写这个故事了。我有七八本小说的写作计划，每本都准备了好多年。你制定计划并把它们写出来，而不管生活的起起落落或者名望什么的。我喜欢我在做的事儿。至于其他老作家……反正这就是我的答案。

昨天我们去了纯真博物馆，很好奇这个博物馆对你来说意味着什么？

帕慕克：在艺术和文学领域，你做事常常不需要原因。你只是做了，因为你喜欢。至于纯真博物馆，希望写一本小说，通过博物馆展示跟故事有关的物件，小说则成为博物馆的索引。回答你为什么的问题：我也不知道为什么。如果我知道的话，我就不会去做了。我已经在哥伦比亚大学当了一学期教授，在那里我告诉学生们，作家做事不需要知道为什么，教授了解解释为什么。所以有的时候我可以解释我为什么做，但给出解释的时间和你做的时间未必一致。建这个博物馆，我也不知道为什么。最多五年以后，我可以给你一个解释，但不是现在。我现在还在做这件事（注：纯真博物馆于 2012 年 4 月开馆）。

你觉得从作家到教授的转变困难吗？

帕慕克：困难在于，那是一所非常有名望的大学。我现在在哥伦比亚做教授，之前在哈佛也教了一学期。很认真地讲，一开始我特别紧张。我的学生们都很有野心，他们是好学生。过了开始阶段就好了。我教课的同时也是作者，我讲解我如何写书，有时我也讲解其他作者的书，然后同时以教授和作家的视角来看他们。我也喜欢当教授，从外面看自己、看自己的小说。

你在《伊斯坦布尔》里提到了很多次的"呼愁"，这本书出版也有一些年头了，我想问你现在对其的理解有变化吗？

帕慕克：我 2003 年出版《伊斯坦布尔》时，那本书的第一个土耳其读者就批评说，我写的是老伊斯坦布尔，不是快乐的伊斯坦布尔。我在这本自传式书里写到的伊斯坦布尔生活是黑白的、忧郁的、悲伤的，是欧洲边缘一座很穷的城市。现在伊斯坦布尔是一个富有的城市了，到处都是吃冰淇淋的游客（笑）。伊斯坦布尔如今丰富多彩，除了政治以外，这也是一座快乐的城市。不过我想提醒你，提醒我的读者，这座城市已经变了。时移世易，除了大的地形，没有一座城市可以永恒。我童年时的伊斯坦布尔已经逝去了，不过我不会为此哭泣。我也并不怀旧，我不希望人们回到"以前的美好时光"。变化从来如此。我在新书《我脑袋里的怪东西》里说，来来去去，每一个年代都是如此。人们会建造自己的建筑。当我出生时，伊斯坦布尔的建筑都是像大岛这样的木质建筑。在来的路上你看到了很多木屋，现在它们都被涂得光鲜亮丽。我的伊斯坦布尔童年是灰暗、肮脏、老旧和贫穷的。现在这些木屋除了在这座岛和其他几处地方之外全都消失了，然后上一代人都"呼"的一声不见了，死去了，消失了。然后新的一代又来了，我这一代建造我们的建筑。现在伊斯坦布尔那些高层建筑都是四五十年间我看着他们建起来的。他们以后也会把它们拆掉。然后新的一代和新的建筑又来了。这就是我在这座城市 63 年来所学到的东西。

你认为这座城市某些程度上变得肤浅了吗？

帕慕克：我不会称之肤浅，但是很难去穿透。它是丰富又复杂的。寻找它的深度并提出新的意义是作家和艺术家的工作。

你说到自己并不怀旧，为什么？

帕慕克：我不怀旧，因为我知道 1950 年代是怎样的。那时人们悲惨、贫穷，不被关心。我觉得现在人们开心多了。是的，人们总有美化过去的传统，这种传统来自西方。

你说你有七八个计划，最难写的一篇是什么？

帕慕克：不不，所以你想让我谈论其中一本？一旦我开始谈论起我的小说，我就很难再写下去了，这意味着它们会很长（笑）。我有点担心写长篇小说。事实上，你的问题有点挑战。我现在想写得短一点是因为我老了，但另一方面，我的想象力并不是最高级的，总有种把我的小说变得越来越长，更高级和更详尽的欲望。我现在想写的几个小说都是巨制，困难在于它们太长了而人生太短。它们太大了。

你今年 63 岁了。你还有什么深信不疑的东西吗？

帕慕克：只要每天早上桌子上有杯咖啡，有纸还有我的钢笔，我就是世界上最快乐的人。我从未怀疑过这一点。我现在做的让我快乐。我是个非常幸运的人，因为我这辈子做的是我想做的事。

你是否会担心自己失去创造力？

帕慕克：我不担心这些。作家担心的不是失去他们的创造力，而且失去他们的领导（笑）。我不担心这些。

那你现在最大的担忧是什么？

帕慕克：死亡，我想。是的。谁不担心这个呢！（笑）所有的宗教都是关于死亡的。

（本文采访应《时尚先生》杂志特约，杨蒲先生共同采访，高丽娟翻译，在此致谢）

大江健三郎:"用粪弄脏自己巢的鸟"

2006 年 9 月 9 日至 15 日,诺贝尔文学奖获得者、71 岁的大江健三郎再访中国,这已是他的第五次中国之行。

公众场合,大江健三郎总是精神矍铄,但私下却要以药解困。随行者紧张万分地护着他,阻挡媒体对他的围堵,也化解拥趸们的围观。

专访时间一再被推迟。相关人士为了证明推迟专访是因为大江身体不适,就邀请我去他下榻的客房探访。

门上挂着"谢绝打扰"的牌子,小心翼翼推开门,却见大江光着脚伏在茶几上写字,而他的皮鞋倒扣在地毯上。

"我已是个老人,在思考未来时,对于或许不久于人世的自己,我并不做太多考虑,我心里想得更多的是将来的年轻人——他们的那个时代,他们的那个世界——我因此深深忧虑。"头发花白、面孔清癯、鼻梁架着圆形玳瑁眼镜的大江健三郎说,这是他在社科院演讲的开场白。

安田讲堂的回声

2006 年 8 月 15 日，大江健三郎中国之行前，日本首相小泉纯一郎再次参拜靖国神社。

当天晚上，大江和一些日本知识界人士聚集在东京大学安田讲堂，面对 1200 多名听众进行了演讲。

大江健三郎的挚友，文学批评家、东京大学教授小森阳一参与了集会："我们思考日本是要重新复活以甲级战犯为代表的右翼政治，还是要重新恢复南原繁所捍卫的和平宪法的精神。"

在长达 10 年的时间，每年 8 月 15 日，安田讲堂都有类似的集会。

南原繁是东京大学法学系教授，日本战败后不久，1945 年 12 月，当选为东京大学校长。当时他每个月都会对学生发表演讲，他的演讲汇集出版后，在战后的日本被人们广泛阅读。

大江健三郎曾在安田讲堂聆听过一次南原繁的演讲，时间是 1963 年 12 月 1 日，东京大学纪念"学徒出阵"20 周年，南原繁的演讲题为"放弃战争的再次宣誓"。

随着战局的被动，日军的征兵令下达到大学，即所谓"学徒出阵"。南原繁在那次演讲中回顾了当时的情况："我不能对学生们说'即便违抗国家命令也要依照自己的良心做事'，我不敢。我对学生讲的是，国家正处在生死存亡关头，不论个人的意志如何，我们必须依照国民整体的意志行动。"

大江健三郎对南原繁的演讲记忆深刻。2006 年 8 月 15 日夜，在安田讲堂举行抗议集会时，他回顾了 43 年前在此见到南原繁的情景，并且朗读了《聆听吧，海神会》一书中的文章，那本书是当年被迫参军的日本青年的日记、诗歌、书信的合集。重温了南原繁的言论之后，大江健三郎表达了自己的忧思："问题在于需要勇气面对现实。更坦率地说就是，我们要改变现在这种毫无反省的状态。"

在北京，面对中国听众时，大江健三郎再次提到了南原繁："南原是一位谨慎的哲学家，在思考未来时，恐惧心理常常困扰着他。面对不得不出征的学生，南原没有说出真正想说的话，对自己的反省和懊悔成为他战后行动的动力。"

南原繁曾经告诫日本国民说："经受了长崎、广岛爆炸伤害的人类第一个原子弹受害国日本，担负着重建自己的和平新国家以及把战争残害的情况和放弃战争的决心告知全世界的义务。"

然而，"现在的政府、各政党口口声声自由与和平，但其精神内涵和志向已经发生了重大变化。这不仅仅是为政者或政治家中的问题，在我们的一般国民之间也同样存在……已经淡化了对战争的反省和战后初期的决心，甚至已经忘却，这是非常令人担忧的。"大江健三郎说。

小森阳一的遗憾印证了大江健三郎的忧虑："近10年来，我们每年在8月15日都举行集会，但安田讲堂的集会实际上是被日本媒体封杀了。媒体几乎不报道，市民，或者学生，究竟有多少人能够听到我们的声音都是未知的。也正因为媒体进行了10年的抹杀，大江也痛感到了不得不站出来进行政治发言的时候。大江先生能成为运动的中心，对许多认同和平理念的人来说是一种莫大的鼓励。"

一个向世界报信的人

大江健三郎称自己为"用粪弄脏自己巢的鸟"，这个比喻来自德国人，他们把君特·格拉斯和大江健三郎一起戏称为"用粪弄脏自己巢的鸟"。

大江很喜欢这个比喻："以1945年战败为契机，日本知识分子们所进行的根本性的反省，是与近代化初期民权思想的发展同时进行的。如何偿还对亚洲各国人民所犯下的罪行，首先是一个道德上十分重要的问题。""对于德国前总统魏茨泽克向德国周边国家谢罪的行为，多层面的日本人表示出了发自内心道德深处的敬意，君特·格拉斯在德国统一前后连续发出的批判性的声音，依然是日本知识分子关注的重要对象。"

作为大江健三郎竭力推举的"诺贝尔文学家族中的后备主力"，莫言对大江健三郎做如是评价："到底是一种什么力量，支撑着大江先生不懈地表达？我想，那就是一个知识分子难以泯灭的良知和'我是唯一一个逃出来向你们报信的人'的责任和勇气。"

大江健三郎曾说："我青春的前半是在萨特的影子下度过的。"对此，清华大学文学教授王中忱有过研究："大江不仅亲近萨特的作品，也亲近以斗士的姿态介入社会的萨特本人。1961年夏天，大江应保加利亚作家协会邀请到欧洲旅行，从东欧到苏联，年底到达法国，正巧遇到巴黎民众举行反对政府建立秘密军队（OAS）的示威游行。大江挤进工人和学生组成的游行队伍，和法国学生手挽着手前进。在游行的人流里，他发现了萨特。第二天下午，在巴黎的一家咖啡店，大江采访了萨特。但根据大江写下的文字看，在采访中两人的话题并不特别投机。其时，大江是日本文坛风头正健的新秀，虽然也参与社会、政治活动，但始终把自己定位在文学家上；而萨特则早已完成了主要的哲学、文学著述，正以一个反抗强权的斗士姿态活跃在国际舞台上，关心的重点显然在政治。这次会面，萨特完全没有谈论文学，甚至对曾担任他私人秘书的让·考刚刚获得龚古尔奖的新作也不置一词，这颇让大江感到遗憾和失望。"

与同行或晚辈对自己的评价不同的是大江健三郎对自己的认识，他说："我是一个无力而又年迈的小说家，只是我认为，小说家是知识分子……作为一个知识分子，围绕日本社会的进程，我也一直与那些值得信赖的朋友一同发出自己的声音。"

那是多么茂密的森林啊

北京图书大厦，两个多小时的签售中，大江健三郎始终面带笑容。

出于安全考虑，读者被隔离在一个安全区域，想走到大江健三郎面前要排很长的队，但还是不断有人加入到队伍中。

面对读者，大江健三郎举着麦克风讲话时，碰翻了红色桌布上的水杯，他就用手抹着那些水渍，直到水完全渗在红色的桌布里。"我们学到中国的汉字，我们用它表达我们的思想，我的著作又翻译回中国，这是非常有意义的事情。"他说。

大江健三郎在中国谈及最多的作家是鲁迅。在社科院讲堂，在北京师范大学附中的会议厅，甚至在书店跟读者见面，他不断地谈起鲁迅："作为一名步入老境的作家，从少年时代开始，60多年来我一直崇敬着一位中国文学家，那就是思维最敏锐、民族危机感最强烈的鲁迅。"

1935年，大江出生后，母亲的身体就很不好。休产假时，她的朋友给她寄来一些书，其中就包括1935年岩波书店系列文库出版的《鲁迅选集》。

大江12岁时，母亲把《鲁迅选集》当作礼物送给他，那部《鲁迅选集》当中就有短篇小说《孔乙己》。大江觉得自己很像《孔乙己》中的小伙计。大江健三郎小时候家庭贫困，也曾差点到一家小酒店去当伙计，但日本战败后，他有了上中学的机会。

那本《鲁迅选集》现在仍然珍藏在大江健三郎的老家："鲁迅的作品一直对我产生着深刻的影响，让我爱不释手。"

1960年，25岁的大江健三郎第一次到中国访问，见到了鲁迅的夫人许广平。大江把他所见到的中国人形容为树：毛泽东、周恩来、陈毅、郭沫若，还有文学家茅盾、老舍、巴金、赵树理……大江感叹道："那是多么茂密的森林啊。"

就在那一年，日本连续爆发群众游行，民众抗议日本政府把日美安全保障条约定位为军事条约。大江健三郎参加了游行抗议活动。因为这次活动，年轻的大江被吸收到反对修改安保条约的文学家代表团里。

代表团在北京期间，东京的游行队伍与机动队（相当于武装警察）发生冲突，女学生桦美智子死亡。事件发生后的第三天，大江健三郎见到了周恩来总理："他在房间的入口迎接我们，代表团有 30 人，我是最后一个，就像个倒茶的。结果周总理在两米以外就对我点着头，伸出手。我一直看着他，想从他身边走过去，但是总理走到我跟前，用法语对我说：'我对贵校学生的不幸遇难表示哀悼。'他甚至知道我是学法国文学专业的。我感到非常震撼。"大江说，因为激动，面对著名的北京全聚德烤鸭他一口都没吃。

在南京，大江健三郎参观了南京大屠杀遇难同胞纪念馆后，返回北京。9 月 13 日，大江在他此次中国之行的最后一站长富宫，面对台下数百名日本青年说："我们周围日本人的生活中，麻木不仁的其实已经太多了。掌握日本政权的这些政治家们给我们提供了很多反面教材……我自己参加了保卫宪法第九条运动，保卫教育法运动，已经有老年、壮年、青年和妇女等有觉悟的日本人走在这条道路上。诚然，我们所面对的是猛烈的逆风……"

严肃之余，大江健三郎不忘幽默："我本来可以在北京多待两个星期，但是这样的话，人家会认为你害怕了，不敢回去了，逃到国外去了。以前日本媒体就说过，大江在外国发表演讲，迎合外国听众，所以他在国外就能得奖；回到日本又迎合日本听众，争取支持……但这不是事实。"

哈罗德·品特：当你不能写作时，就被放逐了

2008年的平安夜，世人在狂欢中迎接圣诞，哈罗德·品特则等来了死神。

被称为"愤怒老人"的品特经历了长久的病魔袭扰之后，倏然长逝，终年78岁。

他留给这个世界的孤愤思想和犀利批判就像他已成经典的戏剧一样，成为世纪绝响。

晚年的品特被世界瞩目是因他获诺贝尔文学奖。瑞典学院公布消息的当天，品特神色憔悴，拄着拐杖，头上贴着纱布的照片迅速登上国际各主流媒体，有人描述他的眼睛"映照着老人的慈祥和忧伤"。

2008年的平安夜，品特的慈祥和忧伤都不再。给予品特至高荣耀的瑞典学院的院士们对品特的去世不及反应。学院新近换人，原常务秘书贺拉斯·恩达尔辞职，换了更新的院士，1957年出生的彼得·英格伦。因为是过节期间，学院不可能开会讨论什么问题。除了新任常务秘书接受采访表示悼念之外没有其他正式反应，瑞典学院网站上没有正式讣告。

作为公民，对真相的寻求是必须的

在人们沉醉新年狂欢时候，挚爱品特的人也在追念品特的音容。

斯德哥尔摩大学东方系主任罗多弼现场聆听过品特获奖演说，他形容品特演讲是政治性最强、火药味最浓的演说。旅居瑞典的作家万之也说，利用诺贝尔演讲介入政治莫过于此。

仿佛为消除外界疑虑，瑞典学院院士、诺贝尔委员会主席佩尔·韦斯特伯格当年在颁奖典礼仪式上说："亲爱的哈罗德·品特，在遴选诺贝尔桂冠摘取者时，瑞典学院只认可个人的创造性才能，不考虑民族性、性别及语言。这一点是需要强调的。不管你在很多人看来显得多么具有英国特点，你在戏剧领域中的国际及民族之间的影响，是与众不同的巨大，半个世纪以来一直在给人以启示。假如有人认为你的获奖来得迟了，我们可以回答说，在任何某个特定的时刻，在世界上某个地方，你的剧作会被新一代的导演和演员们重新阐释。"

瑞典学院的演讲厅人头攒动，身着礼服的男女来宾等待着聆听品特的获奖演说。

这是诺贝尔文学奖获得者演讲的地方。以往会在会议厅的中央搭一个讲台，其时被白色的大屏幕遮挡着。品特的 DV 演讲时间是在下午 5 点 30 分，瑞典学院已经做好了各种安排，包括被邀请的嘉宾、新闻记者的采访和摄影。整个演讲厅有三个大屏幕，它们会映现出远在英国因健康原因不能前来领奖的品特的身影和声音。

瑞典学院所在的办公楼 1920 年以前是股票交易所，1920 年，曾经在皇宫里办公的瑞典学院的院士们搬到这座前股票交易所的大楼。历史上，获诺贝尔文学奖的作家会在这里发表他们的演讲。

也有作家在获奖以后没有到场演讲的，丘吉尔，帕斯捷尔纳克，萨特——他拒绝了诺贝尔奖。在历史上放弃诺贝尔奖的只有获文学奖的帕斯捷尔纳克和萨特，获和平奖的黎德寿。2004 年的诺奖得主耶利内克没有来，她是不愿意旅行，不习惯社交，她告诉瑞典学院，她不习惯见陌生人，只要是四个以上的人她就会感到不安。

品特也未能到会领奖。医生建议他不到斯德哥尔摩，他的咽喉发炎，被病毒感染。

在演讲厅的右侧是诺贝尔文学奖评委会常务秘书长的办公室。

在1999年以前每年的12月7日，斯图尔·阿兰会从那个办公室走出来，推开演讲厅的那扇门，那个时候他负责主持获奖作家的演说。他做了13年。2005年，主持品特获奖演说的常务秘书长是贺拉斯·恩达尔，一个身材颀长满头金发的中年人，他解释了品特未能亲自前来发表演讲的原因，高度评价了品特的创作和为人。

品特的身影和声音被预先录制在DV里，主题是《艺术、真相和政治》。

开始演讲的时候，座无虚席的大厅安静下来。人们安坐在各自的座位上，目视大屏幕。

品特坐在轮椅上，他的双膝间围着一块织有暗格的毛毯。他穿着黑色西服，额头高耸，眼睛在镜片之后射出锐利的光，他的形容和身躯投射到大屏幕上，整个演讲大厅充满他浑厚而有磁性的声音。

"1958年，我在一次演讲中说，在真实和非真实之间，没有严格的区分；真的和假的之间也没有严格的区分。一件事情不一定要么是真实的，要么就是假的。它可能既真又假。作为作家我坚持这些说法；但作为一个公民，我不能。作为公民我必须问：什么是真的，什么是假的。"

品特的演讲有两个小时，锋芒所及，是对当时国际政治的评析，从戏剧艺术到政治生活，从人道危机到霸权行径，从小布什到布莱尔，都是他抨击的对象。

他说："戏剧中的真相总是难以捉摸的。你可能永远也不会找到，但是对真相的寻求却是必须的。"

大屏幕把品特的身形放大，也把他的虚弱展现无遗。置身于演讲大厅，能听到品特透过麦克风传送出来的喘息声，他偶尔要停顿下来缓和一下气息。品特高大而病弱的躯体，散发出力量，也透露出病容。他的演讲不时激起掌声。演讲结束时，全场观众起立，报以持久的掌声。

次日清晨，斯德哥尔摩街头的电视报章都被品特演讲的新闻所占据。

具有鲜明地形特点的品特之地

"愤怒的老人"，这是很多评论家对品特精神特质的描述。

瑞典学院把品特的戏剧生涯概述为"具有鲜明地形特点的品特之地"。

品特于1930年10月10日出生在英国伦敦东区的哈克尼，是一位犹太裔裁缝师傅的独生子。在成长过程中，品特深受反犹太主义思潮的影响。他所生活的东区街道是各地流亡来的犹太难民的聚居区，其间充塞着种种暴力。新旧犹太难民之间，犹太人与其他种族穷人之间的争斗似乎永无宁日，使得该地区成为"一种充满血腥气的政治战场"。

二战爆发时，9岁的品特被送到英国康沃尔郡的乡下避难，躲避德军的空袭。14岁时，他被家人带回伦敦，在其间他亲眼目睹纳粹德国投下的炸弹在头顶上呼啸而过的恐怖情景，这在他幼小的心灵留下阴影和难以修复的精神创伤。19岁时，品特就读于英国皇家戏剧艺术学院。在这一年，因反战思想，他拒服兵役，差点坐牢。他曾经说："我很清楚战争所带来的灾难和恐怖，无论如何我也不会为战争出力的。"品特在晚年成为坚定的反战斗士，强烈反对美英出兵伊拉克，并指控小布什和布莱尔为战争罪犯，跟他青年时代反战立场紧密相关。

1954年，品特采用大卫·巴伦的艺名，作为一名演员，随着剧团到爱尔兰及英国各地巡回演出。1957年应朋友之约，他创作并上演了首部剧作《房间》，从此开始了戏剧生涯。作为当代世界戏剧界的重量级人物，品特被评论界誉为自萧伯纳以来英国最重要的剧作家，是20世纪50年代崛起的"新戏剧家中最富创新、灵活多变并具有挑战性的一位"。他创作了29部剧本，自己导演或在其中扮演角色的作品达百部之多。他的代表作《生日晚会》(1957)、《看门人》(1959)及《回家》(1964)等剧作代表了西方现代派戏剧的最高成就，进入当代经典之林。

对于剧作和生活的关系，品特在回答访问者时说："比起我知道的，它们要更多地与我的生活相关。我知道的人物就是我生命的一部分。以前我不知道他们，但现在知道了。他们存在着。要说我是在写我个人记得的事情，那是不对的。这是所有发生在我们大家身上的事。"

在获诺贝尔文学奖之前，他几乎获得了英国及西方所有相关的文学奖项，包括莎士比亚戏剧奖、欧洲文学大奖、皮兰德娄奖、莫里哀终身成就奖及欧文诗歌奖等。

阐明幻想及现实梦魇间的冲突

对于作家在世俗生活中的境遇，品特有清醒的意识。

"作家的生活是脆弱的，几乎是没有保护的行为。我们不必为此事掉眼泪。作家作出了他的选择，就义无反顾地走下去。你必须面对各种各样的风浪，有些风浪的确是冰冷刺骨的。你完全得靠自己，你完全处于一个孤立无援的境地。你找不到遮风避雨之处，找不到保护伞，除非你撒谎。"

一般认为，品特致力于政治来得较迟，但是品特自己描述其最初创作时期——《送菜升降机》《生日晚会》及《房间》——就颇具政治性。在品特的戏剧创作生涯中，一个重大的转折是1984年(《送行酒》的上演)他从前期的"威胁喜剧"和"记忆戏剧"向政治剧转向。对于政治他有着强烈的个人态度，"根本来说，政治令我感到厌倦，尽管我认识到政治要对许多苦难负责。我对任何形式的意识形态的声明都不信任"。

2004 年做了一次癌症大手术后，品特不顾身体虚弱，猛烈抨击美国攻打伊拉克的外交政策。

他把自己从手术台上回到公众生活，目睹美国战争行径的经历，称作"从一个个人的噩梦进入一个更深的公共的噩梦中"。2005 年 3 月，品特在英国广播公司的电视节目上说："我已经创作了 29 部剧作，觉得已经足够多了。现在我已经找到了新的方式释放能量。过去几年中，我曾在不同地方发表过不少政治演讲，今后我将把更多精力放在政治事务上。我认为目前的世界现实非常令人担忧。"

晚年的品特似乎找到了更适合表达自己思想观点的方式和方法，他公开宣布停止自己的戏剧创作，走向另一个更现实的舞台，发表政治演说，参加政治活动，彻底变成了强权政治的对立面。他对自己国家的首相及美国总统进行了言词激烈的批评。

品特在获诺贝尔文学奖的演讲中说："尽管存在着巨大的可能性，作为公民来讲，要有坚定的、始终不渝的、强烈的、精神上的决心来界定我们生活及社会的真实真理，这是一个至关重要的义务，落到了我们大家身上。这实际上是强制性的。如果这样的决心没有体现在我们的政治见识之中，我们就没有希望恢复我们几乎已经丧失了的东西——人类的尊严。"

"当你不能写作时，就被放逐了。"——这是品特对自己的宿命观察。

2008 年最后的时光消逝的时候，品特的灵魂也归于虚空。然而，他的思想和戏剧会作为经典恒久留下来。如同诺贝尔委员会主席佩尔·韦斯特伯格所说："亲爱的哈罗德·品特，你的作品，既诱人般令人想进入其中，又令人恐惧般充满神秘感，帷幕在浓密的人生风景中及令人痛心般的禁锢上升起。你用充满诗意的意象，阐明了幻想及现实的梦魇之间的冲突。"

斯图尔·阿兰：每个人都有自己的趣味

访问时间：2005 年 10 月 17 日

访问地点：北京瑞典驻华大使馆

在瑞典驻华大使馆的协助下，我对诺贝尔文学奖评委会前秘书长、评委斯图尔·阿兰进行了专访。"沈从文活到1988年10月就肯定能得奖"，"在文学奖的整个赛场上，如果有人出政治牌，他就出局，没有任何黄牌警告"……详细讲解诺贝尔文学奖的游戏规则的同时，针对长期以来中国作家的"诺贝尔情结"，这位诺奖的终身评委也有话说。

斯图尔·阿兰满头银发，连眼睫毛也是银色的。他走路很缓慢，从瑞典驻华大使馆一楼到二楼，距离不到 20 米，他足足走了 5 分钟。他的语速也很缓慢，但一开口，就显露出一个老人的威仪。

作为瑞典学院院士、前任秘书长、诺贝尔文学奖终身评委，斯图尔·阿兰在过去一直承担着诺贝尔文学奖评委会发言人的责任，他也是致力于维护诺贝尔权威性及公信力的重要实践者。他写作的关于诺贝尔文学奖内幕的书《诺贝尔文学奖》被翻译成英文出版，这本书和前任诺奖评委会主席谢尔·埃斯普马克的《诺贝尔文学奖内幕》成为姊妹篇。

很多人不相信我们能独立

10月6日，应该是诺贝尔文学奖结果公布的日子，为什么时隔一个星期之后才宣布结果？推迟公布的真正原因是什么？是否因为存在大量的争议？

斯图尔·阿兰：如果有原因的话，就没有所谓"原因"和"真正原因"的区别。我可以告诉你的是，事实上根本没有推迟公布，根据我们的原则，每年10月中旬是公布结果的日子。我需要补充一点，并不是像很多人想象的那样有什么问题，诺贝尔奖有5个奖项，其他奖项——物理、化学、和平、医学——的评奖委员会，今年决定提前颁布，而文学奖评委会没有做这个决定。所以，在10月10日到20日之间能够公布奖项都是正常的，并没有什么问题。

诺贝尔文学奖中选或落选所遵循的原则是什么？

斯图尔·阿兰：本周四我在北京大学作的讲座将要谈到这个问题，我将花一个小时介绍诺奖评奖的过程。

现在我们可以花几分钟的时间讲讲其中最重要的那个原则吗？

斯图尔·阿兰：如果你问我为什么某位作家能够获奖，我首先要告诉你的是，最重要的就是他在文学上的成就，这也是唯一重要的原因，和其他的别的东西都没有关系。什么能保证我们可以做到这一点？文学奖的评奖机构是瑞典学院，它是完全独立的，独立于其他任何组织，独立于议会、政府、公司、教会等各种机构，我们是一个15人组成的小小的小组，经济完全独立，自己选举自己的成员，不需要任何人来任命，所有这些要件保证我们能够真正的独立。如果瑞典首相接到一个电话，请他为某个人说情，他是不会给我们打这个电话的，因为他非常清楚我们的工作程序。

诺贝尔奖的独立性是著名的，可能很少有人不相信它的独立性。

斯图尔·阿兰：真的吗？可我不这么认为，我不认为全世界都认同诺贝尔奖的独立性。我已经被选为学院成员13年，我同时还是执行主任，在这13年当中，我被邀请到很多国家去过，也向他们宣传诺贝尔文学奖的情况。每次，当我告诉他们，我们的委员会是独立自主的时候，他们就会笑，嘴巴就翘上去了（做了一个嘴巴上翘的鬼脸），他们不相信我们是独立的。为什么？因为法国、匈牙利、西班牙等等的文学委员会都不是独立的，都要依靠政府，他们不相信在瑞典有这样一个独立的委员会存在。

诺奖评审过程的保密工作被外界关注。每次在颁奖之前，全世界的媒体都在预测结果，但是预测总是落空。

斯图尔·阿兰：（笑）这很有意思。我们有非常严格的双重的保密原则。从1786年开始，所有瑞典学院的成员都要对学院发生的每一件事保密；同时根据基金会的规定，作为基本原则，任何一件和诺贝尔奖有关的事情都要保密50年。每个人都要遵守这两项原则，因此可以保证不会泄露跟评奖有关的任何消息。你可以想象，如果某位获奖人的名字要是被出版商提前知道了后果会是什么样子。

他们为何不当评委？

10月11日，诺贝尔文学奖评委克努茨·安隆德教授宣布退出瑞典文学院，原因是他对去年的文学奖授予奥地利女作家耶利内克有异议，你怎么看安隆德教授的退出？

斯图尔·阿兰：很简单。他看起来是在今年离开学院，其实他不是今年才想离开的，他不参加学院的工作已经有10年之久了。我们的委员会有一系列作品，有10本书，他写了其中一本。每个成员都和出版商有合约，我们所有成员的书都由这个出版商出，他不喜欢这个出版商，希望是另一个出版商出，这里面有个协调问题，所以今年他找了个理由离开了学院。可以说他不是辞职了，而是离开了他的工作。

安隆德教授的退出会对评委会的工作造成压力吗？瑞典学院原来有18位院士，有3名院士因1989年印裔英国作家拉什迪的《撒旦诗篇》激起的风波辞职，今年又多了一位退出者。评委会怎样面对来自内部和外部的压力？

斯图尔·阿兰：我感到遗憾的是，几乎所有记者都对成员离开的事件发生兴趣，而很少关注学院的工作结果。而这才是最重要的事。文学奖设立一百多年来，我们有个规定就是投票必须有至少12人参加，每位获奖者必须有超过半数以上的人支持，这是我们的原则。所以我们的工作没有任何问题。再补充一点，我们文学院非常支持印度的拉什迪。关于他获奖的问题，当年有一些组织写信或者活动，希望通过政府给我们施加压力，但是瑞典文学院从来不接受来自政府的压力。为了表明这一点，当时政府转交我们的信件我们没有任何签字，也没有任何理会，关于这件事，我们瑞典学院出了一份自己的新闻通稿，明确表示我们支持拉什迪。我们的评委每周开一次会，这周发生的事情下周我们就马上回应了。

这件事情发生两年后，我们邀请拉什迪作为尊贵的客人来瑞典学院做客，我们进行了长时间友好的谈话，他非常热情并且正式地向我们表示感谢，感谢我们对他和自由世界的支持。

很有意思的是，那3位评委为何就在拉什迪事件后离开？跟刚才原因一样，他们并非因为这个事件本身离开的。其实是在那之前两年，1987年，学院内曾经发生特别大的分歧和特别激烈的争论，但我今天无法告诉你我们为什么争，争论的都是一些小事，但争论是非常激烈的。他们在那个时候就已经表示了他们的意图，但是一直在等待一个合适的机会，可以让世人比较清楚地了解。这和安隆德教授是一样的，他等到结果公布两天前离开了。

用政治牌就会出局

除了关注评委退出事件，其实记者们更关注诺贝尔奖的公信度。我们知道评委是投票表决，可是人们还是发现一个地区平衡的问题。博尔赫斯就曾说过，"诺贝尔奖就是一个地区性的政治平衡的产物"。你的看法呢？

斯图尔·阿兰：这很明显是错误的。你看足球吗？足球比赛中，红牌之前有黄牌警告。在文学奖的整个赛场上，如果有人出政治牌的话，那他就会出局，没有任何黄牌警告。这么多年来，谁能获奖谁不能获奖，最重要的依据是纯文学的因素。每个人对最终获奖结果有自己的理解和解释，不同的国家有不同的解释，有的会认为和政治有关，但这不是我们的初衷。如果我们允许有政治因素掺杂进去的话，我可以告诉你，那就是我们诺贝尔文学奖的末日了。

在诺贝尔文学奖的历史上，曾经留下一些明显的遗憾。评委会如何克服审美评价原则带来的偏差？

斯图尔·阿兰：我承认每个人都有自己的趣味，全世界都一样。评奖委员会的发展经过了100多年的历史，发展到今天已经比较完善，而评奖程序构建的基础是每个成员的大量阅读，这是我们的重要工作。我们每天要读很多作家的很多作品，读一遍不够，还要再读，然后是讨论，全部成员一起来讨论。诺贝尔文学奖只是我们委员会每年颁布的50个奖中的一个，还有其他很多文学奖项——瑞典文学奖、瑞典芬兰文学奖、戏剧奖……

首先，我们所有成员都要大量阅读作家的作品；第二，我们要读与作家有关的其他作品，比如他们的传记采访等，即不仅看这些作家的书，还要看对他们的评价；第三，涉及语言的问题，如果需要，我们还会特别邀请相关专家来帮助我们解决语言上的问题。所有这些一起，构成了文学奖评奖程序的基础，我们认为这是比较合理的。但是必须承认，每位成员都有自己的阅读体验，而这是具有最终决定性的。文学不像自然科学那么客观，肯定会有一定的主观因素在里面，但是我们通过上述措施，已经尽量把主观的因素降到最低了。

我们谈了很久，迄今为止还有一个重要问题你没有问，谁有权提名？

谁有权提名？

斯图尔·阿兰：有 4 种人可以有提名的权利，第一是瑞典学院成员，第二是全世界大学里的文学或语言学教授，第三是以前的获奖者，第四是各国作家协会的主席。每年我们收到很多提名，工作量很大，接到很多的提名名单，如果把重复的去掉，每年大约有 200 多名来自世界各国的作家被提名。

谢谢你解释这个问题，让我们清楚了诺奖更多真实的情况。

斯图尔·阿兰：我很感谢你，如果你能把诺贝尔奖的真实情况告诉中国读者，我会很高兴。

我最后一个问题是，在诺贝尔文学奖百年历史上，中国本土作家是缺席的，你认为是什么原因呢？语言障碍还是表达的难度？

斯图尔·阿兰：我无法为 100 年前评委们的选择作出解释，但我可以为这 50 年来的事情作一些解释。每届文学奖都很少有中国作家被提名。最后的获奖者是建立在世界范围的提名基础上的，基数小则机会就会少。为何如此？我觉得我们无法解释，应该由你们来解决你们自己的问题。

20 年前有一位中国作家非常有可能获奖，但是很遗憾他去世了。5

年前，高行健获奖了。有人说他不是中国的，他是在法国获奖的，我要说的是，瑞典学院对他住在哪个国家不感兴趣。我们看的是作家，我们不看国家只看作家。比如库切，他在南非、澳大利亚、美国都生活过，现在也不在南非。有的获奖者甚至根本就没有国籍。

（本采访由瑞典驻华大使馆潘蝛女士翻译，谨致谢意）

埃斯普马克：鲁迅拒绝了我们

访问时间：2005 年 12 月 8 日

访问地点：斯德哥尔摩诺贝尔博物馆

对埃斯普马克的访问是在诺贝尔博物馆的更衣间进行的。

埃斯普马克担任诺贝尔文学奖评委会主席长达 17 年，现任常务秘书长贺拉斯·恩达尔是他的学生。

整个访问过程中，埃斯普马克没有提到人们口中的他在瑞典学院的"重要影响力"。针对外界评价瑞典学院存在派系之争的说法，他的回应是："我们的派别如果少于 18 种，那就一定是假的。"

埃斯普马克的著作《诺贝尔文学奖内幕》曾出过中文版，这本书实际上并没有太多地渲染诺贝尔文学奖的"丑闻史"，他只是在追寻诺贝尔文学奖 100 年来不断演进的"评价原则"。

他不讳言瑞典学院的局限和缺陷，在书里，他列出了一个长长的被诺贝尔文学奖遗漏的杰出作家的名单。他把这种遗漏看成是瑞典学院无可逃遁的历史局限。

按照约定，访问的时间只有 15 分钟。之后他要去一门之隔的博物馆会议厅开会。我提问的时候，身边前来更衣的人络绎不绝。

15分钟后，埃斯普马克低头看了看手表，说："我们还可以再谈5分钟。"5分钟后，他说："你可以问最后一个问题。"

每代院士对遗嘱都有新解释

诺贝尔文学奖的评选有时候显示出强烈的政治倾向，这个倾向一直被外界争议。诺贝尔文学奖会卷入政治吗？

埃斯普马克：不能说卷入政治，有人对我们这么说，你们这样做会卷入政治，你们要这样，或者那样。但恰恰相反，我们只愿意按照自己的方式干。

如果有人想利用政治干预我们，我们就告诉他这是行不通的。我们会告诉他政治不是我们的标准。比如1970年，我们考虑把文学奖给索尔仁尼琴的时候，征求过瑞典驻苏联大使的意见，问他给索尔仁尼琴发奖会不会对他个人产生不好的影响。瑞典大使对我们说："对他个人没有关系，你们可以发奖。但发奖给他可能会破坏苏联和瑞典的外交关系。"其实他说错了，后来事实证明对索尔仁尼琴是有影响的。学院当时给大使的回答是，"也许可能会破坏瑞苏外交关系，但我们认为他是这个国家最好的候选人。"这件事证明我们的文学评奖并没有听命于别的什么人，更没有听命于政治和权力。

你怎么看品特的政治倾向？在他的演讲中有对美国政府和英国政府的强烈批评。你们会不会担心被指责瑞典学院为品特提供了一个批评的讲坛？

埃斯普马克：每个作家都有表达自己意见的权利，对此我们只能接受，只能尊重他们的权利，这没什么可以大惊小怪的。今天中午我们跟英国大使吃饭，大使说，他不同意品特的看法，但很欣赏品特的演讲方式。大使说这是一个给人印象非常深刻的演讲，一个能够打动人的演讲。

你曾经长期担任诺贝尔文学奖评委会主席，从你个人的立场来看，诺贝尔文学奖的评奖原则有什么重要的变化吗？

埃斯普马克：我当了17年评委会的主席，主持了17年的文学奖评选，如果说变化，那就是由于评委中不断年轻化而在学院内部发生的观察问题角度的变化。比如战后我们是把奖给那些具有创新的、有实验精神的先锋派作家，现在我们奖给那些重要的、但又不太有名的作家。当然这不是一成不变的，有时候是相互转换的，有时侧重这样，有时侧重那样。

诺贝尔的遗嘱会在实际中影响你们对作家的选择吗？比如他强调的"理想主义"的文学，在你看来，理想主义是什么？

埃斯普马克：我写过一本书，有中文版，《诺贝尔文学奖内幕》。在书里我提到过，我们每一代院士都对诺贝尔遗嘱说的这个评选标准有自己的解释。我们会在不同的时期有新的评价。实际上战后那一代院士对作家的选择就更强调文学的标新立异，这成为我们从 1950 年代到 1970 年代之间的一个选择标准。那个时候我们的院士比较注重作家的标新立异，你要有创新，你要有突破。然而，这个标新立异的标准到了 1980 年代就被后起的院士打破了，他们更注重的，就是把奖给那些不太为人注意、但我们认为很优秀的作家。

派别少于 18 种就是假的

外界有一种说法，就是瑞典学院有作家，有文学评论家，但没有一流作家、一流评论家，言外之意就是在质疑瑞典学院院士的专业水准和判断能力，你怎么看？

埃斯普马克：这种说法不合事实（微笑着举拳头抗议）。在瑞典学院，有很好的作家，也有很好的诗人，比如毕丽基塔·特罗齐克、卡塔琳娜·弗罗斯腾松、拉什·福歇尔，他们是瑞典最重要的作家、最好的诗人。如果那些质疑的人肯看他们的书的话，就知道他们的质疑应该被质疑。

还有一种说法是说瑞典学院存在两种势力，一种是传统的，保守的；一种是前卫的，新锐的。这两种势力在互相争夺，有这样两种势力吗？

埃斯普马克：如果有人说我们内部的派别少于18种，那这个肯定是谣言。如果一定要说我们有派别，那就说我们有18派吧，如果说少了，那就是假的，因为我们做评委的18个人，每个人都不一样。你们应该看到，每个人其实只有一票。在他们行使投票权的时候，没有任何一个人能够影响他们的决定。

耶利内克获得2004年的文学奖导致院士安隆德教授对瑞典学院发难，你怎么看这场风波？

埃斯普马克：更多的人认为我们的选择是对的，耶利内克是戏剧的革新者。安隆德是一个有点短视和老派的人，他欣赏不了革新的，这也说明他不会看得很远。

安隆德教授辞职时，把瑞典学院看成是"我们国家的耻辱"。学院会因此声誉受损吗？

埃斯普马克：这是一个借口。这个事情不值得我们再讨论。这件事情会让人感觉很丢脸。

你怎么看瑞典学院现存的院士制度？学院原来有18位院士，现在只有15位，会影响正常的工作吗？

埃斯普马克：（笑）那样我们其他人就只有做更多的工作。18个人的工作由我们15个人做了。

院士终身制会被改革吗？

埃斯普马克：这是 1786 年制定的制度，那时候就决定院士是终身制的，我们不会改变这个制度。瑞典学院是以法兰西学院为模式创建的，也有人提出过改变，但被大家拒绝了，不予考虑。你要埋葬人的时候脚先要进去，不能头先进去，法兰西学院没有改，我们也不会改。

有人认为获奖的作品一定要翻译成瑞典语，才能被评委关注到，意思是说评委掌握的语言有限，实际情况如何？

埃斯普马克：我们读的作品不一定非要译成瑞典语。我们很多评委懂其他的语种：德语、法语，还有其他的北欧语言，还有意大利语、中文。如果有一种小语种是没有被翻译的，我们会去订购，请人去评估和翻译。但即使这样的话，我们也只订购 18 份，不会多做。这样的情况经常会发生。我们订购要读的一本书，有时候只印 18 本。而且那些评估和翻译书的人，我们不让他们互相有关系，这个人在中国，那个人就在另外的地方，不让他们之间有关系。而且我们也会请一些专家作评估，但是不管什么样的专家评估，我们所有的人都会自己作判断。必须所有的人自己看，自己作决定。所以我们不会忽视任何小语种的文学，如果没有那些语言，我们就会去找，我们不懂就会请人去译。

你们真有这种订购的翻译书吗？

埃斯普马克：很多次。由我们出钱让人来翻译。我们只印 18 本。

等中国年轻作家的建议

我们知道你到过中国，很想知道你对中国文学的印象和评价。

埃斯普马克：我对中国文学的发展印象非常深刻，我们关注汉语文学，尤其是比较年轻一代的作家。因为可以理解的原因，我不能提具体的名字，但我们对这一代作家的创作非常关注，怀着巨大的兴趣关注。

我们对中国的关注已经不仅是高行健和北岛，我们关注更年轻的作家，对他们保持持久的关注。中国的作家也应该知道，我们不光关注老一代，更关注新一代的作家。我们怀着高度的警觉心注意着他们的写作。我们对年轻一代作家的兴趣，是因为我们不愿意提来提去总是那些老作家，好像中国只有那些老作家，我们希望见到中国文学有新的作家出来。

你对年轻作家有什么建议吗？

埃斯普马克：我没有建议，我等待他们给我们建议。

你对中国作协有什么建议吗？

埃斯普马克：我希望中国的作家组织和笔会能够给我们提名新人。过去我们让他们提名，他们老是提名巴金，跟日本一样，让他们提名，他们总是拿出一些"老家伙"（笑）的名字。我建议中国作家组织能够为我们提名新的作家。

1988 年有一位中国作家非常接近获奖。那就是沈从文。战前是没有来自中国的作家被提名。以前有一个考古学家斯文·赫定曾经建议把诺贝尔奖给中国的胡适，但是学院认为胡适不是一个作家，更像一个思想家或者改革家，所以没有给他。在 1930 年代中期，学院曾经派人给鲁迅带话，传给他一个讯息，就是想提名他。但是鲁迅自己认为他不配，他谢绝了。

评委会把这个提名讯息传达给鲁迅本人了吗？

埃斯普马克：传达过。鲁迅拒绝了。而且鲁迅说中国当时的任何作家都不够资格获得诺贝尔奖。

我读过你的《诺贝尔文学奖内幕》，你说那是一部探讨评选原则的书，如果让你用一句话概括你的评选原则，你会怎么说？

埃斯普马克：我们在努力地扩大自己的视野，让不同的文学获得比较公正的机会，我们没有偏见。

（本文采访由旅居瑞典作家万之先生翻译，在此致谢）

诺贝尔奖颁奖典礼实况

2005 年 12 月 10 日，斯德哥尔摩音乐厅。红白蓝黄的四色旗帜镶嵌着绿色的诺贝尔头像和 2005 的字样。镶有绿色的诺贝尔纪念头像的讲台被绿色的银杉花环绕簇拥着。

12 月 10 日，也是诺贝尔逝世 109 年的忌辰。诺贝尔的著名，并不在于他本人或家族的名气，而在于以他姓氏命名的"诺贝尔奖"的声誉，这个单项奖金已高达 740 万瑞典克朗（约合 900 万元人民币）的奖已成为影响世界的殊荣。

等　待

音乐厅的讲台两侧分别环形放置着两排座椅，一侧是有蓝色丝绸坐垫、镂空雕刻着金色花型的高背座椅，分别是瑞典国王、王后及王子、公主的座椅。另一侧是红色的高背座椅，那是获奖者的位置。他们身后是已经就座的诺贝尔奖的 90 位评委，他们来自瑞典皇家卡洛琳学院（负责医学奖评选）、瑞典学院（负责文学奖评选）和瑞典皇家科学院（负责除医学、文学、和平奖外所有奖项的评选）。舞台上环形列坐的还有诺贝尔基金会董事、前诺贝尔奖的获得者——1982 年的医学奖获得者，

1997 年物理奖获得者，2003 年化学奖获得者，2001 年经济奖获得者。他们共同等待为新到的获奖者欢庆。

下午 4 时 20 分，时间在等待中流逝。连绵的冬雨停止，空气中的风变得凌厉。音乐厅之外的广场已是人潮蜂拥，从清晨就拉起的警戒线把人群远远隔开，两天前还在这里的灿烂繁华的街市消失无踪，只有白色的鸽子成群低空飞舞，鸽群悠然地在音乐厅前著名的女神雕塑的头顶栖息。穿着天蓝色礼宾制服的警察和保安严阵以待，举行反种族歧视游行示威的人群集结在广场两侧，有人高举旗帜和蜡烛，呼着口号，期望借这个全世界关注的活动引起更多人的注意。不断有加长的印有金色诺贝尔头像标志的黑色豪华轿车停在音乐厅前警戒线外，从车里下来的人就是今晚的主角——2005 年度诺贝尔奖的获得者，每一个从车上下来的获奖者都会使人群出现小小的骚动。

入　场

从音乐厅三楼的记者席看下去，全场的所有位置都一览无余。

在梯形舞台端坐的评委席中，我看到了曾采访过的文学奖前评委会主席埃斯普马克，看到文学奖评委马悦然、前评委会常务秘书长斯图尔·阿兰、现任文学奖评委会主席佩尔·韦斯特伯格、现任文学奖评委会常务秘书长恩达尔。

获得物理奖、化学奖和生物学奖的科学家我也不陌生——在瑞典皇家科学院的演讲大厅里已见过他们。

60 人的皇家交响乐团在音乐厅二楼的乐池中坐定，他们准备就绪。身穿晚礼服的乐手们怀抱各自的乐器，拨弦弹琴，调试音准，音乐厅响起各种乐器无规则奏出的声音。前来为颁奖典礼助兴的是瑞典裔的美国歌唱家艾利卡·苏那古尔德，她会为颁奖典礼奉献出普契尼、威尔第的杰作及瑞典民歌。

音乐家们所在的二楼的墙壁缀满了银杉、尤加利和玫瑰。这一万朵花专程从意大利北部的港口城市圣雷莫运来，因为诺贝尔晚年在意大利度过，最后在那里去世。每年的花朵都会按照一个主题进行装饰布置，今年的主题是"冬天的花"。

观众席中，1600 位被邀请的客人已经就座，坐在最前边的是获奖者的亲戚，以及瑞典政府的官员。男嘉宾清一色白衬衣、白领结、黑燕尾服，端坐在红色座椅上；女嘉宾则五彩缤纷、花团锦簇。人们都在耐心等待着一个荣耀和辉煌时刻的到来。

16 时 30 分。音乐厅突然安静下来，观众起立，静无声息。乐池里的锣鼓骤响，弦乐声起，卡尔·古斯塔夫国王率王室成员从门口出现。音乐声起，披着天蓝绶带的国王与穿着蓝色长裙的王后相携而行，王冠在炽烈的灯光下闪着晶莹的光泽。全场的观众轻声唱起瑞典国歌。

音乐再起，在礼宾小姐的引领下，诺尔奖获得者缓缓进场，在等待着他们的座椅落座。来宾报以掌声，落座之后，全场安静。

音乐厅外的电视转播车把这些场景发往世界各地。

颁　奖

诺贝尔基金会董事长马尔科斯·斯多尔各开始演讲，他神情庄重地介绍每一个获奖者。

然后由各评委会主席宣读授奖辞。

瑞典卡洛琳医学院教授、诺贝尔评委会成员斯塔凡·诺马克为诺贝尔医学奖得主巴里·马歇尔教授和罗宾·沃伦医生致辞：

"拿破仑未曾中毒，而是死于已经转为癌症的胃溃疡。作家詹姆斯·乔伊斯在为他最后的小说《芬尼根的守灵夜》不受欢迎而失望时死于溃疡穿孔。溃疡不仅打击著名者，也是人类最常有的痛苦之一。在很长一段时期，溃疡被认为是生活压力和不当饮食的结果。巴里·马歇尔和罗宾·沃伦关于溃疡是细菌感染所致的发现，因此完全是革命性的，而且最初遭到极大怀疑……"

诺马克的表达深入浅出，使深奥的科学变得通俗易懂。

"巴里·马歇尔和罗宾·沃伦，你们与流行信条对立，发现了人类最常见的重要疾病之一——消化性溃疡病是由胃中细菌感染所致。你们的发现意味着，这种往往是慢性的并使人衰弱的病情现在能用抗菌素完全治好，使数以百万计的病人受益。你们的先驱工作还激励了全世界的研究，更了解慢性感染与例如癌症一类疾病的联系。我代表卡洛琳医学院诺贝尔大会向你们致以最热烈的祝贺，并且现在请你们从国王陛下手中领取诺贝尔奖。"

宣读完授奖辞，国王古斯塔夫起身，从礼宾人员手里接过奖章和证书，站到舞台中央的 N 形环线内。坐在获奖者席位的马歇尔和沃伦医生走向前去接受颁奖，同时面对来宾和评委鞠躬致意。

在金碧辉煌的音乐厅里，只有蓝色地毯上放置的被花朵簇拥的镶嵌着诺贝尔纪念头像的讲台是旧的，它的颜色发暗。

接下来的物理学奖，一半授予美国人罗伊·格劳伯，以表彰他"对光学相干性的量子理论的贡献"；另一半授予美国人约翰·霍尔和德国人特奥多尔·亨施，以表彰他们"对发展基于激光的精密光谱学包括光梳技术作出的贡献"。

国王以同样的方式将化学奖授予法国人伊夫·肖万、美国人罗伯特·格拉布和理查德·施罗克，以表彰他们"开发了有机合成的换位反应法"。诺贝尔经济学奖授予罗伯特·奥曼教授和托马斯·谢林教授。以色列人奥曼头戴小帽，留着浓密的白色长须，颤颤巍巍地走向讲台，现场闪光灯闪起一片。

文学奖得主哈罗德·品特没有来。在颁奖典礼上，伦敦 Faber and

Faber 出版公司的首席执行官斯蒂芬·佩奇代表品特领取奖章和证书。

11 月 30 日，诺贝尔基金会宣布，75 岁高龄的英国剧作家品特由于健康原因将不能出席诺贝尔纪念周期间的任何活动，他的医生严禁他在此时旅行。

品特未能如愿来瑞典学院发表他一生最重要的演讲。瑞典学院派专人到伦敦摄制了他的讲话。

12 月 7 日下午 5 点，在瑞典学院播放了品特的演讲《艺术、真相和政治》。

在那个曾经有众多杰出作家发表演讲的会议厅，DV 在屏幕上的巨大投影把品特放大在听众的眼前。演讲大厅座无虚席，聚满了瑞典文化界人士。屏幕上，空旷而灯光昏暗的摄影棚内，品特一人独坐轮椅，膝上盖着毛毯，确是病人之形，但他精神矍铄，用略带沙哑的声音，讲述自己对艺术和真实的看法，讲述他对世界政治的看法，激烈抨击美国和英国的对外政策，使这场演说成了诺贝尔文学奖历史上最具政治性的一次声讨会。

品特有时候会用手指扶一下眼镜，他的手指在微微抖动，嘴唇和脸部的气色是暗黑的。他透过屏幕的演讲在瑞典学院的演讲大厅不时引起听众的热情反应，或者笑，或者是掌声。演讲结束时，全场观众起立鼓掌，对着屏幕上的品特致意。

"品特不能来领奖是一个悲剧。也许这可能是他这一生最重要的一次表达的机会。他本来已经准备好来了，却没能成行。"现任诺贝尔文学奖评委会主席佩尔·韦斯特伯格对我说。瑞典斯德哥尔摩大学汉学教授罗多弼说，他受到品特演讲的很大震撼，甚至需要重新考虑自己对世界的认识。

斯德哥尔摩颁奖典礼举行的同时，挪威首都奥斯陆同样进行着这个光荣的时刻。

和平奖授予国际原子能机构（IAEA）和该机构总干事、埃及人穆罕默德·巴拉迪，以表彰"他们在阻止核能用于军事目的并确保尽可能安全地和平利用核能方面做出的努力"。

比起在斯德哥尔摩举行的其他奖项的仪式来，和平奖的授予仪式较为简洁，通常在 90 分钟内结束。挪威王室、挪威的文化与政治领袖人物、外国使节和应邀的其他贵宾出席。挪威诺贝尔委员会的主席或另一位代表致辞，然后授予获奖者诺贝尔金质奖章和荣誉证书。管弦乐队齐奏欢庆乐曲，获奖者以自己的答辞表达对获奖的谢意。在 1971 年到 1990 年之间，和平奖颁奖是在奥斯陆大学的礼堂内举行。仅有两次是在别处授奖。1978 年为以色列总理贝京举行的和平奖授予仪式，出于安全的考虑，是在阿克雪斯城堡举行；1990 年授予苏联总统戈尔巴乔夫和平奖延期至 1991 年在奥斯陆市政厅举行。此后，和平奖颁奖就一直在奥斯陆市政厅举行。

每年 12 月 10 日的傍晚，就会出现一支向获奖者致敬的火炬游行队伍，行进到获奖者下榻的大饭店前，挪威诺贝尔委员会在那里为获奖者举行正式的宴会。

晚　宴

晚间 7 点整，斯德哥尔摩市政厅亮起了璀璨的红色蜡烛的光焰。

因为斯堪的纳维亚半岛昼短夜长的天象，斯德哥尔摩的夜色幽深而沉静，诺贝尔奖颁奖典礼豪华的晚宴使街区灯火通明。

晚宴开始，国王和王后从二楼铺着地毯的台阶走下来，走到花团锦簇的蓝色宴会厅。7 点之前，诺贝尔奖得主与国王见面。在蓝色的大厅，一支有 175 年历史的大型合唱队在演出。仪式上用的短曲，通常是由小号吹奏。宴会的历史始于 1901 年，当时举行晚宴的地方是斯德哥尔摩大酒店，被邀请的客人有 113 位，全都是男性。今年 12 月 10 日的宴会已经成为 1300 人的大型宴会了。这 1300 位嘉宾中有 200 名在校大学生和 10 位记者。

宴会每年的菜单都不同，而且直到晚宴开始前，菜单一直都是保密的。宴会有厨师 20 名，服务员 200 名。整个宴会厅会有 61 张桌子、470 米桌布、7000 多个不同的盘子、5000 多个杯子、10000 多副刀叉。

女主持人向晚宴的客人介绍每一位获奖者，每位获奖者会再次发表获奖感言。

晚上 10 点，宴会达到高潮，主宾由礼仪带领上楼，那里有大型舞会。为舞会伴奏的是从乌普萨拉大学请来的乐队，那是瑞典最古老的大学的乐队。晚宴的全程由瑞典国家电视台现场直播。

第三部分

最需要思考的是对人的解放

克里玛：我再没必要为任何悲惨的制度烦恼了

蒙马特咖啡馆诞生于 1911 年，位于布拉格老城区 224 号。

脚踩曲折回环闪着幽光的赭色卵石路，行在清寂迷宫般的布拉格街道，按照路人指引来到那间咖啡馆。三层小楼，咖啡馆占据其中一层，朱红色墙壁，白色拱形门廊，双扇的赭色木门。走进咖啡馆，不同的位置散坐着几位客人喝酒聊天。咖啡馆是三厢套间，穹形屋顶，看上去普通，桌椅是粗粝的原木打制。咖啡馆的酒水单印着名人肖像，其中有表情沉郁的卡夫卡。通向里间的拱门墙壁则挂着哈维尔侧脸微笑的黑白肖像，这是被世界熟悉的表情。

这间咖啡馆是哈维尔经常光顾的，二楼曾经是哈维尔书店，如今改为商铺。有时哈维尔独自来，有时与朋友聚集。哈维尔生前最后一次生日就是在这间咖啡馆度过，其时有二十多位好友共同庆生。咖啡馆老板遗憾的是哈维尔最后的生日之时他没来上班，没能看到哈维尔庆祝生日的现场。但是哈维尔独自来喝酒他是遇见过几次的，老板指着一张靠里间的座位说："每次来他都会坐在这个位子，我会端酒给他。"

哈维尔逝去之后留给他的国家太多的个人印迹。布拉格国际机场即是以哈维尔的名字命名的。布拉格的很多书店都在显著位置摆放着哈维尔的遗著和他人写的传记。他曾经工作过的剧院还在上演他早年创作的剧目，最著名的剧作是《花园聚会》。他参与拍摄的电影《离开》也能在音像店里看到，商店里出售的捷克套娃也有哈维尔的肖像。

布拉格的市民在咖啡店或酒馆看见哈维尔并不鲜见。1994年，时任美国总统的比尔·克林顿访问捷克的时候，哈维尔带他到过那家酒馆喝酒，那是居住在布拉格的著名作家们经常光顾的酒馆，其中就有捷克的著名作家，写出《过于喧嚣的孤独》和《我曾侍候过英国国王》的赫拉巴尔。有一幅哈维尔、赫拉巴尔与克林顿的合影照片也挂在酒馆的墙上。美国作家苏珊·桑塔格也由哈维尔带着在酒馆喝过酒，只是那一次在他们的旁边坐着哈维尔的两个保镖。

出生在布拉格的摄影师维多，经常骑自行车到查理大桥附近的办公楼上班，他见过哈维尔很多次，六年前他跟97岁的奶奶在查理大桥偶遇哈维尔，奶奶跟哈维尔握手并对他说自己是他的崇拜者，哈维尔耐心地听老人家说话。查理大桥建于1357年，以数十尊巴洛克时期的雕塑而闻名，伏尔塔瓦河在桥下缓慢而雍容地流过。这里也是哈维尔经常散步的地方，他的总统官邸位于布拉格城堡皇家花园西南部，就在查理大桥的附近，隔着伏尔塔瓦河就能看见一幢环形的黄色独栋别墅。维多早在11岁时就见到过哈维尔，那是1989年，捷克"天鹅绒革命"的时刻，维多跟随着母亲聚于瓦茨拉夫广场的民众中间，其时布拉格的民众不断走上街头，要求废除极权体制，实现民主政体变革。这次不流血的非暴力革命成功，此后具有异议色彩的剧作家哈维尔，在变革潮流中当选总统。

摄影师维多应邀拍摄过哈维尔葬礼的纪录片《哈维尔的心》。与其说哈维尔是一个政治领袖，不如说是精神象征。作为极权制度的坚定反对者，他带给捷克历史性的变革。布拉格市民最后见到哈维尔是瞻仰他的灵柩，那是震动布拉格也震动世界的葬礼，全城到处都是手持鲜花哀悼的人，蜡烛彻夜照耀。哈维尔的灵柩在礼兵的护卫下通过查理大桥，驶往建于 1344 年的圣维塔大教堂，在那里做最后的告别，世界多国政治领袖聚集布拉格出席哈维尔的盛大葬礼。哈维尔的离去为这个国家的心里留下巨大的道德真空。

回忆到与哈维尔的最后告别时，满头银发，84 岁的捷克作家伊凡·克里玛陷入长久的沉默。在克里玛面前的两个书架上，分别放着哈维尔的青铜雕像，如打开而形成对角的一本书，凸起的部分是哈维尔低头沉思的肖像，凹下的部分是肖像的剪影。在另一侧书架竖排插着精装绿色硬封七本一套的《哈维尔文集》，这个书房留有很多哈维尔的遗迹。

很长时间克里玛都是哈维尔的密友，他们一起喝咖啡，喝啤酒聊天，在更早的"萨米亚特写作"时期,哈维尔经常到克里玛家里参加文学聚会，朗读新写出来又被禁止传播的作品。他们一起参加 1968 年反抗苏军坦克占领的行动，在 1989 年参加"天鹅绒革命"的街头运动，在哈维尔成为捷克共和国总统之后，他们还一直保持老友之间的深厚友谊。作为同时代的作家，克里玛与哈维尔的道路不同。在"布拉格之春"后，哈维尔的命运是不断被逮捕，进出监狱。而克里玛的命运是被禁止。有 20 年的时间，他的书不能在捷克公开出版，只能辗转在欧美出版。那时作为被禁作家传播的方式就是"萨米亚特写作"。在早年的秘密聚会上就有哈维尔。克里玛是聚会的召集者，聚会是在他的家里。当被问到当时哈维尔朗读的是什么作品时，克里玛从安坐的沙发里起身，绕过摆放在面前的摄影机，从书架取下《哈维尔文集》中的一部，找到其中的一章说："就是这个。"

访问克里玛是在 2015 年 7 月 24 日上午，在他位于布拉格郊区幽静的别墅区，前后都是繁茂的森林。克里玛在少年时期经历过三年纳粹集中营的生活，青年时代经历过斯大林主义在捷克的统治，如今迎来了让他不再为那种悲惨的社会制度烦恼的年代。谈及哈维尔，克里玛有理由为失去伟大的朋友感到哀伤。在他搬到新居时哈维尔来看过他，有时带着保镖，有时自己来。哈维尔就坐在客厅里，老朋友聊天，谈论他们彼此感兴趣的事情。时光流逝，当年的"天鹅绒革命"过去多年，社会也开始进入后哈维尔时期，克里玛形容为"灰色的时光"。

作为一个变革时代的见证者，克里玛已经退休。他开玩笑说他写出来的书已经对捷克的森林造成"损耗"。他在完成两卷自传性回忆录《我的疯狂年代》后宣布封笔，他的印着作家肖像的大厚书在布拉格各种书店的显要位置都能看到，在中国他的系列长篇小说再度由花城出版社以"蓝色东欧"书系出版，《等待黑暗，等待光明》《我的金饭碗》《没有圣人，没有天使》等书面世。他早期的随笔集《布拉格精神》有众多的读者。然而作家过起了退隐的生活。如今是一个大师远去的年代，也是激荡风云消散的时期。当被问到未来生活的愿景时，克里玛开玩笑说："一场热情的葬礼，一个好看的墓地。"

我对自己说，什么都不再需要了

对现在的生活你满意吗？你的日常生活状态是怎样的？

克里玛：个人生活非常满意。最近一年我跟自己说，没什么再需要的了。我现在已经退休，生活幸福。可以说我这辈子一直属于自由职业者，从来是自己管理自己的时间，现在退休就更自由了。虽然年龄比较大，但所幸身体状态一直比较好，唯一的限制是不能吃糖，不过这个限制对大家都有好处。

通常作家很难有退休的时候，对很多优秀的作家来说，写作会贯彻生命始终。

克里玛：作家也可以进入一个状态，就是说可以不再写作。这时候就是进入退休阶段。当然对大部分人来说，一个作家永远是作家，直到去世的那个时刻。

你为什么终结写作生涯？再没有激发你创作激情的事物了吗？

克里玛：一个人达到一个状态，就是他认为该说的话已经都说了。一个人不应该重复自己。我不想重复自己，重复的表达只能比以前说过的话更差。

据说哈维尔在生前多次到过你的家，当时的情形是怎样的？

克里玛：是的，他来过这里。我们很久以前就是朋友，他常来我们家，担任总统的时候也来过。他担任总统的时候，来的频率比以前少了。但是他每次来了就很放松，终于可以脱离开那种官方的环境。

是他自己来吗？还是带着随从？

克里玛：他来的时候和他夫人一起，当然随从在外面。

你怎么评价国家的政治生活？你对捷克的政治现状满意吗？

克里玛：相对而言，我是满意的。目前捷克的政治状态属于那种民主制度，当然民主也有它的一些问题，但是目前它是相对比较好的制度，它在捷克已经有一个正常稳定的运转。

看过你谈到晚期的写作，你说"就我的写作而言，我感到如释重负，我再也没有必要为任何悲惨的制度烦恼"。现在你还会这么说吗？

克里玛：基本上，我现在不再为任何事情烦恼了，因为对某一件事情烦恼的话，对自己身体有害，对社会也有害。（笑）

你说在年轻时会为那些悲惨的社会制度烦恼，是什么令你烦恼？

克里玛：当时我烦恼的是社会缺少自由，缺少包容，缺少开放。

那些曾经让你烦恼的事情现在都不存在了吗？

克里玛：至于我们目前的社会，可以说已经没有让我烦恼的事情了。当然，准确地表达自己的立场或者想法不是那么简单，但我相信总有机会准确地表达。

在以前谈到写作的主题时，你说到你的写作跟父辈的写作之间的差异。"我们的父辈关注的是社会问题，我这一代关注的是正义问题，确切说关注的是权力者将正义悬置的犯罪行为。"我想问，现在你关注的正义问题都实现了吗？

克里玛：我认为文学最主要的目的不是关注社会问题，而是关注人自身的问题。社会问题进入文学的主要原因是它影响到人自身的存在。那么在自由的社会，人自身的问题，它的影响已经没有那么大了，跟以前不一样了。这是重要的变化。

建立公民社会，终结极权制度，这曾经是东欧知识分子的共同理想，这个理想在捷克完全实现了吗？对这个社会理想你怎么评价？

克里玛：我认为从所有的政治制度里选择的话，公民社会是目前人类能够作出的最好的制度选择。当然每个制度都有它的一些问题，但是如思想自由、表达自由、信仰自由，这是最基本的人权，如果社会尊重这些基本的自由和人权，那就形成人类能够达到的一个最理想最好的状态。当然公民社会代表着一个注重人权社会的正常运作，或者包容最基本的一些个人或者人权问题，但同时也需要考虑到每一个国家或每一个民族的国情和传统习惯。

这是你安心退休生涯的原因吗？

克里玛：是，可以这样说。我们这辈子做出的努力有了这样的发展，达到了我们的目标。当然民主制度或者公民社会需要相应的完善、调整，需要不断努力去照顾它，把这个制度转换成良好的制度，这是一个没有止境的过程。

停止写作之后你会做什么？你的日常生活是怎样的？

克里玛：我经常买菜和做饭，因为做饭是我的爱好，这是令我夫人高兴的一件事。以前我比较爱好运动，打网球，当然现在已经不打了，但是我还是会多注意运动，经常在外面散步，尤其我的一个爱好是采蘑菇。采蘑菇是捷克特色，几乎每个捷克人都会，出去时带一个小筐，去森林采蘑菇。当然采蘑菇还需要知道相应的一些知识，对蘑菇对森林对各方面都需要有一定的了解，最重要的是，采蘑菇不要让自己中毒。我的成功之处就是我从来没有中毒，但如果一个人不喜欢另一个人，采毒蘑菇给他吃是非常好的方式（笑）。

人们都在努力，改变自己的历史

谢谢你告诉我们你现在所过的远离毒素的幸福生活。我知道你早年的经历，很长时间是过着一种有毒的生活，包括在纳粹集中营的生活，在极权制度之下被禁锢的生活。1968 年 8 月苏联军队对捷克的入侵是现代史上的重要事件，这次入侵对大多数国民来说都是一个创伤，数万人逃离了这个国家，其中许多人是这个国家的知识精英。我想知道在当时，你的状况是怎么样的？

克里玛：苏联军队入侵捷克的时候，我正在英国，我夫人和儿子正在以色列。但是我们还是决定回来，因为捷克有我们的亲戚、父母、朋友。当然我们知道回来之后就会受到伤害，当时我预想可能会进监狱，但同时，我还是怀有希望，觉得我还是可以在我的领域工作，我还能在出版社工作，还可以在知识分子圈子里工作。回来的结果是我没有被判徒刑，但是我的作品在国内被查禁。不过当时他们没有采取任何措施禁止我的作品在国外出版，因为当时我在国外已经有一定的影响力，国外对我有一定的认识，所以我还是可以通过写作谋生，可以在国外出版作品，拿到一定的生活费。但是我的很多作家朋友就跟我不一样，他们无法再继续写作，被迫从事体力劳动，做各种苦力。知识分子们被迫从事地下出版，作家如果要通过写作表达，就只能在国外发表和出版，或者在境内通过萨米亚特的方式流传。

当时你们被官方禁止的理由是什么？

克里玛：没有解释，只有命令。强制的命令。

官方作家是不受限制的么？我看到你说当时米兰·昆德拉是被政府所器重的作家，获奖或者被政府宠爱的，是这样吗？

克里玛：是的，当时有官方的作家不受限制。但这些作家是二等三等作家，对他们来说那时正好是一个机会。昆德拉先生当时在捷克没有获奖，他是在 1968 年以前获奖，1968 年以后他移民法国，然后也被禁止。可以说在 1968 年之前，捷克的文学自由度还比较好，还有一部分作家可以自由表达。除了明显对共产党发表批评意见的作品被禁止，其他作品还是可以出版。但是如果某个作家明确发表对党的意见，会被直接送去劳改营。

我们知道 1968 年的捷克是通过电影和书籍，比如公民被监控，警察随意逮捕异议者，整个捷克处于恐怖之中。你当时看到的情况是怎样的？

克里玛：当时苏联入侵捷克以后，他们还让当时的总统杜布切克继续担任职务。我们所说的正常化是 1969 年 4 月才开始。到这个时候谁想离开捷克斯洛伐克，都可以正常离开，所以有超过 10 万人移民国外。当时还没有大规模的逮捕，苏联人也不希望捷克斯洛伐克出现这种情况。所以当时的异议者中几乎没有人被捕进入监狱。最明显的变化是，这些知识分子、异议者，被强迫离开他们的工作岗位，从事体力劳动。

哈维尔是 1968 年开始进入国际视野的，当时你对他熟悉吗？

克里玛：我认识哈维尔先生很早。当时我在美国，受到那边各种各样文学聚会的影响，所以我也在我家举行文学聚会，邀请那些同样被禁止出版的朋友们和作家们。我们就在这些聚会中阅读我们最新的作品。当时哈维尔先生也参加这些聚会，阅读他的作品。

昆德拉参加过这样的聚会吗？

克里玛：他当时已经移民法国了。他大概 1971 年移民。

你对昆德拉先生熟悉吗？在1968年那个时期他是什么状态？

克里玛：当时我们是朋友，我们是比较近的朋友。但他移民后我们就没见过了。他是布尔诺人。最早见昆德拉是什么时间？不记得了，我们大概50年代就认识了。当时作为年轻的作家，我们都是青年作家协会的成员，定期会见面。

中国读者对1968年苏军入侵捷克事件的了解多来自他的小说《不能承受的生命之轻》，或者由此改编的电影《布拉格之恋》，我想知道你怎么看昆德拉的写作，怎么评价他的文本的价值？

克里玛：我的原则是，对于我的朋友、同事的作品不作评价。对任何人都不作评价。但我可以总结一句话说，他是欧洲现代文学一个伟大的作家。我们曾经是很好的朋友。他大概有两次偷偷回他的故乡布尔诺，但是我没有再见过他。

你曾经谈到过昆德拉在捷克受到的批评，说"在捷克他引起民众的反感，反感的原因是人们认为昆德拉用来描述他在捷克的经历的方式是那种简单的用来哗众取宠的方式，他描述的经历可以说与他本人在1968年以前曾经是共产党政权下一个受到奖励和宠爱的追随者的事实不相符"。这个评价是你和菲利普·罗斯对话时谈到的。

克里玛：我现在的看法还是和当时一样。

你认为昆德拉当时描写捷克的方法是哗众取宠的吗？

克里玛：后来某些人比较努力地改变他们自己的历史，这个现象在捷克历史上发生过很多次，人们试图摆脱自己过去的历史，尤其是那种比较尴尬的历史。这个现象在捷克非常普遍。

我想问，"哗众取宠"这个词，你现在依旧这么认为吗？

克里玛：我已经不再关注这些问题。现在这些问题不是很现实，昆德拉先生也已经退休。这个问题不现实了。我认为现代的捷克文学可以说在国外还是有一个比较好的地位，这包括昆德拉。我还是坚持我的态度，不对同事作评价。我还是坚持说，他是目前欧洲现代文学的重要作家。

你说"昆德拉当时是处在共产党政权下一个受到奖励和宠爱的作家"，这是我想求证的。

克里玛：这一点我曾经写过，这是当时我有点不太喜欢他的原因，他要尽量脱离他的过去。因为很多人习惯了尽快改变他们自己的一些历史。

集中营的生活，世人并不在意我的经验

1943 年你经历过三年泰雷津纳粹集中营的生活。现在还会想那段生活吗？

克里玛：当时我正好在 10 岁到 14 岁之间，一个人的一辈子，这些年代的记忆还是比较清楚的，但是回想的时候，有一个很重要的因素，就是一个人的性格、一个人的心态会影响到他的记忆。某些人喜欢回想比较不好的事情，又有一些人喜欢回想良好的时刻。我个人记得那些良好的时刻，因为这对于心理健康很重要，但对于写作不太有利。

再回想集中营生活，最让你难忘的是什么？

克里玛：是苏联红军到来的时候，我走出集中营大门的时刻，可以说那是终于获得自由的时刻。当然，还有很多其他的时刻也是难忘的，但是对那些不好的比较恶劣的情况，我相对来说记得比较少。当然我也不想否认当时出现的一系列恶劣的不好的情况，但是对一个儿童来讲，对这些事情通常会有不同的看法。

在集中营最绝望和最恐怖的时候，你是怎样应对的？

克里玛：最恐怖的是，当时我们最害怕他们会把我们送到波兰，送到波兰集中营。当时这就是恐怖感的最主要来源。当时我父亲被送到泰

雷津那边，他是第一批由火车送到泰雷津的(离布拉格 30 公里的集中营)。当时犹太人组织和德国纳粹之间有一个协议，他们第一批坐火车到泰雷津集中营，我们后来最恐惧的就是，这些人和他们的家人亲戚会不会被送到波兰奥斯维辛集中营。

我在 2006 年去过奥斯维辛集中营。那是惨绝人寰的地方，我看到陈列的很多当年的少年儿童在集中营的状况，他们在集中营里画画和阅读。我想问，集中营的生活对你的人生有过怎样的影响？

克里玛：最大的影响就是，后来我会不由自主地对比我在集中营的生活，对比在二战结束之后的自由生活，可以说集中营的经历让我学会珍惜战后的自由生活。当然，后来我还是努力争取更大的自由生活。

集中营的生活对你的写作有什么影响？我看到你说你的写作关注正义的问题，关注那些被判罪、被驱逐的孤独无助的人们的感情，你说这些都是集中营生活带给你的影响。

克里玛：当然。除此之外，在集中营还有一些境况会影响到我，那就是缺少自由，可以说是对失去自由的恐惧，不知道明天会怎么样。还有更重要的一个感觉是，我当时以为此后不会有比这更糟糕的境况，已经经历的是最恶劣的，以后再也不会比这个更恶劣。但是这样的意识也比较危险，这样的意识会导致一定的盲目。

走出集中营那个时刻，想到过日后会经历更恐怖的生活吗？

克里玛：没有，当时我那么愚蠢，没想到过。

离开集中营之后，你是怎么生活的？

克里玛：我就过正常的生活。

工作怎么解决，生活怎么解决，怎么谋生？

克里玛：当时读书，离开集中营的时候我 14 岁，所以我去中学读书，本来我以为因为我在集中营生活过，我可能会成为一个特别的人，当时以为我会是我们那个小社会的一个中心点，但是后来我明白，其他人并不在乎我曾经有过的经历，不在意我有过的这个经验。

以和平的方式，实现社会制度的转型

1989 年 11 月布拉格爆发的天鹅绒革命，改变了捷克的国家命运。看到你说自己是目击者和参与者，当时你看到的情形是怎样的？

克里玛：天鹅绒革命，作为捷克斯洛伐克历史上非常重要的转折点，是一个非常良好的转折点，可以说它让捷克回归到我们从前有过的民主制度的传统，此后的发展也是正面和良好的。当时这个革命非常重要的一个特点是，没有任何恶劣的暴力，可以说是用和平的方式完成了社会制度的转型。当然这也是哈维尔和他周围一些人作出的很大贡献。

当时你是如何参与的？

克里玛：当时我在局部某些小的方面参与过，我还是保持一定的距离。我的同事们给我布置了一个任务，重新成立一个作家委员会，或者叫作家联盟，这个我完成了。我被任命为这个作家联盟的主席，当时最主要的任务就是团结作家，这个可以说达到了。

你说要跟天鹅绒革命保持距离，为什么？

克里玛：因为这是我这一辈子的原则，不要参与政治，我只是要当一个作家。当时有人建议我担任文化部部长，我就毫不犹豫地拒绝了。

哈维尔跟你是朋友。你怎么看他对政治的介入？

克里玛：那是他的决定，是他的选择，对他来说参与政治满足了他内心的要求。政治生活肯定不会满足我。哈维尔是一个剧作家，我是小说家，以写小说为主。

你怎么评价哈维尔在捷克社会变革中扮演的角色，怎么评价他的政治作为？

克里玛：我对他的评价还是良好的。可以说，当时有他这样的一个人担任这样的责任，是这个国家的幸福。后来他担任总统之后，也邀请我们去总统府拜访他，他非常高兴在总统府可以接待他的朋友们，文学界的朋友们，而不仅仅是一些政治家和其他党派的成员。

那时相互交往有隔阂吗？

克里玛：我们之间的关系没有影响，但是我们见面的频率受到影响。

2011 年 12 月，哈维尔去世，捷克举行声势浩大的葬礼，世界多国政治领袖都表达了对哈维尔的哀悼，你怎么看哈维尔的去世带给捷克政治生活的影响？

克里玛：我参加了他的葬礼，当时我也感到很悲哀。可以说，不管谁，只要做好人而去世，那肯定对亲戚家人朋友就是一个很悲哀的事情，如果这样一个人物对国家也有很大贡献，他去世的话，对整个国家民族是一个悲哀的事情。

有人说哈维尔的去世在捷克政治生活中形成一个真空的地带。

克里玛：从一个非自由制度转化成自由制度之后，每次都会有一个重要的代表人物。不管是马萨里克总统还是哈维尔先生，他们代表着一个象征，他们去世之后那个制度进入正常运作，可以说，这些代表人物的作用和影响是不一样的。

我看你的自传《我的疯狂年代》，看到 1970 年代你与萨特和波伏瓦的会见，还记得当时的情景么？你怎么看知识分子写作，萨特和波伏瓦几乎是知识分子写作的象征。

克里玛：当然，认识萨特之前，我已经对他的存在主义比较感兴趣，但是我见到他们的时候，他们偏向于左派，这个情况稍微脱离了我的接受度。从哲学角度来看，我更喜欢加缪。

你怎么看知识分子写作？所谓知识分子写作，关心社会现实，介入公共事务，就是文学对现实的干预。这个观念源自萨特。或者更直接地说，你怎么看待作家与政治的关系？

克里玛：作家应该与政治尽量保持距离。更远的距离。文学和政治是两个完全不同的领域，政治对于文学来讲，比较危险。相对来说，政治注重的是目标的实现，文学最看重的是人。

我写的书，已经为捷克的森林带来损失

1989 年之后，捷克社会变得更自由，也更具有不确定性，人们突然进入一个充满选择性的新社会。你的妻子是一位心理治疗师，你也对社会心理很有洞察，如果把过去 26 年的捷克看作一个人，他的精神状况是什么样的？

克里玛：可以说比较适合住院，住神经科（笑）。这是一个玩笑。如果捷克作为一个人，他的精神状态，可以说现在是处于最敏感的时期。换句话说，最好的时代已经过去了，因为最初的激情已经过去了，生活的激情已经过去了。现在我们面对的是一个灰色的未来。一个需要不断努力才能发展的未来。但是我对现状还是比较满意的。

"灰色"，怎么解释？

克里玛：因为人们每天面对的日常的生活，就是工作工作和工作。但我还是欣赏现在的社会状态。我认为年轻人从来没有像现在这样享有理想的机会，没有像现在这样享有理想的现实环境，我说的现实是欧洲的现实。

你是两种极权制度的亲历者，你曾经历过 20 世纪三四十年代的纳粹极权主义在德国的建立，看到过希特勒上台的情况，也经历过斯大林

式的极权主义对国家的统治。我的问题是，你怎么看极权主义带给世界的灾难性影响？

克里玛：首先，这两种极权制度非常相似，两个制度都是在充满暴力和血腥的基础上产生的。但它们还是带给我们非常重要的认识，也就是对民主制度的重要性的认识。

我们知道你长期经历过审查制度对写作的伤害，你怎么看审查制度对文学的影响？当时有什么影响？这个审查还存在吗？

克里玛：现在没有审查。现在可以说任何一部作品都可以出版，没有限制，有些作品可能只是需要作者自己出钱。但是当然也有一定的限制，比如作品不能违反宪法，也不能违反最基本的人权和社会伦理。比如说希特勒的自传《我的奋斗》，放在今天出版的话，肯定是不允许的。

1990年2月你对菲利普·罗斯转述过一位捷克优秀导演的话说，审查制度不仅保护我们免受我们自己文化和外国文化最佳作品的影响，而且还保护我们免受大众文化最糟糕部分的影响。他的这些话可能使很多人感到不开心，可是你说你理解他。那是1990年。如今26年过去了，你对这句话有没有新的理解？

克里玛：这一句话已经记得不太清楚，可以说很久以前，这应该是从某个第三语言翻译过来的。这些话已经记不起来了。但是我要说的，和这个有点不一样。可以说，我从来没有支持过审查制度，也没有说过审查制度会保护什么。至于这个问题，我得看到捷语写的原文才能给出回答。

在共产主义时期，一种官方的简单的陈词滥调的语言污染了你的母语。以你的经验，在那种情况下，如何保持自己的写作不受污染？这些捷克的作家和媒体人为重新清洁语言做了哪些努力？

克里玛：可以说这是文学非常重要的任务——保留一种纯粹的语言。当时也有一些作家，他们的语言非常纯粹，最有代表性的是作家赫拉巴尔先生。他当年就经常去酒吧，听人们讲故事，在酒吧有来自社会各个阶层的人，他吸收他们讲述故事的方式等等。（赫拉巴尔创作的小说《过于喧嚣的孤独》《我曾侍候过英国国王》等被誉为捷克文学的经典——作者注）在写作中，他故意摆脱那种广泛的流行语言，包括意识形态的语言。捷克文学在19世纪有一个很重要的复兴的过程，这期间作家们重要的任务和责任就是保持捷克语的清洁感，因为18世纪末的时候，捷克语作为文学语言基本是落后的。

最后想问，你对未来生活有什么期待？

克里玛：就是期待一个热情的葬礼和一个好看的坟墓。（笑）开玩笑的。最主要的期待是欧洲和全世界能够保持一个和平的状态。另外，不仅是捷克，全欧洲面对的一个严重的问题是移民，大量的移民在进入欧洲的空间，可以说我期待移民对文化产生一定的影响。

现在写作激情完全从你的身体中消失了吗？有没有重新就业的可能？

克里玛：已经不再考虑重新就业。要考虑的是人生最后一段路，最后的一站。

对一个杰出的作家来说，写作激情的消失会成为一个巨大的谜。

克里玛：可以说任何人，包括作家，在某一个时段，应该认识到人生有限。会有一个时间段，人的精力会逐渐下降，而且有可能已经再也不会写出比以前更好的作品。那么既然是这样，就可以安心地带孙儿，安心采蘑菇，安心看电视，过退休生活。（克里玛指着身后书架密集排列的自己的作品）这些都是我写出来的书，可以说它们给捷克的森林带来了一定程度的损耗（笑）。

（本次访问得到中国国际广播电台捷克部刘宏女士的翻译协助，在此致谢）

顾彬：我们最需要思考的是对人的解放

访问时间：2009 年 11 月 4 日

访问地点：北京清华园

1989 年，德国统一的进程，一如在柏林勃兰登堡门的广场举行的场面壮观的摇滚音乐会。在那次音乐会上，一座巨大的模拟的柏林墙被摧毁了。

柏林墙倒塌的时候，德国汉学家顾彬在波恩，不在柏林，当时他的女儿在柏林。她和朋友们在被拆掉的柏林墙前彻夜跳舞，在那里庆祝。

当年柏林墙开始修建的时候，顾彬 15 岁，在故乡敕勒，德国北方一个古老的小镇。很多中国作家去过那里。

"1961 年 8 月 13 日，那时候我跟祖母听到修建柏林墙，非常难过。有很多人在街上游行，反对修建柏林墙。"

几乎是在一夜之间，欧洲的政治版图发生了变化。东德政府关闭了东西柏林边界，开始建造把这个城市分开的围墙。柏林墙——这个东西方不可调和的产物，像一把利剑把柏林的心脏一分为二。这堵墙是东德政府对想排斥他们的制度和逃到西方去的回答。要通过这堵墙是很困难的，那里架设着铁刺网，埋设着地雷，有士兵机关枪的封锁。

东柏林的人想通过时要有特殊的通行证，而东德的士兵对任何人决不徇情。用机枪武装的东德士兵架起铁丝网作成界限，往西迁移成为艰难的事情。在此之前，每天约有 2000 个难民离开这里，在此之后，有越来越多的人在这里因逃亡而被捕。"当时的东德人经常会逃到西德去，所以东德的人越来越少，特别是有知识的人，医生、律师、工程师等等，他们的专家都离开了。他们的社会开始有问题，因为他们的知识分子越来越少。"顾彬回忆道。

顾彬真正看到柏林墙是在 1977 年搬到柏林以后。他住在离柏林墙很近的一幢房子里，属于当时的一个工厂区，非常破败，当时没有人想住在那里。

"但是知识分子、文学家、作家、学生很喜欢那个地方。因为离柏林墙很近，那里有一种非常有意思的气氛，因为那里曾经受到过战争的破坏，没有修复，也因为离柏林墙很近，没有人想要这些房子，没有人想修这些房子。你可以看到 1945 年战争的痕迹。你生活在那个地区，无论去什么地方你都可以思考，德国的过去、德国的现在，你都会有所感受。但是，我不喜欢柏林墙，不好看，我不喜欢它，泥土砌的墙，难看死了。柏林墙完全破坏了柏林城市的美，原来在柏林有非常美丽的地方。"顾彬说。

1989 年 11 月，柏林墙倒塌，顾彬到柏林，他想再去柏林墙看看。

"那里有很多很多人在玩，包括作家在内。我在那里看到过德国最有名的作家和艺术家，他们都很高兴。"

那时候政治家们觉得"我们完蛋了"

柏林墙倒塌的时候，你在做什么？这个消息当时带给你什么样的感受？

顾彬：我是教授，那个时候在波恩大学教书。我们都在关心中国，1989年的中国。柏林墙倒塌的那个时候，我非常高兴，我老早就盼望德国早点统一，所以我非常讨厌当时一些左派的人，他们要求民主德国不要跟当时的西德统一。现在我们都知道，从1980年代初东德就已经投降了，因为东德没有选择中国之类的路——如果东德跟中国一样，从1979年走上改革之路的话，可能它现在还在。但是它没有。东德的消失有两个原因：第一，它没有进行经济改革。第二，它还是在控制着人民，控制得太厉害。1980年代中国人可以到国外去——虽然有一定的困难，也麻烦，但是基本上可以出去。但东德根本不允许人们到西方去，到东欧的国家可以去，但是不能到西方的国家旅游。如果1979年以后，比如说东德也越来越多地允许人们去西方旅游，可能东德现在还会在。他们犯了两个非常重要的错误。还有就是他们没有什么物质基础。从1980年代初开始，当时西德政府给东德很多很多的钱，因为他们差不多破产了。西德政府怕东德会发生什么动乱，怕苏联的军队跟进布拉格或匈牙利一样来东德，镇压那里会发生的什么起义之类的活动，所以每年给东德很多钱，但是没有人公开说这些。1989年之后，埃利希·昂纳克下台，接替他工作的那个人很清楚，没有办法独立下去了。所以政治家们到后来控制不了局势，这也是为什么他们那时候没有派什么军队阻止人们逃亡柏林，没有阻止当时东柏林的人把柏林墙拆除，政治家们自己觉得"我们完蛋了"。

当年柏林墙倒塌的时候，德国的民众是什么样的反应？

顾彬：非常高兴，都高兴死了。我们很想德国作为一个国家统一起来。另外他们的社会主义是有问题的，他们的政治体系是有问题的。举个例子，70年代末80年代初，我想在柏林开一个现代汉语大会，因为当时的民主德国出了一些非常好的现代汉语课本，尤其是1950年代的。我想请他们来开会，他们怎么回答呢？你们是帝国主义，我们不来。

我们是帝国主义吗？我根本不是帝国主义，我讨厌帝国主义。他们不来，他们总是批评当时西德的人，说他们是美帝国的走狗，不管是老百姓还是政治家们，他们都这样批评，我们心里非常不舒服。批评，或者批判是正常的，但如果总是老一套，就没意思。他们认为西德跟着美国跑，就骂我们是美国的走狗。他们当然有一些道理，其实那时候西德知识分子中间有很多左派，他们对美国的经济模式持批判态度，我们也反对美国，比如他们在1970年代对越南的军事占领，很多西德人都反对。

德国的统一被看成是冷战的结束，整个东欧变革的一种象征。

顾彬：是。德国的统一只是一个开始，随后就是东欧的整个变革。现在过了这么多年以后，我认为东欧的变革不太成功，没有中国成功。因为他们没有经济基础，也缺少民主精神，搞得好的还是原来的民主德国，因为我们很早就援助他们，现在虽然还落后一些，但是跟1989年比起来，他们的发展还是不错。原来他们的城市完全被破坏了，民主德国没钱修，现在，好多原来难看的城市都变得非常漂亮。但是现在德国东部的人们还是觉得非常不公平。为什么不公平呢？因为我们的西部，无论经济还是城市面貌都比东部的要好。我们还是要给他们钱，还是要养他们，结果他们还是诉苦，说他们没有发展。20年的时间不可能发展多么快，中国也是这样，有些地区很发达，有些地方还正在发展，这是正常的。但是他们觉得发展慢，不太高兴。

我觉得他们的变化慢一些很好，因为中国的变化太快。他们都能够保留他们原来的房子、原来的东西，因为变化很慢。但是中国的变化太快了，不光是中国人自己跟上这个发展速度有困难，包括我们在内跟着这个速度也有困难。城市的变化太快，把原来特别好的代表城市面貌的东西都拆掉了，这其实也不是很好。

他们最怕的是 1979 年后的中国

据说当年的柏林墙有 70 万枚地雷，6 万支自动扫射机关枪，还有 1100 只训练有素的狼狗，当时东德领导人有"越墙者射杀"的命令，这些消息你熟悉吗？

顾彬：这个数目我不太熟悉，但是报道肯定都是有道理的。我没有怀疑。我们那个时候都明白，有多少人死在那里，是谁让他们死。1985 年我住在柏林，差不多每天都能够看到柏林墙，柏林墙前后都是空地，东柏林到处都会有炸弹之类的东西。有时候我会去东柏林，在那里跟我的一些同事见面，他们对我的检查是非常严格的，因为他们知道我是汉学家。那时候，他们最怕的是中国，最怕的是 1979 年以后的中国会影响到东德。在原来的西柏林中国非常红，每天都有报道。有一次，可能是 1980 年代初，我去东柏林的时候，身上带着电台的海报，海报上是预告明天要报道"中国'文革'"专题。海关发现了海报，问我是什么意思？为什么把这个海报带到民主德国去？我说我没有什么意思，我忘了，我带在身上。他把海报收走了。他们不允许我把这个海报带到东德去，怕东德的人会听这个报道，然后从中国来看他们走的社会主义，怕东德人发现他们的社会主义有问题。因为中国从 1979 年开始不是走向改革的路吗？这个变化他们怕。他们觉得自己走的社会主义道路是对的，中国的社会主义道路是错的。无论是"文革"的中国，还是 1979 年以后的中国，他们都怕。

如果我记得对的话，从 1985 还是 1986 年，民主德国和中国外交关系才开始正常。所以 1985 年以前的民主德国根本不允许他们的人民关心中国，看有关中国的消息。他们只允许几个人学汉语，因为他们需要一批人掌握汉语。基本上在东德不能够学汉语，只有一批被他们选中的人才能学。

前东德的禁锢，不光是对西方，还包括对中国——当时作为社会主义同一阵营的国家。

顾彬：你应该知道从 1961 年前后开始，苏联和中国的关系越来越坏，越来越不好，好像当时苏联和中国，东欧和中国都断绝了外交关系，基本上没有什么真正的外交关系。

有一部德国电影，中文片名叫《窃听风暴》，也叫《他人的生活》，讲述的时间是 1984 年，地点是在东柏林，每一次的开头字幕出现的是"公开化无处不在"。全东德百姓被 100 万史塔西秘密警察控制着，还有 200 万名告密者，他们的目的就是要知道别人生活的任何一个细枝末节。

顾彬：我很少看电影，我不喜欢看电影。近年来我什么电影都不看，我觉得电影太简单，电影市场化太厉害。不过我知道你说的这部电影，德国有一些专门谈论这些问题的作品，非常好。《窃听风暴》我知道，我女儿说我应该去看，是，我应该去看。秘密警察对人的控制，对。但是我们没有办法，也有不少人在西德——包括作家在内，他们帮助民主德国的警察机构工作，所以我们不应该太批评批判原来民主德国的一批人，在当时的西德，也有人会出卖自己的人，把他们窃听到的情报卖给民主德国的秘密警察机构。

在封闭和禁锢的时代，东西德的知识分子的状况是什么样的？

顾彬：东德作家的情况不太理想，具体来说他们很苦——我说的是好的作家。一批作家跟当时的政府合作过，也做过他们的顾问，这是德国的一个固定名词——"顾问"，就是你老要给他们报告，某个人在想什么，做什么。不少民主德国的作家跟警察机构合作过，这个我们现在都知道。另外一批不一定这样做，但是他们自己觉得民主德国是不错的。第三部分作家，对民主德国持批评的态度，但是他们不否定社会主义，只是觉得他们的社会主义有一定的问题，应该改，所以通过作品表达社会主义改革的希望，这些书他们没法在东德发表，就在西德发表。发表以后，他们在国内就会碰到钉子，就面临一个选择，离开东德去西德。很多人要求留下来。这些作家有的时候可以到国外去，出去了，当时的东德政府就不让他们回国了。

有一个非常有名的歌手、诗人，叫毕尔曼，他非常相信民主德国社会主义，但是他希望民主德国会走上改革的路，他经常用中国的元素来表示他的期望，比方用长城之类的象征来创作他的作品，所以民主德国对他很有看法。他有一次去西德朗诵他的诗歌，民主德国也派特务去，让他们报告他的情况，最后决定不允许他回来。当时大部分民主德国的作家包括艺术家，相信社会主义，但是他们相信的那个社会主义跟民主德国政府的社会主义，可能不一样。

1989 年前的东欧，似乎整个社会形态都处于被禁锢的状态，出版没有自由，知识分子的思想没有自由。

顾彬：对，但是这些作家可以在西方发表他们的作品。所以当时无论是哪个东欧国家都有好的文学作品，即使是在被禁锢的时候。

当时西德作家的状况怎么样？

顾彬：西德的作家情况基本上是不错的。虽然当时有不少作家主张中国式的社会主义，但大部分作家、艺术家都是左派，都是苏联式的左派，都受到"文革"毛泽东思想的影响。从今天来看，他们当然是有问题的。但是那个时候，我们——不包括我在内，我从来不是什么左派——当时对中国的了解很有限，所以到了 1980 年代开始，慢慢了解"文革"原来是什么情况。当时不少受到"文革"影响的作家们，后来公开地说："我们犯了一个错误。"

虽然当时西德的作家们和政府经常是对立的，但他们还是能够发表自己的作品，还能够在电台电视台，在任何公开的地方发表自己的看法，表达自己的思想。原来西德的政府跟西德的作家关系是非常不好的，互相骂。到了 1989 年以后情况好一些。现在可以这么说，政府非常重视文学家们，文学家们现在也知道政治不这么简单。所以不能对政治家们要求太多，他们也是人。现在政府和作家们的关系是比较好的，无论你是左派右派还是什么派，基本上都可以自由表达自己的意见。

我们最应该思考的是对人的解放

变革也不是在一夕之间解决所有的问题。德国统一之后，有新的问题出现。

顾彬：是，有新的问题，现在东部生活的人，他们没有其他德国人的开放性格。他们过去没有办法跟外国人见面，所以他们中间还有一些人对外国抱有排斥的态度。这非常可怕。

我看到一种说法，在德国统一之后最初几年，1700 万的东德人不仅受到失业、穷困的打击，更有自我消灭的痛苦。在不知道自己是谁的认同危机中挣扎。

顾彬：这是他们的感觉，但是我们也应该公平，在当时社会主义的国家，什么都由国家来决定。如果你接受的话，你就可以好好过日子，也可以享受生活，你什么都可以不做，国家还可以照顾你。德国统一以后，每个人应该照顾他自己，每个人应该自己决定他想做什么，他应该自己找工作。有些人还没有自我发展的能力，所以他们认为还应该有人告诉他——我要怎么想？怎么穿衣服？怎么找工作？这是一个精神的问题。现在的德国，每一个人有他的自由，说明个人对国家的依赖越来越少。人，应该自己决定自己的事情。

德国统一也一直有反对的声音。君特·格拉斯在他的一个演讲中批评说，德国统一是违宪行为。

顾彬：格拉斯应该是一个说话比较绝对的人，他勇敢，他敢说，所以我重视他，他代表我们德国人的声音。但有时候我觉得他的立场有点问题，他也说过我们西德占领了原来的东德，我觉得他这种说法是胡说八道。但是他有代表性，不光是他一个人这么看的，也有不少人觉得民主德国应该是独立的，他们应该实现真正的社会主义理想。柏林墙倒塌，影响是好的。为什么？人不能骗自己。包括知识分子在内，都要面对具体的问题。1989年之后，我们都应该思考一个问题，就是对人的解放。柏林墙的倒塌，在我看是对人的一种解放。我觉得1989年以后，我们整个的德国文化思想方面上也发生了变化，丰富了我们的文化艺术和精神生活。

作为汉学家，你对中国已经非常熟悉，你怎么看中国社会的发展？怎么看两国的意识形态的变革？

顾彬：我知道你问什么，但是你的问题不容易回答。无论是德国还是中国，我们都有社会主义的背景，我们可以了解德国，也可以更了解中国，因为德国的一部分跟社会主义的历史是分不开的。我们可以跟美国人、法国人、英国人一样，从社会主义的问题来看中国；但是有的时候我觉得，我们德国人能够比外国人更了解中国，有的时候我经常可以用东德的问题来看中国，我可以从社会主义来思考中国，而不光从资本主义。这样我们更容易相互理解。我自己觉得是这样，我们的合作越来越深、越来越丰富，我们的关系是非常非常好的。虽然有的时候我们还会碰到什么困难，但是这些困难可以解决。虽然还会有什么成见、偏见，但是这不会影响我们，今天会发生什么误会，明天还是非常好的朋友。

德国经历了意识形态的变革，这样的变革对国家的影响至关重要吗？

顾彬：非常重要，意识形态会帮助一个国家发展，所以中国需要思想勇敢的人，需要勇敢表达的人。不要怕什么，如果有什么错的看法，好吧，你批评我吧，批判我吧，我可以改。但是人应该有权利说他想说的话。每个国家都需要有思想很独立的一批人，要不然这个国家不能够发展。

意识形态的禁锢与封闭只会导致社会的倒退，甚至崩溃。如同柏林墙的命运一样。

顾彬：是，肯定是。因为现在是合作时代。有人说是全球化时代，我更希望说是合作时代。

比如，对社会主义的认识。现在不少人认为德国才实现了所谓的社会主义理想，因为我们是福利国家，人们没有钱无所谓，还能够过比较好的日子。也有不少人说，现在中国是资本主义国家。所以，对社会主义如何定义，还是一个问题。社会主义的一些思想在德国影响还是很大，不管在社会民主党里面，还是其他的党里面，它们社会主义的理论是比较具体的，就是"我们应该用什么样的方法给老百姓带来好处"，无论是基督民主党，还是自由党，它们都考虑人们怎么能够更好地过日子，所以社会主义的思想对德国每个政党都有影响。但无论是从理论上还是实际上，用什么样的方法来提高人民的生活，这才是最重要的。

你熟悉欧洲的文化传统，熟悉欧洲的文学传统，也熟悉中国的文学传统，对于中国的作家，你有什么建议可以分享？

顾彬：中国当代作家，我觉得他们太考虑国家和民族，他们和国家民族的关系太近，没有距离感。作家应该从另外一个角度来看自己的国家，如果他和国家距离太近的话，很多事情会看不清楚。他应该有一个批评性的态度。我觉得有些当代作家，他们把文学看成玩具，但是文学是非常严肃的东西。作家创作的时候，应该有自由，也应该更独立，不能太多考虑利益、考虑市场，应该考虑到文学的美。

另外作家应该勇敢，应该敢于公开提出社会的问题。现在德国的社会问题越来越多，人的精神危机越来越严重，但人们不是去找什么牧师、神父来解决精神上的问题，他们去找哲学家，找作家。中国的作家不像西方作家对社会、对公共事务那么关心，那么深地介入，西方作家经常会直接出来发表自己的观点。

　　最近作家余华在德国发表演讲，谈到了中国社会的一些问题，这样做非常勇敢。我觉得现在的中国作家要向他学习。

阿多尼斯：作为公共知识分子的诗人

灰白蓬乱的长发，棕色的面孔，目光柔和安定。阿多尼斯在人群的簇拥下出现在会议厅的时候，看上去比悬挂在论坛的肖像矮小瘦弱。对于中国的读者来说，阿多尼斯是陌生的名字，对北京外国语大学阿拉伯语系的师生们则是如雷贯耳。2009 年 3 月 15 日下午，北外的阿拉伯楼国际会议厅座无虚席，年轻的学子们和阿拉伯各国使节、中国诗人代表一起迎候阿多尼斯的到来。

应北京外国语大学之邀，阿多尼斯访问中国，他的首部中文版诗集《我的孤独是一座花园》由译林出版社引进出版，阿多尼斯前来出席在北外举行的新书首发式。活动开始，由诗人直接走上讲台，朗诵自己的诗歌。阿多尼斯站在麦克风前，用阿拉伯语朗诵他在 1995 年创作的诗歌《书：昨天，空间，现在》中的第一卷，他具有磁性的声音在会议厅响起。主席台侧的大屏幕映出汉译的诗句：风，自大马士革和巴格达的方向吹来，没有花粉，没有植物 / 苦涩的果实犹如沙子 / 趴在时间的树上 / 风是空间的血。

旅英诗人杨炼上台朗诵阿多尼斯的《祖国》《继承》《爱情》。《世界文学》副主编高兴朗诵了《最初的话语》和《遗忘者》。译者薛庆国上台介绍阿多尼斯，他引用法国诗人博纳富瓦评论说："阿多尼斯是21世纪最需要的诗人之一，这样的诗人将帮助人们懂得：通过诗歌，通过向谎言及陈腐的思想宣战，所有个人，各种语言都能共享精神的果实与生命之树的果实。"

多重身份，一个国度

爱德华·萨义德说："阿多尼斯是位伟大而卓越的诗人，他是当代阿拉伯诗歌的先驱，并引领了先锋派诗歌运动。"

阿多尼斯原名阿里，1930年出生于一个贫困的农民之家。因为贫穷，13岁时尚未进入学校读书。父亲是农民，然而血液里继承了阿拉伯民族对诗歌的热爱。在父亲的引领下，阿里开始接触阿拉伯古典诗歌。在学习、背诵古诗之余，他的诗才也逐渐展露。1944年，当时的叙利亚总统前往阿里家乡附近的塔尔图斯城巡视，少年阿里有机会对总统吟诵了一首自己创作的诗歌，总统大为赞赏，并当场允诺由国家资助他就读城里的法国学校。阿里入学后苦读法文，两年后能阅读法国诗人的原文作品。随后，他进入大学攻读哲学，并开始以"阿多尼斯"（希腊神话中的美少年，叙利亚国王忒伊亚斯之子）为笔名发表诗作。大学毕业后，他进入叙利亚军队服役，其间因为曾加入过左翼政党而入狱一年。

1956年，服完兵役的阿多尼斯只身前往邻国黎巴嫩谋生。刚进入黎巴嫩国境五分钟，叙利亚便宣布全国总动员，同埃及并肩作战，抗击发动苏伊士运河战争的英法以三国。短短几分钟的时间，叙利亚少了一名士兵，却多了一位诗人。

阿多尼斯在贝鲁特结识了诗人优素福·哈勒，两人意趣相投，共同创办了在阿拉伯现代诗歌史上具有革命意义的杂志《诗歌》，为阿拉伯先锋派诗人提供阵地。此后，他又担任另一份文学刊物《立场》的主编，并在黎巴嫩大学任教。作为诗人、学者、思想家的阿多尼斯，对贝鲁特这个阿拉伯世界"政治的边缘、文化的中心"情有独钟，并经申请获得了黎巴嫩国籍。1973 年，他以优异成绩获贝鲁特圣约瑟大学博士学位，其旨在重写阿拉伯思想史的博士论文《稳定与变化》分四卷出版后，在整个阿拉伯文化界引起震动。

20 世纪 80 年代，阿多尼斯旅居巴黎，并任西方多所大学客座教授。80 年代以来，他曾荣获布鲁塞尔文学奖、土耳其希克梅特文学奖、马其顿金冠诗歌奖、阿联酋苏尔坦·阿维斯诗歌奖、法国的让·马里奥外国文学奖和马克斯·雅各布外国图书奖、意大利的诺尼诺诗歌奖和格林扎纳·卡佛文学奖等国际大奖。近年来，他还一直是诺贝尔文学奖的热门人选。

阿多尼斯与爱德华·萨义德是至交，他们相识于 20 世纪 70 年代。

萨义德出生于耶路撒冷，在英国占领期间就读巴勒斯坦和埃及开罗学校，接受英国式教育，1950 年代赴美国就读一流学府，获普林斯顿大学学士，哈佛大学硕士、博士，1963 年起任教哥伦比亚大学，讲授英美文学与比较文学。萨义德著作等身，为当代闻名国际的文学学者及文化批评家，并以知识分子的身份投身巴勒斯坦解放运动，其学术表现和政治参与都令人瞩目。作家拉什迪因为撰写《撒旦诗篇》触怒伊朗的革命及宗教领袖霍梅尼而被下达格杀令，萨义德坚持言论自由，公开声援、撰文支持拉什迪，而萨义德本人也因参与政治活动多次遭到死亡威胁。

阿多尼斯在诗歌创作中践行着自己极具革命意义的诗歌理论和文化思想。

阿多尼斯是态度鲜明的叛逆者，他毫不讳言地宣称："我是鬼魅的主人。""我生活在火与瘟疫之间 / 在一本传授秘密和堕落的书本里。""我是个背叛者，我向被诅咒的道路 / 出卖我的生命，/ 我是背叛的主宰。"他对这个世界的抗争，显示着百折不挠的倔强和信念："世界让我遍体鳞伤，/ 但伤口长出的却是翅膀。"他心甘情愿，要做西西弗那样落难者的同道："我发誓为西西弗分担 / 那块沉默的山岩 / ……我发誓要和西西弗同在。"在诗中，他骄傲地宣告自己的卓尔不群："今天，我有自己的语言，有我自己的疆域、土地和禀赋。"他也毫不掩饰张扬的个性和大写的自我："我让自己登基，/ 做风的君王。"

阿多尼斯的故国是叙利亚，他在一个叫卡萨宾的海滨村庄出生、成长。

阿多尼斯拥有黎巴嫩国籍，又常年定居巴黎——他自我放逐的地方。

他在诗中写道："他有多重身份，因为他只有一个国度：自由。"

阿多尼斯与萨义德有着极为相似的处境，即远离故国。

阿多尼斯和萨义德的思想立场不同，萨义德捍卫阿拉伯文化，被西方视为阿拉伯民族的发言人，阿多尼斯则是阿拉伯文化的反叛者，他被视为伊斯兰世界的异教徒，但是他们相互尊重，彼此欣赏。阿多尼斯去美国访问的时候，就会住在萨义德在纽约的寓所，萨义德到贝鲁特的时候也会专程看望阿多尼斯。萨义德多次撰文向西方介绍阿多尼斯的诗歌成就，他因白血病去世的时候，阿多尼斯写文章表达悼念之情。

永远出发，永无到达

阿多尼斯站在北京外国语大学讲台，面对中国学子表达自己的心愿。

"兰波在很久以前说过'自我即是他者'，在阿拉伯国家一些神秘主义者比兰波早十个世纪就提出'我就是他者'。他们认为，如果我想到达自我，那么必须通过了解他者。"阿多尼斯说，"我现在很惶惑地自问，我真的是我自己？还是我变成了中国的他者？"

诗人杨炼专程从英国赶来陪同阿多尼斯访问中国，他说："实际上，诗人是在不停地把自己创造成新人，我们在每一行诗里都在寻找一个自我，同时在写完这行诗后我们又在抛弃这个自我，而文化的活力就来自个人的不停的创造性。这是我在第一次和阿多尼斯见面后马上找到的衔接点。虽然我不能说我懂得阿拉伯文化，但是在那个时候我懂得了阿拉伯文化的根。"

杨炼和阿多尼斯的第一次见面，是在2003年8月首届约旦国际诗歌节上。

在"9·11"之后，到死海边那个火药库一样的地点，探访世界上最古老也最陌生的文化传统之一，让抽紧的神经因为神秘而加倍兴奋。在中东纠缠成死结的现实处境下，一位阿拉伯诗人怎样做到精神上充分独立、同时艺术上自觉保持丰富，拒绝被无论什么原因简单化？这与其说在问别人，不如说干脆就在问自己。

这问题是"中国的"，更进一步说，这问题不仅是文学的，更是思想的。它不容忍取巧和回避，而直接检测一位诗人的精神质地。怀着这个隐秘的愿望，杨炼在约旦见到了阿多尼斯。在安曼侯赛因国王中心的诗歌节开幕式上，老诗人端坐于一张阿拉伯地毯上，吟诵之声低昂苍凉，缓缓流出。周围上千听众屏息凝神。那张音乐的飞毯，托起所有人，包括他这个此前和阿拉伯文无缘的中国"鬼佬"，上升，平移，逾越黄沙碧海。后来，杨炼了解到，阿多尼斯那一晚朗诵的是一首关于纽约的长诗。

杨炼和阿多尼斯在约旦做的对话《诗歌将拯救我们》，可以视为当代汉语诗人和当代阿拉伯诗人的首次思想相遇。杨炼回忆道："那篇对话不期而然凸显出的，与其说是诗歌状况，不如说是两个相距遥远的文化中，独立思想者相似得令人瞠目的处境：我们和自己语言、文化的紧张关系，我们被外部世界简单化的遭遇，更重要的是，我们选择的极为相似的应对立场。"

中文和阿拉伯文的独特性，带来各自文化转型中的复杂性，但这复杂常常被外部世界简单化为拥护或打倒，取消了诗歌内在的丰富，迫使它沦为宣传。这是另一种诗歌的商品化。真正的诗人必须对此充满警觉，同时，对自己的文化保持自觉，包括通过明晰的批判去更新它。具体地说，既不借流行的政治口号贩卖自己，又坚持自己对现实的明确态度。各种权力体制同样在假文化之名扼杀独立思维，而反抗这种扼杀，使诗与人本质合一。

　　和阿拉伯环境相比，中国诗人面对现实的内心抉择相对轻松。一个诗人要有多大勇气，才敢对拥有亿万追随者的宗教神本主义的思想控制说"不"？那声音和黑暗的无边无际相比多么微弱。这样的诗人必定是流亡者，但他的"流亡"一词，被赋予了主动的、积极的含义，那其实是创造性的自我本来的精神定义。也因此，"孤独"成了"独立"的同义词。"距离"提供了反思自己母语和文化的能力。生存挑战的急迫，反证出诗歌对存在的意义。它决不只是装饰品，它是每个诗人最后的安身立命之所，而且，仍是我们古老文化的鲜活的能源。归结到底，人性之美蕴含了诗歌之美。这美丽不依赖外在时间。诗歌本身就是时间。它终将安顿我们，尽管历尽劫难。

　　杨炼视阿多尼斯为精神同道。"我们该写值得一写的诗，'配得上'这动荡时代的诗。在我和阿多尼斯之间，哪有'文化的冲突'？离开了冷战的或阿拉伯—西方式的群体对抗模式，我们把公约数定在'个人的美学反抗'上，这被分享的诗意，荡漾在比语言更深的地方。各种各样的全球化之间，至少这种全球化是我向往的：诗歌精神的全球化。当一位美国诗人和一位伊拉克诗人一起朗诵，你会发现：他们的作品多么像。同理，让阿多尼斯和我最愉快的，莫过于能从对方的字里行间读出'我自己'：不安，震荡，追寻，超越。永远出发，却永无抵达。"

诗人的困境与能量

　　"世界让我遍体鳞伤／但伤口长出的却是翅膀／向我袭来的黑暗／让我更加闪亮。"

这是阿多尼斯的诗句。他的诗集《我的孤独是一座花园》在译林出版社出版前，被《当代国际诗坛》译介过一些诗章，诗歌评论家唐晓渡是这本刊物的主编，他在谈到阿多尼斯给中国诗歌界提供了怎样的启示时说："阿多尼斯的诗名如雷贯耳，很多次在国际诗歌节的活动上都听到阿多尼斯的名字，但他到中国却姗姗来迟。阿多尼斯作为一个他者，他在诗歌中表现出来的语言和现实的关系，这种关系带给我们强烈的冲击力，让我们开始重新审视中国当代诗歌。阿多尼斯的诗是发育成熟的朦胧诗，用阿多尼斯的话来结束我的谈话就是，'星星不是朦胧的结束，而是朦胧的开始'。"

唐晓渡把阿多尼斯与中国诗人的会见形容为"一片大海和另一片大海的碰撞"。

3月20日下午，在位于北京西城的"老故事"餐吧，阿多尼斯与中国诗人对话。

主题词为"诗：困境与能量"。对于对话主题的命名，主持人唐晓渡作出相关阐述："我曾经把中国当代诗歌面临的困境归结为四个困境：生命的困境，文化的困境，自由的困境和语言的困境。生命的困境主要关系到个体主体性的确立和信仰、价值危机的冲突之困；文化的困境实际上是中西文化的冲突之困，是一个寻找家园之困；自由的困境是指外在的进步和内在的自由之间的冲突之困；语言的困境是指真正的创造和所需要的非个人化和自我中心所可能导致的新的工具论的冲突之困。"

"'困境'是诗人普遍都经历的，但是对中国诗人和阿拉伯诗人来说，在这个主题上可能有更多更充分的交流的可能。在阿多尼斯的诗及他的诗论中同样读到了这样深深的困境。比如他在诗中写道'今天，围坐在思想周边的 / 是卫兵，侍从和厨子'。他在《诗歌的未来，未来的诗歌》里所谈到的诗歌的一个根本困境——诗歌受到传媒的机器和意识形态的机器的包围，使得现时代的诗歌只是原始文本的回归，这种文本首先是意识形态色彩和政治色彩的。我觉得这很有意思，他所说的不是传统的意识形态，讲的是原始文本回归本身所意味着的意识形态和政治色彩，在这两大机器围困下的诗的探寻未知的本性的困境。"

关于"困境"，中方诗人和阿多尼斯感受都很深。阿多尼斯说："原来我们的社会面临的问题，主要是跟神灵、跟神有关系，今天我们面临的问题跟机械有关，同时也跟神灵有关，我们现在问题的核心就不仅跟思想有关系，还跟思想转变为的制度和与制度有关系的机构有关。一个阿拉伯诗人面临的文化，在他的文化中他不能提到一些根本性的问题，比如有关先知、天体，有关信仰的问题，这些跟他自身最密切相关、最根本的问题，他不能讨论，也不能去书写，所以他的世界应该说是狭小的，因为有许多东西他被迫不能去表达，这种限制局限了他的自由，也局限了他思想和活动的天地。"

"我也经常问我自己，我为什么要写作，我为什么是诗人，我如何看待这个世界，这些都取决于我对这个问题的答案。我就想，我仅仅是做这个世界的描述者吗？我写作仅仅是为了取乐吗？或者把写诗歌作为一个职业吗？我的答案是，我之所以写诗，是因为我想以一种更好更美的方式生活，我用诗歌来创造生命，用诗歌赋予世界新的形式，每天建立起语言与世界之间新的关系，打开有关世界、有关人的问题的大门。诗歌对我而言，并不是一个文化问题，而是一个存在问题。"

"诗人面临很多问题，诗人是被放逐在他自己写作的语言中，在语言的内部，有时候他希望能从一个天地向另一个天地转变，有时候他会感到语言似乎不听自己的使唤，诗人在自己的语言中也会面临很多的问题。艺术，说到底，它本身就是一个问题。人甚至被放逐在他自己吮吸的母语中，也就是说，人被放逐在他自己无法选择的母语中。诗人的自由是在词语中的自由。所以我把语言想象为是我的天地，我的家，我的床，我对语言寄托了我无穷的爱。我和语言的关系近乎是一种性的关系。"

诗歌面对的困境是被简单化、普泛化和庸俗化，这些结果导致了诗歌自身面临死亡。

阿多尼斯说："语言没有自己的容身之地，诗人面对这个世界，就像是西西弗面对那块巨石一样。我自己有很强的意志力和很强的决心，要把这块巨石继续往上推，虽然我知道我不一定能把它推到山顶。"

（本文采访写作得到北京外国语学院薛庆国先生协助，在此致谢）

阿多尼斯：极端的思想不是思想

访问时间：2009 年 11 月 13 日

访问地点：北京新世纪饭店

"在当今，许多人都在谈论诗歌之死；然而，真正的死亡在于附和或相信类似言论。问题不是诗歌之死，而是在这个文化上只生产死亡的社会里，或是被死亡文化消费的社会里，我们如何写作？"

2009 年 11 月 12 日，阿拉伯诗人阿多尼斯在第二届"中坤国际诗歌奖"颁奖仪式上这样说。他专程到北京领奖。中坤国际诗歌奖在授奖辞中表彰阿多尼斯"以具化为诗歌的生命个体，对抗一个历千年之久、挟亿万之众的庞大存在"。"他诗中彰显的现代性，与阿拉伯世界中历来占据主流的保守理念实现了割裂，却与阿拉伯文化遗产中被遮蔽的变革精神完成了对接。他的诗向神本主义发出挑战，却也呈现出'剥离了神灵的神秘主义'异彩"。

阿多尼斯迄今出版了22种诗集,他的重写阿拉伯思想史、文学史的四卷本《稳定与变化》在整个阿拉伯文化界引起震动。自2005年起,他连续获得诺贝尔文学奖的提名。2008年11月,由帕米尔文化艺术研究院主办的《当代国际诗坛》第二期最早以"特别推荐"方式发表了薛庆国翻译的阿多尼斯诗选(1500行)和诗论,其后,2009年3月,译林出版社出版了阿多尼斯诗选《我的孤独是一座花园》。阿多尼斯曾到中国出席首发式并与中国诗人座谈。

阿多尼斯原名阿里·艾哈迈德·赛义德,他与写出《东方学》的爱德华·萨义德是至交。爱德华·萨义德这样评论阿多尼斯:"阿多尼斯是位伟大而卓越的诗人,他是当代阿拉伯诗歌的先驱,引领了先锋派诗歌运动。"阿多尼斯谈到萨义德时这样评价:"他是当今最伟大的思想家之一,因为他让人对一些习以为常、已成定论的问题,获得重新审视的机会,这些问题动摇了别人认为是稳定的基础。"

阿多尼斯生于叙利亚,定居巴黎至今;萨义德生于耶路撒冷,定居并逝世于美国。这一对相识于1970年代的友人,被认为是阿拉伯世界中的两极:萨义德批评西方,企图揭示被遮蔽的阿拉伯文明的真相;阿多尼斯则是阿拉伯文化的反叛者,他被视为伊斯兰世界的异类。但阿多尼斯纠正这种看法,他认为极端的思想不是思想,他愿意被看成是"双重批判者",既批判西方文化,也批判阿拉伯文化的糟粕。有意思的是,阿拉法特禁止巴勒斯坦出版萨义德的书,阿多尼斯的书在一些阿拉伯国家也被视为禁书。"我们有共同的命运——我们被很多人视为敌人。"阿多尼斯说。

萨义德在谈及远离故国的流亡状态时曾写道:"大多数人主要知道一个文化,一个环境,一个家,流亡者至少知道两个;这个多重视野产生一种觉知:觉知同时并存的面向,而这种觉知借用音乐的术语来说是对位的。流亡是过着习以为常的秩序之外的生活。它是游牧的、去中心的、对位的；但每当一习惯了这种生活，它撼动的力量就再度爆发出来。"

而关于流亡，阿多尼斯说："艺术尤其是诗歌的独特价值，恰恰在于其被放逐；创新者的价值，恰恰在于对流亡地的坚守。"

11 月 13 日晚间，在他下榻饭店的咖啡厅里，我见到了他。79 岁的阿多尼斯面孔潮红，散发出天真的神色。

文明冲突的说法是殖民主义概念

你是怎么认识爱德华·萨义德先生的？

阿多尼斯：我们两个原来是朋友，彼此很尊重，我们相识于 1970 年代，有一次联合国纽约总部专门为我举办诗歌朗诵会，当初负责向听众介绍我的就是爱德华·萨义德。

你跟萨义德思想立场不同，萨义德是捍卫阿拉伯文化，他被西方视为阿拉伯民族的代言人，你是阿拉伯世界的异见者。

阿多尼斯：我们有共同的命运——我们被很多人视为敌人。

你批评伊斯兰文明的观点在阿拉伯世界给你带来什么样的遭遇？

阿多尼斯：我指的是，如果仅仅把伊斯兰文明视为束缚人的清规戒律，作为一种社会范式，那它是没有希望的。但我尊重作为个人信仰的伊斯兰教和其他宗教。我的观点给我带来很多麻烦，有很多人认为我是异教徒、叛徒，很多人骂我，尤其在网上。但是也有很多人支持我，而且支持我观点的人中，不乏一些国家的政要，不过他们不敢公开表态支持。我前不久在接受一家沙特电视台采访的时候，也发表谈话批评阿拉伯伊斯兰文化，当时也引起了轩然大波。事后海湾国家的一些政府官员给我打电话，支持我，说我讲得对。但他们不敢公开说，只是私下里给我打电话。

现在有文明冲突论在流行，就是文明的冲突导致世界政治和经济的竞争，甚至也造成地区间的动荡和战争。

阿多尼斯：孔子和但丁不会产生冲突，一个诗人和另外一个诗人不会产生冲突，艺术也好，音乐也好，相互之间是不会产生冲突的，创作领域有的只是和谐，冲突的只是政治、经济、军事和各种利益。那么文明仅仅是军事、贸易吗？不，文明是艺术，是创作，是人。所以文明冲突这种说法，掩盖的是军事、经济、政治冲突的本质，而这些冲突的目的就是为了控制，所以文明冲突的说法不是一个文明概念，而是一个殖民主义的概念。

当代有很多问题是跟文明的冲突有关系，比如说恐怖主义，很多恐怖主义者是打着信仰的旗号。

阿多尼斯：我反对一切意义的恐怖主义，因为恐怖主义从本质说是反人类的，反人类也就是反对世界，反对存在，没有任何借口可以为恐怖主义开脱，恐怖主义和战争一样，是一种野蛮的现象，我们都应该与之斗争。

在诗人和世界之间，应该保持一道鸿沟

上次你在北京说，诗歌不是一个文化问题，而是一个存在的问题。

阿多尼斯：我可以从两个角度来谈，第一，诗歌语言是人类认识世界的最高层次的语言，它比其他的语言——哲学的、学术的语言——更丰富、更深刻，更接近存在和自然的本质。第二，诗歌的语言赋予人真正的身份，赋予历史真正的意义。经验告诉我们，今天我们还记得孔子、记得但丁，记得伟大的诗人，但是早已忘记他们那个时代的统治者了。可以说政治、经济、社会都是历史的一部分，但历史是诗歌的一部分。

从这个角度来说，诗歌是一个存在问题，而不是一个文化问题。

法国诗人博纳富瓦有一个评论，他说"阿多尼斯是21世纪最需要的诗人之一"，最需要的诗人是什么样的？

阿多尼斯：这个问题应该问博纳富瓦，我可不知道，这是博纳富瓦的话。

预先给诗人或者诗歌设定一个什么标准，认为诗歌应该怎么样，这是违背了诗歌本质的。诗歌凌驾于一切条件、准则、标准之上。你设想写一首诗，但写出来的可能是另外一首。我开始想写东方，但结果写出来的可能是西方。所以说诗歌是难以预言的。你这个问题，如果要我回答，我也可以回答，我可以说这个那个条件什么的，但是等诗歌真正写出来，可能跟我说出来的标准相反。诗人应该持守一种生命的立场、存在的立场，而不应该仅仅是文化的立场。诗人应该是世界的创造者，而不仅仅是描述者。在诗人和世界之间，应该保持一道鸿沟，应该被河谷和山峦隔开，诗人就应该被西西弗的巨石所包围和困扰。

你说在法国、美国或德国等，找不到伟大的诗人和思想家，为什么？

阿多尼斯：伟大的诗人，我认为要具备三个条件。第一，他要提出前人未曾提出的有关存在、有关人道的问题；第二，他还要用他自己独特的诗歌语言来提问；第三，他要用这种语言和这些问题为诗歌开启新的问题，也就是说，提出问题是诗歌本身，它又可以成为提问的对象。所以，伟大的诗人应该成为分界线，标志一个时代的终结，或者一个新时代的开始。诗歌、诗人的这三种标准同样适用于思想家，但是，这样伟大的人物是非常稀少的。我们现在常见的诗歌，朝着一个激进的方向前行，但只不过是形式上有所不同，总体来说还没有能开辟一个新天地，还没有这种坚持和气魄。简单举个例子，马克思是一个伟大的思想家，但是其他那些马克思学派的学者，他们只是他的注释者、解释家；兰波是一个伟大的诗人，但是追随兰波的人，只不过是以不同形式来展示兰波这个诗人的境界，所以他们称不上伟大的诗人。

他的祖国永远是在前方

你的祖国是叙利亚，你拥有黎巴嫩的国籍，又常年定居在巴黎，你说巴黎是你自我放逐的地方，自我放逐带给你什么样的影响？

阿多尼斯：说到放逐，诗人就是被放逐在自己的语言中，语言是通向未知的道路，这个道路上的每一点每一站，都是诗人的祖国。他已经取得的成就不是他的祖国，他的祖国永远是在前方，在前方等待着他。你可以说地理上的放逐是放逐的一种最简单的形式，诗人只有在语言里才能得到真正充分的自由，所以说诗人的祖国是自己的语言，而不是地理概念上的祖国，因为只有在语言中，诗人才能得到最充分的自由。艺术，尤其是诗歌的独特价值，恰恰在于其被放逐；创新者的价值，恰恰在于对流亡地的坚守。因为知识正是在这样的流亡地萌发，知识只有以流亡和对流亡的自觉为起点，才会趋向完善，并获得人道的、普世的价值。

诗人能做什么呢？在这样一个动荡的、灾难频现的世界，什么作为能让诗人更有力量？

阿多尼斯：就是像我今天这样说话。还能做什么？就是把自己的思想和观点表达出来，传播出去影响更多的人。

你的日常生活是什么样的，日常写作是什么样的？

阿多尼斯：我生活的状况，就是写作的状况。我一直生活在创作状态中。比如说我的家，我的床，我喝的水，呼吸的空气，行走的大街，和我交谈的人，都是我写诗的元素，如果说我写诗写不下去了，就写别的，写随感，写回忆录等等，或者我就创作我的拼贴画，我是一个拼贴画艺术家。所以，我每天的生活都在创作中，我生活在创作的快乐中，也生活在写作带给我的苦恼中。但是我没有固定的时间用来写作，换句话说所有的时间我都可以用来写作。比如说现在，我想象我正在写诗呢。

你谈到过诗人的困境和能量，你体验到的困境是什么？

阿多尼斯：存在本身就是诗歌的困境，也可以说诗歌是在困境中存在着，每当走出一个困境，它又步入一个新的困境。诗歌不是去解决困境的，而是不断地去发现困境，不断地去突破困境。当困境终结的那一天，也就是诗歌终结的那一天，没有困境就没有诗歌。

诗歌现在确实处于低潮，读诗的人少了。但诗歌在横向所失去的东西，它又从纵深赢得了。可以说今天诗歌的读者比昨天的读者更加深刻了，因为这些读者不再受历史、政治和意识形态的控制，在这种情况下，仍然有人读诗，这是令人欣慰的。

在你的写作生涯中，有没有最艰难的时候？

阿多尼斯：在叙利亚的那段生活是最艰苦的。我还进了监狱。我在狱中经历的那些遭遇，我现在都羞于写出来，不堪回首。我现在正写自传，还在犹豫是不是要把这些东西写进去。因为这可能涉及我对叙利亚的态度，可能会使叙利亚人民受到羞辱，而我不想羞辱我的人民。所以最终我决定独自把这把刀吞下去。

你把这样的经历当成一把刀，是说它对你的伤害么？

阿多尼斯：是的，比刀刺的伤害还要严重。

你是怎么从这样的经历中恢复过来的？

阿多尼斯：诗歌，诗歌比一切都宽广，诗歌包容了这些，同时又超越了这些。除了诗歌，还有爱情。只要这个民族里边有一个女人爱你了，爱就能让你忘却一切。这样的事情就发生在我身上。所以我把一切（创伤）都忘掉了。

诗歌跟爱，是一种拯救的力量。什么样的爱能帮助诗人从困境中走出来?

    阿多尼斯：爱不是用来言说的，爱是应该在生活中体验的。《圣经》里有句话我觉得说得很好：不见而信的人有福了。还说，哀恸的人有福了，因为他们必得安慰；饥渴慕义的人有福了，因为他们必得饱足。我相信这个，所以你不用问我，我也很难把我相信的东西展示给你看见。

（本文采访由北京外国语大学薛庆国教授口译，在此致谢）

阿摩司·奥兹：爱与黑暗的故事

100多年了，我们试图平静地生活，种下一棵树、铺好一条路。我们一边梦想一边作战。在这片苦难深重的土地上，我们和炮火、地雷、手榴弹生活在一起。战争和恐怖使我们伤痕累累，但不曾摧毁我们对和平的梦想。

　　——1994年诺贝尔和平奖获得者，以色列前总理伊扎克·拉宾

数十年来，以色列与它邻近国家的冲突，以色列人与巴勒斯坦人的冲突，一直是国际政治中最难解决、最具威胁的问题之一。冲突双方都遭受了巨大的痛苦。

中东的命运吸引了全球如此的关注，这并非偶然。中东的冲突——或者说多次冲突——以一种非常特殊的方式使我们所有人都关切。中东是非洲、亚洲和欧洲相会的地方。它是几大宗教的根生之地。因此，中东就是世界看到它自己影像的一面镜子。

　　——挪威诺贝尔委员会主席弗兰西斯·塞耶斯泰德

1967年，阿摩司·奥兹作为以色列国防军士兵参加"六日战争"。

其时，伊扎克·拉宾是以色列国防军的总参谋长。"在我的指挥下，那些想活、想爱的青年男女却是走向了他们的死亡。在我的指挥下，他们杀死了被派来杀害我们的敌方人员。"1994年，拉宾在奥斯陆接受诺贝尔和平奖颁奖时致辞说，"我在军队中服务了几十年。在中东的我们这一方，在以色列我们的家园，有着数以百计的墓地；但是，也是同样，在埃及，在叙利亚、约旦、黎巴嫩和伊拉克有着无数的墓地。从飞机的舷窗旁，从这些墓地的万呎之外，这些不计其数的墓碑一片沉默。但是它们的呼喊却在几十年来从中东传遍世界。"

阿摩司·奥兹熟悉那些墓地，也熟悉拉宾。当年他是那些想活、想爱却走向战场和死亡的青年男女中的一个。"我是1971年认识拉宾的，当时他是将军，我是刚服兵役的年轻士兵。但是我们后来成了朋友，我亲眼目睹了拉宾的变化，从所谓鹰派走向鸽派的变化。他的变化是一个缓慢的过程。他是一个很有魅力的政治家，我们经常带着家眷互相走访，有时候我还会为拉宾写演讲稿。"奥兹说。

"现在就和平"是以色列杰出作家阿摩司·奥兹在1978年发起组织的左翼组织。1992年，因对和平运动的卓越贡献，奥兹获得德国"书业和平奖"，这是最为重要的国际和平奖之一，当时的德国总统魏茨泽克为奥兹颁奖。

1995年11月4日，时任以色列总理的拉宾在发表和平演说时遇刺身亡。奥兹和成千上万的以色列民众一起走上街头悼念这位中东和平的缔造者。"在两千年的流亡过程当中，犹太人一直梦想着有朝一日回到以色列的土地上。他们回归的历史是爱与黑暗的历史。因为在许多国家，犹太人遭到仇恨，也遭到迫害。在许多国家，他们找不到家园。现在在以色列，我们找到了家园，但是找不到和平。"

2007年9月1日，应中国社会科学院邀请来华访问的奥兹接受我的专访。银灰色的头发，清瘦的面孔，一双沉静而温暖的眼睛，这就是被誉为"以色列良心"的阿摩司·奥兹。

具有强大惯性的日常生活

"我写了一部关于生活在火山口下的以色列人的小说。虽然火山近在咫尺，人们仍旧坠入爱河，感觉妒嫉，梦想升迁，传着闲话。"奥兹不无幽默地调侃着自己新近出版的书。

《爱与黑暗的故事》是奥兹完成于2002年的长篇自传体小说，这部近600页的长篇小说主要背景置于耶路撒冷，展示出一个犹太家族的百余年历史与民族叙事：从"我"的祖辈和父辈流亡欧洲的动荡人生、移居巴勒斯坦地区后的艰辛生计，到英国托管时期耶路撒冷的生活习俗、以色列建国初期面临的各种挑战、大屠杀幸存者和移民的遭际、犹太复国主义先驱者和拓荒者的奋斗历程等等。

小说出版后，被翻译成20多种文字。英国剑桥大学教授尼古拉斯·德朗士的英文译本在2004年面世后，引起了东西方读者广泛的兴趣，奥兹因此夺得2005年"歌德文化奖"，2007年入围"国际布克奖"。

法国作家埃尔·里耶说："读一读《爱与黑暗的故事》，因为这是一部理解中东大地动荡之源的巨著和最好的小说。"

你现在的日常生活是怎样的？

奥兹：我的日常生活还是很有规律。每天早晨5点起床，我住在南方的一个沙漠小镇阿拉德，起床以后，我要有45分钟的散步时间，到沙漠中散步。散步回来之后喝一杯咖啡，然后开始工作。我每天独自在桌旁工作几个小时，虽然有时候只能写出一个句子。我会工作到晚上，一般情况下，晚上都和家人在一起，有时候出去拜访朋友，有时候是朋友来拜访我们。再晚的时候，我就坐在那儿，读书或者听音乐，这就是我——一个写作者的日常生活。

你为什么选择靠近沙漠的城镇生活？

奥兹：原因是 25 年前，我儿子得了哮喘病，那时他只有 6 岁。医生建议他经常呼吸山间的新鲜空气，以利于身体的恢复。于是我和家人就搬到了这个沙漠小城。25 年以后，我儿子康复了，现在他住在特拉维夫，可是我和夫人还住在沙漠当中，我们非常喜欢沙漠。

你居住的城市安宁吗？我们经常从电视和报纸上看到中东地区的动荡，加沙、拉马拉甚至耶路撒冷，经常看到在那里发生的武装冲突、恐怖袭击，看到血腥和死亡。

奥兹：我所居住的地方非常安静、平和。以色列并不是每天都发生爆炸。以色列人的日常生活还是非常正常，大家匆忙地工作为了赚更多的钱；赚更多的钱是为了改善居住条件；改善居住条件是为了过上更好的生活。这就是那儿的情况，跟世界其他地方一样。

你描述的是正常状态，非正常的状态呢？比如人体炸弹式的自杀袭击，它们会影响你们的生活吗？

奥兹：恐怖事件每一两周左右会发生一次。人们一般不受这些事件的影响。所以那里并不是说到处都有战争。有的时候有暴力，有冲突，有恐怖活动，但并不是随时都有的。在以色列死于车祸的人要比死于恐怖活动的多。日常生活具有强大的惯性。以色列是这样的国家，即使有火山爆发，人们依然可以在侍弄花草。

你的书《爱与黑暗的故事》，书名很动人。"爱"很容易理解，"黑暗"你指什么？

奥兹：《爱与黑暗的故事》是一本关于很多"爱"和很多"黑暗"的书。写到我对家庭的爱，对耶路撒冷的爱。我讲述了这些爱的秘密，也讲了爱的最终的破碎，描写了种种黑暗：包括我母亲的自杀，犹太人在欧洲的生存状况，阿拉伯人对以色列国家的误解、仇恨和残杀。

我在柏林参观过犹太博物馆，看到犹太民族辉煌的历史和悠久的文明；在柏林也看到"大屠杀"纪念馆，看到纳粹对几百万犹太人的屠杀。

你对犹太民族的这种命运怎么看?

奥兹:在 20 世纪初期,在欧洲的很多城市都能看到墙壁爬满涂鸦"犹太佬,滚回巴勒斯坦"。我的祖父母、外祖父母、父亲母亲分别从波兰的罗夫诺和乌克兰的敖德萨来到贫瘠荒芜的巴勒斯坦。这种移居和迁徙,虽然不能完全排除传统上认定的受犹太复国主义思想影响的痕迹,但也不难看出,流亡者回归故乡的旅程有时是迫于政治、文化中的无奈。在大流散中成长起来的犹太人,沐浴过欧洲文明的洗礼,他们心中的"应许之地"也许不是《圣经》中所说的"以色列地"(即巴勒斯坦古称),是欧洲大陆。但是欧洲并不接受他们。

现在我们通过电视,也经常可以看到杀戮,离我们最近的 2006 年夏天,以色列在西线和黎巴嫩的冲突,在加沙和巴勒斯坦的冲突,通过电视看到长时间的狂轰滥炸,你怎么看发生在中东地区的武装冲突?

奥兹:我相信以色列和巴勒斯坦人的冲突必然会以某种和解来告终。以色列和巴勒斯坦两个国家会并存,然后过和平的生活。我认为中东地区最大的问题就是原教旨主义者和狂热分子,大多数巴勒斯坦人都希望和以色列人和平共处,但是狂热主义者就不希望和平,所以原教旨主义者和狂热分子是中东和平最大的障碍。

安全的感觉就像回到母亲的子宫

奥兹 3 岁的时候曾经在一家服装店走失,长时间困在一间漆黑的储藏室里。

"我感觉相当好。我并不觉得这事情很可怕,我就平静地坐在黑暗当中玩,在楼梯底下找到那个小房间的时候我自己感觉很安全,好像重新回到了母亲的子宫里一样。"

奥兹形容自己是幸运的。因为在那样的年龄,有很多犹太儿童被关在纳粹集中营里，他们和父辈一样在战乱时代忍受着疾病、苦役、死亡和恐惧的折磨。那是大屠杀的时代，那时候的犹太人被认为是"人类的尘埃"。

你的书里写了母亲的自杀，这件事对你产生了怎样的影响？

奥兹：母亲的自杀使我成为了作家。我对母亲的死充满了一种神秘感。作为作家，我的一生就是在探寻这种神秘感。

你的母亲生于波兰，早年在波兰生活过，你对波兰有记忆吗？

奥兹：我只有通过母亲的故事熟悉波兰。我不会讲俄文和波兰文，我一点也不了解这个国家。我只是到波兰和俄罗斯作过短暂的旅行。但是我植根于波兰也植根于俄罗斯，因为在那里有我的家庭所经历的故事。我们每个人，不论是我自己，是你，还是他，都是伴着小时候听的故事长大的，这些故事构成了我们的一部分。

在波兰有一个历史遗迹是无论如何不能被遗忘的，就是奥斯维辛集中营，你去过吗？在集中营里成长起来很多犹太思想家、作家、历史学家。

奥兹：奥斯维辛我没去过。但是犹太人几乎在世界各地都受到过迫害，奥斯维辛是犹太人所遭遇到的残酷迫害的极致。在二战的时候，奥斯维辛代表着整个欧洲对犹太人的态度。奥斯维辛只是一个象征，世界上有许许多多像奥斯维辛一样的地方，它们没有奥斯维辛有名，但是这样的事情在欧洲比比皆是。犹太人热爱欧洲，欧洲并没有报以爱的回报，这是一种失落的爱。

欧洲人对犹太人的态度和希特勒对犹太人的态度一样吗？

奥兹：希特勒代表了对犹太人态度的一种极致，希特勒把这种迫害推向了极致。

我看自传写到你小时候曾掉进了一个漆黑的小房子里。那种漆黑的感觉对你有什么影响吗？

奥兹：我感觉相当好。我并不觉得这事情很可怕，我就平静地坐在黑暗当中玩，在楼梯底下找到那个小房间的时候我自己感觉很安全，好像重新回到了母亲的子宫里一样。

你是幸福的。在奥斯维辛集中营我见过很多被屠杀的犹太孩子的遗照，他们被困在集中营里，跟父辈一起经受苦役和监禁的磨难，你能想象那样的情景吗？

奥兹：是的，我是非常幸运的人。我属于为数不多的幸存者之一吧。我也经常想象我会不会是那些大屠杀时代中一个死去的人，我如果到了那里，那些刽子手们可能也会杀了我。

作为一个作家，这些被屠杀、被迫害的民族记忆、历史记忆会影响你的文学表达吗？

奥兹：是的，我的父母也曾经给我讲过他们受屈辱和受迫害的经历，但是讲得很少。他们不想让我在这方面受更多的影响。但是在内心深处，我铭记着父母的经历和遭遇。任何人都是这样，当长辈死去，我们弯下腰会把父母安葬到坟墓里，但是也会放到自己的内心里，和我们结为一体。所以任何的男人和女人都负载着他们死去的父母或先辈的记忆。我自己不是大屠杀幸存者，但我是欧洲难民的后裔，虽然我的父母非常幸运，因为他们在大屠杀之前就被驱逐出了欧洲，但是我的人生中布满了死去犹太人的阴影。我希望这样的事情不要永远不再发生。

在大流散中成长起来的犹太人，沐浴过欧洲文明的洗礼，欧洲是犹太人的乌托邦吗？

奥兹：对欧洲我们充满失望的爱，如果要我们评判希伯来文学，就可以得出一个结论：以色列全然充满了渴望、创伤、屈辱、梦魇，历史性的希望和单恋——单恋欧洲，或单恋东方，单恋圣经时代的乌托邦，或空想社会主义乌托邦。我父母和全部家人都是欧洲人，他们是热忱的亲欧人士，可以使用多种语言，倡导欧洲文化和遗产，推崇欧洲风光、欧洲艺术、文学和音乐。许多年过去，我理解了在他们的热爱背后，隐藏着多少悲哀、痛苦、伤心和单恋。

不和平的"现在就和平"

1978 年，第二次战争爆发的时候，阿摩司·奥兹和他的同道组织了"现在就和平"运动，由 348 名以军预备役军官和现役士兵组成的这一带有左翼倾向的组织，强烈反对战争，呼吁以色列执政当局承认巴勒斯坦人的自决权和建国权，要求以色列政府通过和平谈判以及相互妥协的方法解决旷日持久的巴以冲突。

25 年后的今天，"现在就和平"运动赢得了许多以色列人的支持。

2002 年，在"现在就和平"的运动中，以军预备役军官发起了拒绝到加沙和西岸服役的签名活动，后来有 450 人冒着被拘留 15 天处罚的风险勇敢地签上自己的名字。2007 年又有十多名以军飞行员不忍心伤害无辜巴勒斯坦平民，拒绝参与轰炸哈马斯成员的军事行动。

你说以色列人经常会遇到这样的事情，即使一边是火山爆发，人们也会一边浇花。你的生活中经历过这种爆炸和冲突吗？战争经历对你产生什么样的影响？

奥兹：我参加过两次战争，1967 年对埃及的"六日战争"，1973 年的"赎罪日战争"，这是我人生中最可怕的经历。这样的经历对我参加和平运动有影响，使我的创作更加富有人道主义精神。

你理解的人道主义精神是什么样的？

奥兹：人道主义是一种能够为他人着想的能力。能够为他人着想的人比不能为他人着想的人更宽容、更慷慨、更和蔼。我甚至想，能够为他人着想的人比不能为他人着想的人更懂得爱。

你很早就开始领导和平运动，比如"现在就和平"，让我们深怀敬意。你为什么会发起和领导和平运动？

奥兹：我是和平运动的发起人之一，我一直主张巴以要和平共处。最早这个运动当中有一些以色列人和巴勒斯坦人，他们想到的解决方式就是说建造两个国家。四五十年以前，以色列想把这块土地独占为自己的领土，巴勒斯坦人也想把这块土地独占为自己的领土。所以四五十年以前不可能有两个民族和平共处的情形。但是现在大多数的以色列人和巴勒斯坦人都接受了和平解决两个国家冲突的方式。我清楚地认为将来一定能够实现和平解决巴以问题。以色列人和巴勒斯坦人会喜欢这样解决问题的方式，否则他们不会在街上欢呼雀跃，双方都知道如果不这样做就没有任何调停的余地。

数十年过去，你牵挂着阿拉伯人的命运，不知他们是流亡异乡，还是身陷某个破败的难民营。现在更多的阿拉伯人身陷难民营，你怎么看？

奥兹：我认为要给每一个阿拉伯难民营造一个家园，这是迫在眉睫要解决的人道主义问题。很多年来，很多人得不到应有的安置，许多年来阿拉伯政府不允许安置这些难民，许多年来阿拉伯国家没有治愈难民所受的伤害。以色列和巴勒斯坦签署和平协议时必须涉及难民问题，就是应该让他们重新在巴勒斯坦得到安置。难民不应该到以色列来，而应该安置在巴勒斯坦。要是以色列接受所有的难民，以色列就不能称为以色列了。

"奥兹"的名字是你后来改的，"奥兹"这个词在希伯来语里是"力量"的意思。你获得力量了吗？你说在以色列有新犹太人和旧犹太人的区别。在你看来，以色列实现了塑造新犹太人的愿望了吗？

奥兹：我依然在努力中。这是一个过程。塑造新的犹太人需要成百上千年的漫长时间。我不相信一代人就可以做到这一点，这需要很多代人的努力。你看《爱与黑暗的故事》中，我所描写的这个家庭，到最后就回到以色列，回到犹太人的家园，我写的是梦想和梦想付诸实践的故事，因为在梦想与现实之间总是有一段非常难以逾越的鸿沟，所以我的书里就是在悲剧和喜剧之间徘徊不定。你要是读这本书的话，你就可以感觉到有些地方非常令人悲痛，有些地方让人感到非常滑稽可笑，就像各地的人类生活一样。

你喜欢中文版的《爱与黑暗的故事》吗？你对中国有什么样的印象？

奥兹：我的作品到现在为止已经译了 37 次，但是中文是对我来说是最重要的，这个中文译本就像在两个古老的文明之间架设了一座桥梁。我们两个古老的文明现在都面临一些类似的问题。中国是世界上最大的国家之一，而以色列是世界上最小的国家之一，但是以色列和中国都拥有伟大的历史传承，我们这两个国家都试图在创造现代文明的同时而不失去古老的文化传统，我们两个民族试图引导一种途径，如何把传统和现代文明有机地结合到一起。我到中国已经一个星期了，北京和上海走过了许多地方，都给我留下了深刻的印象。在这个国家有一个方面，令我想到了我自己的国家以色列，这两个国家的人都是全力以赴、充满精力地去工作。我有一个良好的愿望，就是希望我的这本《爱与黑暗的故事》能够让大家领会到中国和以色列之间的相似性。

据说你是每年都会被诺贝尔奖提名的作家，你对这个提名在意吗？

奥兹：我不考虑这个。我并不是为了诺贝尔奖写作。如果我能得到，我会非常高兴。但是如果我不能得到，我也不会变得不快乐甚至去死。我相信世界上有很多优秀的作家包括很多中国作家也没有获得诺贝尔奖。

(本文采访由中国社会科学院外文所钟志清女士翻译，在此致谢)

马丁·瓦尔泽：制造政治雷阵雨的作家

黑色的呢制礼帽，灰色的呢制风衣，颈项间是红色的围巾。

银发，白眉，脸膛微红，身躯高大。

81 岁的马丁·瓦尔泽端坐在藏经阁的大厅里。

位于北京西城区大石桥胡同 61 号的翠翠和刘利年艺术馆，曾经是明清时期的寺院，数十位来宾在偏僻的胡同里找到藏经阁的大殿，聆听瓦尔泽与莫言的对话。歌德学院院长阿克曼在向来宾介绍瓦尔泽的时候，使用了很多极端的词语，他说："马丁·瓦尔泽，1927 年在德国西南部出生，他的父亲在火车站旁边开了一家饭店，他学了德国文学，毕业论文写卡夫卡。因为研究卡夫卡，他决心要跟卡夫卡不一样。确实，他后来的写作跟卡夫卡不一样。他出版了 22 部长篇小说，中国读者熟悉的有《菲利普斯堡的婚事》《批评家之死》。他得了所有德国有名的文学奖。他除了是伟大的作家，还是对公共领域有影响力的人，是我们这个时代最重要的发言人，他在德国公众中的影响仅次于德籍教宗本笃十六世。"

与瓦尔泽同坐一张长椅上的莫言，不断地举着高脚玻璃杯喝着酒，他的身边放着两瓶德国葡萄酒和瓦尔泽的三本汉译版本的书：《批评家之死》《惊马奔逃》《菲利普斯堡的婚事》。莫言以他特有的幽默表达对瓦尔泽的敬意："瓦尔泽先生具备中国作家不具备的很多素质，他有一种担当社会责任的勇气，对社会上发生的敏感、重大问题表达自己明确的看法，我认为他不仅仅是一个小说家，而且是社会活动家。我来了这里以后就喝酒，因为我很紧张。1957年他写第一部小说《菲利普斯堡的婚事》的时候，莫言只有两岁，还狗一样的在地上乱爬。跟这样一位德高望重的文学家对谈，我得先喝酒，把胆壮起来。我希望听到瓦尔泽先生对我也对我们的听众发出他响亮的声音。"

马丁·瓦尔泽，1927年3月24日出生于德国南部与瑞士和奥地利交界的博登湖畔的瓦塞堡。11岁时父亲去世，他很小的时候就开始在母亲的餐馆里帮工。1944年应征入伍，在德军防空部队服役。据2007年6月公开的档案显示，他可能曾于1944年1月30日加入过纳粹党。

《迸涌的流泉》是瓦尔泽引起广泛争议的小说，故事的背景是德国博登湖畔的一座小城，叙述主人公约翰从6岁到18岁的经历，反映了1932年至1945年德国那段最黑暗、最野蛮的历史。豺狼当道，家境贫寒，约翰小小年纪就在母亲的餐厅里帮忙打杂，还为村民运送煤炭，但这仍然改变不了家庭的拮据。生意惨淡，市场萧条，给全家带来了无尽的烦恼和恐惧。为了生存，洁身自好的母亲只好加入了纳粹党。

1946年，两位从战俘营出来的德国作家，汉斯·维尔纳·里希特和阿尔弗雷德·安德施在维也纳继续编辑《呼声》杂志。这份杂志最初是在美国的德军战俘营里创办的，读者主要针对德国战俘，参与《呼声》编辑工作的德国作家逐渐开始认真地反思这场由德国发动的世界大战。回国后，他们认为有必要通过继续编辑这份杂志来重建德国文学的传统。1947年，《呼声》由于批评美国占领军而遭取缔，但此时，里希特和安德施周围已经聚集起一个作家群，他们先是在德国南部的班瓦尔德湖畔聚会，筹办新的刊物《蝎子》，虽然未被获准出刊，但通过聚会进行交流的形式却保留了下来，逐渐形成一个松散的文学团体——"以探讨一切当代问题为宗旨"的"四七社"。

1958 年 10 月，在著名的文学团体"四七社"举办的一次作品朗诵会上，31 岁的格拉斯当众朗诵《铁皮鼓》第一章《肥大的裙子》，获得意想不到的成功，当场被"四七社"作家授予大奖。第二年，《铁皮鼓》在法兰克福国际书展上首次亮相，很快风靡欧洲，成为德国"废墟文学"最耀眼夺目的一颗文学明星。

1949 年，尚未成名的海因里希·伯尔参加了颇有名望的"四七社"的作家年会。在历时几天的年会上，成名作家和无名作家都得朗读自己的作品，接受毫不留情的评论。伯尔落落大方的风度和高超的叙事能力迅速赢得了同仁和新闻界的尊重。1951 年，伯尔宣读的作品获得社内设置的最佳作品奖。从此，伯尔的作品数量急剧增加，也频频获奖。1972年他获得了诺贝尔文学奖，达到了文学创作的顶峰。

四七社没有统一的纲领，主要通过定期的交流活动延续下来，培养和发现了许多作家，其中著名的有伯尔、格拉斯、瓦尔泽、博布罗夫斯基、施奈德等人。四七社的形成是战后德国作家群自觉意识的复苏，以"废墟文学"的形式开始了艰难的探索，是当代德国文学的疗伤之所。四七社于 1967 年停止活动。

《批评家之死》的中文译者、北京大学德语系黄燎宇教授形容瓦尔泽是"政治雷阵雨的制造者"。"瓦尔泽是君特·格拉斯和海因里希·伯尔的同龄人，也都是联邦德国文学的代表人物。他没有获得诺贝尔文学奖，并不意味着他比格拉斯和伯尔缺少艺术才华，也并不意味着社会没有承认他的艺术地位和艺术成就。瓦尔泽曾获得包括联邦德国顶尖级文学奖格奥尔格·毕希纳奖在内的诸多奖项，在有生之年就享受到其他德国作家只能在死后才能享受的待遇：一位雕塑家受瓦尔泽的中篇小说《惊马奔逃》（1978）的启发，在他的家乡博登湖畔的于伯林根为他建了一尊具有怪诞风格的悬崖勒马塑像。"

六七十年代瓦尔泽是左派先锋，他反对越战，支持社会民主党，同情德国共产党，对"资产阶级"和"唯心主义"之类展开猛烈的批判；

80 年代他则因为主张两德统一而被怀疑是民族主义者。瓦尔泽早年写过两篇标题振聋发聩的文章：《我们的奥斯维辛》(1965) 和《说不尽的奥斯维辛》(1979)。1998 年 10 月 11 日他在法兰克福保罗教堂发表演讲。当时，因为"让德国人理解了自己的国家，让世界理解了德国"而获德国书业和平奖的瓦尔泽，在答谢致辞中再次谈到如何对待奥斯维辛的问题。他对"奥斯维辛年年讲月月讲天天讲"表示了不满。他不仅承认自己至少有 20 次遇到恐怖的集中营画面时"扭头不看"——此举违背了"正视"历史的道德律令——他还质问"无休止地呈现我们的耻辱"是否已经公式化和工具化，是否变成了一根"道德大棒"。

瓦尔泽还明确反对在柏林市中心修建犹太人大屠杀纪念碑的计划，因为这无异于"在首都的心脏用混凝土构筑一个足球场大小的噩梦"，无异于"把耻辱化为巨型艺术"。瓦尔泽的讲话结束后，包括联邦总统在内的现场听众起立鼓掌，唯有德国犹太人协会主席伊格纳茨·布比斯夫妇纹丝不动地坐在那里。两天后，德国媒体纷纷报道布比斯说瓦尔泽搞"精神纵火"，瓦尔泽的言论是否想给德国人的悔罪历史画上句号这一问题引起激烈争论。

12 月 31 日，德国联邦议会决定实施修建大屠杀纪念碑的计划。犹太裔美国建筑大师、大屠杀纪念碑的设计者彼特·艾森曼一针见血地指出，是瓦尔泽促使联邦议会做出了这一决定。当时的瓦尔泽对他的祖国和同胞感到非常失望，他有过移居奥地利的念头。

2008 年 2 月，马丁·瓦尔泽出版了新作《恋爱中的男人》，以大文豪歌德为主人公，写他在 1823 年 73 岁的时候，戴着面具参加玛利亚温泉城的异装舞会，对 19 岁的少女乌尔丽克一见倾心。

2008 年 11 月 2 日，接近午夜的时候，瓦尔泽在藏经阁一间僻静的房间接受采访。

他裹着厚厚的衣物，有点发低烧。

知识成了我们的某种包袱

人们说你是德国最有影响力的知识分子时，我看见你不以为然，你对这种桂冠式的评价怎么看？

瓦尔泽：我知道我不是知识分子，我很清楚。根据我的理解，什么叫知识分子？知识分子的知识多于他的体验和经验。我要举个例子，丹麦哲学家克尔凯郭尔说过一句名言，无论我写什么或者说什么，目的不在于增加写作对象或者说话对象的知识，而在于增强他们对于人生的感受。我们知道的太多了，我们的知识成为了我们的一种包袱。若无对立，无物为真。这句话是我说的，它的精神和思想源头是克尔凯郭尔，知识分子总想证明自己说的话是正确的，不想证明反面，任何事情要在反面成立我才讲，所以我不是知识分子。

通常我们认为欧洲是有知识分子群体的，他们以社会担当为己任，你怎么看这样一个群体？他们是你认为的知识分子吗，比如萨特、加缪？

瓦尔泽：我知道萨特一直受人尊敬，因为他是知识分子，而且他把知识化为实践。参与社会事务是萨特的一个特征。我以前专门写过一个文章，其反讽标题已经透露出我的立场：作为作家必修课的参与精神。什么叫必修课，虽然萨特那么做也很好，可是我们不一定非这么做不可。你也应该赋予作家不管社会、只管自我的权利，他有这个权利。即便这么做，伟大的萨特也不会由此变得渺小。

你怎么看知识分子的责任感，包括作家的责任感？现在有一种潮流，就是对责任感的疏离和逃避。

瓦尔泽：不论责任还是责任心，在德文里面都是好听的词汇，它们在政治生活中常常沦为修辞学词汇。我关心的是如何把你的责任感和义务感化为行动，你光是说人要有责任心没意思，那是空话。萨特把责任心化为了实践，他是行动者，而且他是唯一一个拒绝诺贝尔奖的。他的整个姿态比较彻底。当然我们也不用学萨特这么彻底。换了我来做这个事就是虚伪了，如果我去做萨特做的事情，我就是虚伪。各人有各人的生活原则。

尊重卡夫卡，但不会像他那样写作

你在青年时代的研究方向就是卡夫卡，研究卡夫卡对你产生什么样的影响？

瓦尔泽：我8岁就读到了卡夫卡，一般的人是14岁接触卡夫卡，对卡夫卡是有接受过程的，我受他文学的影响。我不很了解中国文学，但是我了解卡夫卡对中国文学的影响，如果一个中国年轻作家读卡夫卡，写寓言小说应该是什么样的作品，在英国有作家写了四五部小说都是卡夫卡这种风格，但是这些小说都没有获得成功，反响平平。今天没有一个作家能够学会卡夫卡的视角，必然的生存的狭隘，没有人能达到。如果要去尝试这种风格，只能是一种模仿，这是我个人的看法和经验。我在研究卡夫卡五年之后开始写作，1955年发表的作品是《屋顶上的一架飞机》，当时评论家说这是模仿卡夫卡的一部作品。虽然我非常尊敬他，但我不愿意以他的风格写长篇小说。卡夫卡关心的是他自己，但是他会责备自己、谴责自己。比如《审判》这部小说，这个主人公缺乏自信，他找不出他生活方式的理由是什么，找半天还找不到理由，最后就自杀。因为研究卡夫卡，所以我要跟卡夫卡不一样。确实我的写作跟卡夫卡不一样。

你说德国作家跟历史有很困难的交往方式，你说经历了战争年代，从未需求要写一部战争小说，不想写战争，不去反思战争，不写反法西斯小说，不写伪法西斯小说。你跟君特·格拉斯相反，他是不断描写战争，不断对战争罪恶进行反省。

瓦尔泽：我对格拉斯的小说《铁皮鼓》的定义，第一是反法西斯小说……第二还是反法西斯小说。反法西斯小说其实不等于战争小说，对我来说，里面写的法西斯都是特别戏剧化的场面，敲着鼓，唱着歌，他写这种戏剧化的场面，表达反法西斯的立场。我给他戴了顶高帽子，说《铁皮鼓》是最后一部还可以创作的反法西斯小说。法西斯已经消亡了。格拉斯与其说在写战争写历史，还不如说他在表达自己的意愿，反法西斯的意愿。

你的意愿是什么呢？对于那场人类的浩劫，你的态度是什么？

瓦尔泽：我有个问题整整思考了二十年，我母亲怎么会加入纳粹，她笃信天主教，这样一个女人怎么会加入纳粹，如果我要把这个问题想清楚了，德国怎么变成纳粹德国这个问题就得到了解答。这个是跟《铁皮鼓》截然相反的立场。《铁皮鼓》使用怪诞手法，把法西斯宣布为非法，然后就完事了，但我思考的问题是德国人为什么受法西斯的诱惑。我作品里面写的就是这个，这是我小说的一部分。

无休止地呈现我们的耻辱

你是 1957 年成为职业作家的，除了写作不做其他工作，在德国做职业作家要面对什么样的压力？

瓦尔泽：回头看，我不知道当初怎么就没怕过。当初成了家、生了小孩，还有车，钱从哪来？什么叫青春，什么叫年轻？青春就是无畏，青年人有未来，所以不怕事，胆子大，敢成为职业作家。对于压力不能泛泛而谈，只能谈我自己。一个青年作家、未成名作家很容易受制于人，受制于出版商和各种各样的利益集团。我从小受到的教育是不对别人说

"不"，我妈妈是这么教育我的。本来该说不的地方没有说不。比如我在《时间过半》这部小说里面写得很细的，青年作家要面临哪些问题，有些还是一些很讨厌的问题，看了小说就明白了。四十年以后，我在前年出版的《恐惧之花》里终于说出了这句话，独立的条件就一个，就是有钱，说别的都是谎言。

经过这么多年你是怎么看文学荣誉的，德国著名的文学奖你都得过，非文学奖也得过，作为作家，你怎么看这种荣誉？

瓦尔泽：我4日就要去慕尼黑领奖，我现在就在想，到时候怎么写答谢词，我想说的一句话是，"奖项之于作家，犹如化妆之于女人"，一个美女不化妆也美，但你也不能否认化妆有帮助，这就是奖项对作家的作用。

在你作为作家的成长经历中，这种文学荣誉对你影响大吗？你会在意这种文学荣誉吗？

瓦尔泽：一开始是因为钱，得奖就是得钱。青年作家不能靠市场生活。我的第一个奖是"四七社"颁发的，当时的奖金为1000马克，我买了一辆大众汽车。第二个奖是黑塞奖，已经是10000马克了。我当时拿着这笔钱没花，而是给我母亲看，证明作家也能挣钱，结果我母亲不相信。所以后来我拿到钱就花，拿到奖金就用。

在德国战后文学中，君特·格拉斯和海因里希·伯尔是对中国影响比较大的作家，你怎么看这两位作家？

瓦尔泽：伯尔是个令人尊敬的作家，伯尔写了他自己的亲身经历。伯尔比我大十岁，他总在寻找和研究各种各样的语言，譬如纳粹和教会的语言。他在公众场合、在社会事务中的表现和立场比他写的东西更重要。格拉斯一直坚持的是社会民主党的立场而且搞得很好，我在格拉斯眼里是左派，是共产主义者，我还有别的毛病。我们两个人的立场不一样。1990年代之后，我跟格拉斯之间多了些理解，我们的关系也好转。但是我们也会互相指责。我跟格拉斯最本质的区别是，如果格拉斯公开演说，他会说这个对那个错。我不一样，我发表演说的目的，只是想通过演说验证自己的想法跟别人的想法是不是一样。格拉斯喜欢教育大众，我只是表达自己的信仰。

（本文采访由北京大学德语系黄燎宇先生翻译，在此致谢）

特罗亚诺夫：世界很大，拯救遍地

访问时间：2006 年 11 月 6 日 21 时—23 时

访问地点：北京大山子 798 工厂老康工作室

轮船靠了岸大家才明白，原来望远镜把大家都骗了。

整个码头简直就是一个烂鱼堆，到处都是陈年的尿迹和散发着苦胆味的海水，人经过的时候忙不迭地用袖子捂住鼻子。数百年的朽烂之物被赤脚踩成了结实的地面。码头上站着穿制服的男人，正一边流汗一边叫喊。这些刚下船的乘客胆怯地四下张望。这一刻，他们的好奇心暂时灰飞烟灭。

这是伊利亚·特罗亚诺夫在他的新书《收集世界的人》中描述的情节。这部由德国卡尔汉泽尔出版社出版，有 500 页的书是关于 19 世纪英国探险家理查德·伯顿（1821—1890）的故事。小说的主人公理查德·伯顿写过无数游记，参加了尼罗河源头的发现之旅，是第一个深入麦加圣地的欧洲人，同时他还翻译过《一千零一夜》《爱经》等作品。不满足于在英国殖民地里面过庸常的生活，伯顿发狂地学习印度的语言，深入到陌生宗教的哲学中，匿名在殖民地各处游历，冒险。他以自己的亲历和见证阐释了为什么西方世界直至今天还是一如既往地对其他文化的秘密毫无所知。

特罗亚诺夫觉得自己和伯顿相似:"我和他都相信,人们其实能够更深地吸纳异地文化和宗教。"

《世界很大,拯救遍地》是特罗亚诺夫1996年完成的第一部长篇小说,其主题为逃离和流亡,讲述了一个色彩鲜明又带有怪诞色彩的家庭流亡史,这个故事从保加利亚开始经历意大利的难民集中营直到德国结束。对于特罗亚诺夫这样一个"蜥蜴一样多变"、无处为家却又能随遇而安的人,这一书名十分贴切地表现了他作为一个世界漫游者的个人理念。

特罗亚诺夫称德语为自己的故乡。出生于保加利亚索非亚,少年时代跟随家庭经南斯拉夫流亡至意大利,在德国获得避难许可,此后在肯尼亚度过10年的岁月。1999年迁往印度孟买,2003年起生活在南非。特罗亚诺夫在家说保加利亚语,和朋友用英语、德语以及"结结巴巴的斯瓦希里语"交谈。他曾前往古杰拉特、坦桑尼亚、大马士革、特里斯特以及阿拉伯半岛进行考察,除此之外,他还对测绘学、印度神庙侍妓、鸦片、疟疾、坦桑尼亚巫术、朝圣之旅以及印度的非洲黑奴问题进行了详尽的研究。

2004年在经历一次前往麦加和麦地那的朝圣之旅后,特罗亚诺夫从基督教改为皈依伊斯兰教,他的记录也成就了另一本游记《往伊斯兰的圣源去》。在这部作品中,他捕捉了多个陌生的世界,并深潜这种伦理纷繁、充满悖论的现实内部。在他的笔下,诗意和激情艺术性地融为一体。

特罗亚诺夫走出了德国的边界,他形容自己是一个世界旅行者以及全球化的报告文学作者,一个逡巡于多个世界之间、在流行媚俗和影视图片之外搜寻和传播远土文化的漫游者。而文化批评家们在谈到他的特质时说:"将文化和地理的多元化带入了文学。"

2006年11月6日,在北京798颇具特色的老康工作室,举办了主题为"在大千世界中漫游——中国作家阿来与德国作家特罗亚诺夫对话"。与会的40位中德经济界贵宾也跟作家们直接交流。凭《收集世界的人》刚刚获得德语文学权威大奖的特罗亚诺夫首次访华就与藏族作家阿来就其在不同文化中的"跨文化""异族文化"生活与写作经验进行交流。

对伊利亚·特罗亚诺夫的专访是在北京友谊宾馆的一间茶馆里进行的。室外是狂风和骤降的气温，身材高大魁梧的特罗亚诺夫把他的两条长腿从低矮的茶几下伸出去，以使他的身体更为舒展。

去麦加朝圣

2004年，在经历一次前往麦加和麦地那的朝圣之旅后，你从基督教改为皈依伊斯兰教，你的经历也使你完成了另一本书《往伊斯兰的圣源去》的写作。麦加朝圣给你什么样的体验？

特罗亚诺夫：朝圣是非常奇妙的体验，尤其是对一个写作的人来说，朝圣是把你从日常生活的空间拉出来，把你投入一个奇异的时空，在这个时空中你会受到强烈震撼。在麦加你跟两百万人在一起，你感受到的是一种集体性的震撼。就好像你多年的一个梦得以实现。这种时刻，能量是巨大的，你完全被它攫住了。在麦加有一个核心的地方，它是最重要的一个寺庙，非常非常古老，甚至在伊斯兰教之前就有了，你和两百万人站在那个地方祈祷，你会感到祭献的力量。这种力量跟你信不信宗教没有太大关系，因为去麦加朝圣的很多人是不信教的，但不管你是谁，不管你的信仰如何，你都能感受到这种力量——在精神上你经历了另外一个时空。

在麦加的朝圣让我发现生活不是日常的那一部分，它还有另外一种时空。那个时刻，你会被惊醒，你之前没有感觉到的东西，这一刻你感觉到了，感觉到了它的存在。当我回来的时候，我有一种很强烈的感觉，想更好地生活。这种感觉不是宗教意义上的，更多的是一种道德情感，是内心的觉醒。就是你真正有意识地去生活，对你周围的人怀有爱，你感觉内心非常宽广。

你走过世界很多地方，阅历过各种异质文化。在你的漫游中，你能感受到文明的冲突吗？

特罗亚诺夫：我觉得文明之间没有所谓的冲突存在，说冲突，这是我们的想象，一种虚构。

我个人的看法是，所谓文明冲突实际上是政治的冲突。我们可以举出世界史上无数的例子。文明的冲突起源于冷战时期，我们看到世界一再重演冷战的模式，争斗双方都已经习惯了妖魔化战术。在原教旨主义者那里，就要把这种仇视搞成对等的，由此衍生出各种残忍的政策。但是，无数事实证明，交流和融合才是文明或者文化的本质。文明最鼎盛的时候也就是文化交融最密切的时候。说文明的冲突可能实际上是政治的对抗，包括石油危机，包括新殖民国家的利益之间的纷争。这种纷争表面上看是文化上的纷争，但这只是它的表象。

最近德国刚出一本书，是德国《明镜》周刊一个非常著名的记者写的，这本书警告人们注意印度和中国的崛起和强大。他使用的就是文明冲突论，书中还宣扬一种陈旧的黄祸论，就是对东方崛起的恶意预言。其实他真正的动机在于说明，对于西方世界，印度和中国强大起来将成为他们的经济竞争者，这才是他们害怕的地方，文化只是一个托词，这也是政治上惯用的伎俩。我的意见完全跟他相反，我觉得文化之间的融合、交流是越多越好。交流越多，我们的视野越开阔，文化的包容力也越大。

做这个访问之前我看到消息，伊拉克前总统萨达姆被判处绞刑。你怎么看这种结局？

特罗亚诺夫：这是预料之中的。我觉得整个伊拉克战争唯一做对的地方就是推翻了萨达姆，其他都是灾难。我个人是反对死刑的，从道德层面，也是从实用的层面。对萨达姆这样一个制造了无数灾难和痛苦的人来说，其实判处死刑还不如让他吃那些他让别人吃过的苦，一直到他生命结束为止，这样可能更公正一点。死刑是一种暴力。暴力就像一棵植物，你种植了它，它就会撒下无数的种子，你把它砍下来，还会有更多的种子，是一种根除不尽的东西。你用了它总是会有后患的。关于伊拉克战争，作为一个德国知识分子，我从一开始就反对战争，尽全力反对伊拉克战争。我现在是德国国籍，作为一个德国的公民，我觉得比较骄傲的就是，德国人一开始就是反战的，因为这是一个不公平的战争。

德语是一块冰

你在中国的行程被命名为"柏林墙倒：1989年之后的德国新文学之旅"，当年柏林墙倒掉的时候你在做什么，你的感受如何？

特罗亚诺夫：柏林墙被拆除的时候我还记得，当时听到这个消息时我哭了。

1989年对我来说是充满希望的一年，也是充满失望的一年。墙倒之后，我们以为要整装待发走向一个新的世界，但结果并不是。事实上，柏林墙被拆除，东西德统一，当时对一些生意上的往来提供的便利更多，情感上的交流很少。这是一个苦涩的事实。我说有一些失望，我觉得这种失望除了对政治人物，还有对民众的失望。当时德国的知识分子是相信民众力量的。但是1989年之后，在某种程度上德国民众表现得令人失望，因为民众并没有体现出知识分子所希望的批判性，没有表现出反抗的力量。其实那个时候他们应该有这种力量，但他们没有做到。现在看来，那是一个消极的时期。在当时所谓的社会变革中，德国的政治家们，所谓的精英派、改革人士，他们在社会转型之后，仍然把政治、经济的权力抓在手里。在这种情况下，我们并没有一个新的开端。当时这些共产主义的精英派跟西方所谓的精英派，在无意识中，建立了一个新的联盟，他们联手阻止了新事物的出现。

你怎么看柏林墙倒前后的德国文学？柏林墙倒之前，我们所熟知的德语作家是经历了法西斯和二战的作家，其中包括西德的君特·格拉斯、汉斯·马格努斯和海因里希·伯尔。柏林墙倒之后呢？

特罗亚诺夫：谈到那个时期的德语文学，肯定要分东德文学和西德文学。尤其是涉及柏林墙倒的时候。1989 年之后，西德文学有一种非常严重的自我批判意识，就是反思二战纳粹时期犯下的罪行。这种反思使德语本身包括文学，有一种"被污染"的感觉。在 70 年代有一个非常有名的会议，也是当时一个知识分子的会议，会议的主题就是"德语，我心中的一块冰"。那段时间，西德文学的反思带有强烈的意识形态倾向，文学被政治工具化。到 70 年代之后，随着新一代作家的成长，我们才从这种自我批判的阴影中走出来，意识形态色彩逐渐淡出文学舞台。

东德文学是什么状况？我们知道当时的东德好像缺乏言论和思想自由。

特罗亚诺夫：政治层面，东德文学可能有两个优势，第一是他们有一个非常大的主题，就是人们非常关心的问题：经历柏林墙倒之后，东德如何融入德国社会。还有就是东德作家对过去的反思，因为在柏林墙倒之前东德的思想控制是比较严厉的，很多思想、情感都不能表达出来。这也是另外一个主题，就是东德作家开始讲一些他们以前不能讲和不敢讲的话。

从美学层面讲，二战之后，德国涌现出一批新的思想家、哲学家，其中最著名的就是西奥多·阿多诺，他是法兰克福学派的哲学家，代表着一种非常先锋的立场，我们称之为"先锋黑手党"，就是说他们思想的极端性。阿多诺有一个非常著名的论断：奥斯维辛之后写诗是可耻的。他的意思就是说，在世界出现奥斯维辛集中营这样的纳粹暴行之后，我们就不能再讲故事，不能再用感情化的语言表达自己，回顾历史，我们应该更多地以反省来面对这个世界。

那时候哲学对文学的渗透和影响非常强，这样造成的一个后果是，德语文学失去了读者。德国的读者很多年都在读美国作家、英国作家、拉美作家、法国作家的作品，他们不读德国作家的作品。这种情况在1989年得到了改变。我们这次来中国的六个德语作家就非常有代表性，首先他们又开始讲故事，开始使用文学手法，包括用通俗小说的手法写作，他们开始讲究故事的张力，故事中开始有了情色的部分，或者是讽刺，文学的各种可能性被他们再次发掘出来。我现在觉得，德语文学在欧洲文学中，可能是最强的文学。如果在15年前，我会说德语文学是非常无聊的文学，现在德语文学从丑小鸭变成了白天鹅。

面对大屠杀历史

你说到德语的时候说它是被污染的语言，为什么这么说？德语被什么所污染？

特罗亚诺夫：我说被污染了的德语，我可以给你举一个有趣的例子。就是你们熟悉的君特·格拉斯。

在德国读者看来，君特·格拉斯的文学高峰是他的第一部小说《铁皮鼓》，或者《但泽三部曲》也算是他所谓的高峰。但是之后，他就陷入了刚才我讲的政治意识形态非常严重的时期。他后来写的作品基本上都是那种反思性特别强的，政治性完全大于文学性。也是因为这个原因，很多人都不喜欢读他，尤其是新一代的读者。年轻人除了读他的《但泽三部曲》，其他的都不喜欢。

是吗？格拉斯最近写的自传《剥洋葱》你看到吗？他披露了自己在青年时代参加武装党卫军的经历，对自己有很严苛的解剖。这部书的出

版使世界舆论大哗。

特罗亚诺夫：《剥洋葱》我已经拿到了，还没有看。我和格拉斯有一些交往，我个人很喜欢他。我觉得格拉斯在回归，走回他的《但泽三部曲》的路上。

回归是什么意思？

特罗亚诺夫：就是回到文本层面。格拉斯在他的新作品中，表现出很强的艺术表现力，我觉得我可以接受。但是我也告诉你们一个真相，我写过关于格拉斯的评论文章，我觉得格拉斯作为一个启蒙的左派作家，其实是在传播一种帝国情结。在他的作品中，格拉斯表现得自以为是，他带着一种成见去观察事物，在他观察他的对象之前，他的成见已经在脑子里面存在了。比如他在写到印度之前，他内心已经有一个印度了，他会用批评的态度谈到它。这和年轻作家不一样。我如果要写印度，我会去那里看，我会去做很深入的调查，然后才把它写出来。

格拉斯有一个不错的地方，就是他读书非常广。他比较有好奇心，经常表示要支持年轻一代作家。人们对君特·格拉斯有很多不同的看法，我的立场比较宽，我觉得格拉斯前期的作品还是比较有影响力的，后期就可能有点不尽如人意了。还有更激进的一派觉得格拉斯就是一个过时的作家。你为什么也对君特·格拉斯这么感兴趣？觉得他这么有影响力？其实君特·格拉斯是一个非常会自我推销的人，他永远都知道怎么样让自己处于核心位置，怎么样让别人注意到自己。

你的评价是不一样。格拉斯在中国作家中已经成了一个道德象征或者标志，他作为德国知识分子对历史的反省和批判精神令我们尊敬。我的问题是，德国年轻作家会拒绝和逃离历史吗？

特罗亚诺夫：德国年轻作家怎么对待德国历史？说逃离历史是一个误解，不可能逃离。问题在于我们如何面对这个历史。我们不会对历史怀有禁忌把它当作不能提的事情，我们应该以开放的心态去面对历史，观察历史，分析历史。逃离是不对的，但是距离感可以让我们看得更清楚。作为一个德语作家，我不会因为犹太人大屠杀就背负太深重的罪孽感，因为那不是我们做下的罪孽。我没读过余华的《兄弟》，但听说那部小说是用非常讽刺、戏耍的态度来讲"文化大革命"时期的。面对大的历史事件，我们不应该急于把自己归入反对者或者赞成者的阵营，而是应该从文学的角度来表现它。

当然，如果我在1970年代讲这样的话，后果将会很严重。当时不能这样讲，这是禁忌。当时的流行观点是，我们不能在大屠杀之后写诗。更严重的是，在大屠杀以后，我们甚至不应该再讲故事了。这就是当时的潮流。1996年我的第一部小说《世界很大，拯救遍地》出版，小说的开头有很强的童话色彩，当时就有人批评我说，小说不能这样开篇。这是文学在70年代的意识形态化到90年代的延续，现在也还是有这种声音在。不同的是，1996年我那样写小说到处被人批——我是东方写小说的方式，东方情结非常严重——但是到2006年我依然这样写，我到处获奖，人们用非常积极的态度来接受我，肯定我，这就是两个时代的区别。

跟偏见战斗

通常，年轻的作家在成长中很容易受到潮流的影响，比如说美国年轻的一代会受到"嬉皮士""垮掉一代"的影响，法国青年会受到"左翼"的影响，德国的青年作家在成长中有没有这样的过程？

特罗亚诺夫：我觉得德国年轻作家走的就是一条解放的路。

西德年轻作家们是走"六八"那一代的路。"六八"那一代人，就是街头革命。在七八十年代，西德的年轻人经常会走上街头，因为他们当时的领军人物就是"六八"的领头人。东德年轻作家是反党派主义，包括反社会主义。就是他们所谓的解放的一条路。举我个人的例子，在我到中国的几天里，我一直在读阿来的小说。如果阿来的小说在1988年，在柏林墙倒之前在德国发表的话，会受到东西德两边阵营的批判和攻击。因为阿来的小说中有很多幻觉描写，这种对神秘主义对魔力的信仰，会受到西德人强烈的攻击。东德人会说这个小说缺乏政治意识的表达，没有集体主义政治观，也会批评他。

你问德国年轻作家受到哪些潮流的影响，他们可能没有太多的说法，可能受英美文学的影响更多，另外在年轻人中，阿诺·施密特的影响力很大，他是一个特立独行的作家，是非常先锋的一个作家。他的作品没人能看得懂，他是德国文学界的一个局外者，他从不参加任何纷争。在阿诺·施密特这里就是一种充满趣味的先锋派。跟现在一些先锋派不一样，阿诺·施密特的写作是一种充满趣味、充满张力、充满感性的写作。另外，1970年代影响非常大的作家就是彼得·汉德克，他说过这样的话，"唯一让我感兴趣的东西就是我自己"。

可如果让我来说，我想说："我最不感兴趣的就是我自己。"我的意思不是从人的层面，而是从一个作家的层面说。我觉得我是作家这件事是非常无聊的一件事。年轻一代称呼这些作家叫"肚脐眼"派作家。因为那些只关注自己的人，孤芳自赏的人，一般都看不到别的，只看到自己的肚脐眼。回看德语文学，我的看法是，幽默、讽刺是文学中非常重要的一部分。但是在战后的德国文学，这种意识基本是不被允许的。德国人被西奥多·阿多诺所谓的反思束缚了手脚，他们不敢幽默，也不敢讽刺。所谓文学必须是严肃的，不能感性。如果在文学上搞幽默，打趣，在政治上是不允许的，是被禁止的。以前我们写犹太人被屠杀，叙述中不敢带讽刺，不敢带幽默，后来才出现了这样的小说，作者还是两个犹太人。

年轻作家还会有社会责任感吗？似乎现代社会一个普遍的境况就是消费文化的兴盛。

特罗亚诺夫：说年轻一代作家没有社会责任感是误解。我个人的看法是，我们把自己的文本做好，就有政治和社会的意义。我不能简单地以我的政治意识去影响我的读者，想要有效影响读者，只能通过我的工具——我的文学。如果我的文学让读者觉得非常厌烦、非常无聊的话，我所谓的政治观点也不可能被他们理解。我觉得新一代作家的写作是一种更细致更敏锐的写作，他们更重视文本的艺术感。读者不愿意读那些看起来很严肃的东西，我们要通过一种轻松的手法，让他们在潜意识中接受严肃的东西，这是我的看法。

你是第一次到中国，对中国的印象如何？

特罗亚诺夫：我运气比较好，我这次碰到两个非常棒的中国作家，余华和阿来。关于中国的印象，我之前听过的关于中国的说法都是不正确的。这次来中国，也证实了我一直以来的想法——人必须自己去亲眼见一下，才能作判断。异地文化，我们只能自己去经历，传说多数是片面的。你知道塞万提斯的《堂吉诃德》吗？我最喜欢他的小说。但是我觉得《堂吉诃德》是一本非常悲伤的小说，因为堂吉诃德是在跟别人看不见的东西战斗。堂吉诃德被人误解很多，人家说他是疯子。同样，我也在跟误解和偏见战斗，这也是非常困难的一场战斗。我要让自己认识一个真正的中国，跟偏见不一样的中国。

（本文采访由北京外国语学院丁君君翻译，在此致谢）

哈瓦那的魔幻现实：经典作家古巴时光

"即使印第安人消失不见，甚至所有人类都消失不见，墨西哥湾流也会一直静静地流淌下去。"这是美国作家欧内斯特·海明威旅居古巴时写下来的文字。一生行旅不羁、四海漫游的海明威在第二次世界大战结束后长期旅居古巴。"他的房子位于哈瓦那近郊的圣弗朗西斯科德保拉地区。在房子西南一个外形方正的角落里，有一间特设的工作室，但他偏爱卧室，唯有小说里的角色能驱使他爬上角楼。"1958年，《巴黎评论》记者乔治·普林顿在古巴访问海明威时，对他在哈瓦那的居所和工作状态有详尽的描述："他是个严以律己、自我约束力极强的人，直到晌午时分，他才会拿起圆头手杖离开房子，到泳池边开始每日半英里的游泳。"

作为逝去时代的文学英雄，海明威影响过很多杰出作家。《百年孤独》的作者加西亚·马尔克斯声称，海明威是对他影响最大的作家之一。晚年的时候，马尔克斯在巴黎遇到时为美国著名时装模特儿的海明威孙女玛尔戈·海明威，他们一起吃饭。"她滔滔不绝地谈她的祖父，而我则谈我的祖父。"马尔克斯说。1982年马尔克斯获得诺贝尔文学奖，颁奖仪式期间，马尔克斯向外界讲述当年他初到墨西哥时接到朋友的电话："海明威那老东西前一天早晨7点30分在美国爱达荷州的一个小镇凯彻姆拿猎枪把自己的脑袋打开花了。"马尔克斯追忆道："这件荒唐事如同一个新时代的开端留在我的脑海里。"

强悍而脆弱——海明威在古巴

1957年秋天，海明威在古巴的寓所观景庄开始动笔写作《流动的盛宴》。

这是他对青年时期在巴黎生活的回忆。辞去新闻职业决心从事职业文学写作的海明威饱尝生活的艰辛，经常要忍受饥饿、物质匮乏以及写出的作品被出版机构频繁拒绝。然而他有美好的爱情，有坚定的信念和持久写作的毅力。那段时光艰辛而精进，困顿而甜美。这是海明威在获得诺贝尔文学奖三年之后对往昔岁月的追念。在此期间他偶尔回爱达荷州凯彻姆的家和在西班牙旅行时也在写作这本书。1960年春，他重返古巴观景庄完成初稿，同年秋天返回美国，在凯彻姆的家中做最后润饰。就在这部回忆录完成的第二年，海明威用一支猎枪开枪自杀了。

"他自杀那天，他的第四任妻子玛丽·威尔许·海明威睡在爱达荷州凯彻姆海明威居所楼上的主卧室里，1961年7月2日早晨她被几声她以为是'抽屉砰砰关上'的声音吵醒。"美国作家雷蒙德·卡佛后来追忆他的文学榜样海明威。

强悍而脆弱，乐观又绝望，这是欧内斯特·海明威显示出来的双重性。1954年是海明威祸福相随的年头，这年海明威遭遇意外事故的频率达到了最高峰。先是乘坐飞机到东非打猎时，两次遭遇飞机失事，落下脑震荡、脊柱碎裂、烧伤和内伤并被通报死亡。他幸存下来，也因此有了一次独特的读自己讣告的经历。据卡佛回忆，他在少年时看到过晚报刊登海明威相关消息的新闻照片。"他正满脸笑容地举着一张报纸，那上面登着他的照片和宣布他死讯的通栏标题。"也是在这一年，海明威获得诺贝尔文学奖。

2005年12月7日，我应邀赴斯德哥尔摩报道诺贝尔奖颁奖典礼，瑞典学院原常务秘书斯图尔·阿兰先生相邀参访瑞典学院，阿兰先生作为常务秘书在1987年为俄裔美籍诗人约瑟夫·布罗茨基、1988年为埃及作家纳吉布·马哈福兹授过奖。满头银发的老人翔实解说诺奖历史上前来斯德哥摩尔领奖或者缺席颁奖的作家。瑞典学院的办公室环绕长方形的桌子摆放着18张宫廷式桌椅，那是评委们讨论或投票决定获奖者的地方；会议厅是获奖作家发表文学演说的地方，百年来众多获奖的作家都在这里发表文学演说。然而海明威当年因身负重伤而缺席颁奖典礼，在那次颁奖仪式上，瑞典学院常务秘书安德斯·奥斯特林热情洋溢地评价海明威："现在我们大家谈论的正是这样一位先行的作家。可以毫不夸张地说，和他的任何一位美国同道比，海明威使我们更清楚地看到屹立在我们面前的是一个正在寻求准确方式来表达意见的朝气蓬勃的民族。海明威本人也与一般文人迥然不同，他在许多方面表现了戏剧性的气质和鲜明的性格。在他身上，那股勃勃的生机按照它自己特有的方式发展着，没有一点这个时代的悲观色彩和幻灭感。"

诺贝尔博物馆与瑞典学院相邻，博物馆陈列着百年历史中获奖者的遗迹——生平影像、书籍影印、手稿、演讲音频。观众走进纪念馆，可以通过遥控器，任意选择想要了解的获奖者的情况，戴上耳机就可以听到获奖者的演讲实况。海明威是我热爱的作家，记得当时特意找寻他的文学演讲而未得。现在我手里有《诺贝尔文学奖授奖词和获奖演说》，再次读到瑞典学院常务秘书的授奖词："人们应该记住，勇气是海明威作品的中心主题——具有勇气的人被置于各种环境中考验、锻炼，以便面对冷酷、残忍的世界，而不抱怨那个伟大而宽容的时代。"人性是复杂的。仿佛是对诺贝尔文学奖评选委员会做否定式证明，海明威后来生病，患上偏执狂和忧郁症，在接连两次监禁于梅约诊所时，因为接受了电痉挛疗法而失去记忆，最后用猎枪自杀身亡。

海明威的一生有过四次婚姻（和三次离婚）。第一次世界大战中他在意大利当救护车司机（光荣受伤），在希土战争（1922）、西班牙内战（1937—1939）、中国抗日战争（1941）和欧洲反法西斯战争（1944—1945）中他作为战地记者积极活动。加上重大的打猎活动、钓鱼、狩猎旅行、在法国和古巴寄居、斗牛、获诺贝尔文学奖，以及最后在爱达荷州自杀，这是跌宕起伏又充满戏剧性的一生。当我再次阅读海明威，从他的生平轨迹寻访他的生命故事时，遥想他在古巴的岁月，或许就如他所言："必须天天面对永恒，或者面对缺乏永恒的状况。"

海明威生于1899年，可以算作20世纪的同龄人。他这一代人被称为"迷惘的一代"，他们心目中的世界是残酷、冷漠和没有意义的。第一次世界大战的血腥在幸存者身上留下了烙印，海明威本人也亲历其中，并于19岁在前线身负重伤。他说："人类莫名地疯狂。让自己陷入最巨大的、致人于死地的大屠杀中，这只有在人类的土地上才会发生。"

战争之后海明威在欧洲开始写作，但这并没有带给他心灵的清静和安宁。法西斯在意大利的崛起，德国纳粹主义横行肆虐，希特勒上台带给世界惨绝人寰的劫难……年轻一代期待着西欧爆发革命。后来海明威回忆当时的心态时说："第一次世界大战之后世界反而更接近革命。那时我们相信革命，并且期盼它，寄希望于它，因为它合乎逻辑的结论。但是无论革命想在哪儿爆发，都被镇压了。"失去理想，被生活的空虚所包围的"迷惘的一代"只有在酗酒、放纵与刺激中寻找出路。最常见的结果就是自杀，似乎活着没有任何精神的价值或者意义了。"我认为，生活就是悲剧，结局早已注定。"海明威写道。

海明威与古巴的关系可谓深长。1940年他在出版长篇小说《丧钟为谁而鸣》之后，与第二任妻子离婚，同作家玛瑟·盖尔荷恩结婚。次年他与玛瑟来到中国采访抗日战争，当时还会见了蒋介石与宋美龄。之后旅居古巴在哈瓦那的瞭望农场住下来。海明威在哈瓦那多有惊人之举，改装私人渔船"皮拉尔号"，追缉古巴近海的德军潜艇；在此期间他以特派记者身份去欧洲采访，在伦敦遭遇车祸，头部负伤。为解放巴黎与游击队一起搜集情报。1945年第二次世界大战结束，海明威返回古巴。后来与玛瑟·盖尔荷恩离婚。

海明威一生都在谈论自杀，在他的有生之年，身体遭到的种种重创，就像是和一个看不见的对手进行一场拳击赛之后留下的后遗症。不管是在现实生活中打猎，还是在创作中上前线作仗，海明威的意识中总抹不去"杀戮"的念头。他的一生都在狩猎：在非洲猎杀狮子、豹子和大羚羊，在落基山脉搏杀灰斑熊、在怀俄明州射杀松鸡，在法国射杀鸽子……走到哪里他都会有可杀的猎物。即使在猎杀之后，这些动物仍然没有逃离他的视野。"杀戮"意识使他饱受争议。他的传记作者卡洛斯·贝克曾经讲述，在古巴时的某一天，海明威颇费了一番周折，钓到一条重达512磅的马林鱼，并将它运回港口，引起人们的一片欢呼。但他对这一切还不满足，大家喝酒庆祝之后的凌晨两三点钟，他又独自回到码头，借着月色，用滑轮把大鱼吊了起来，当沙袋练习拳击。

海明威的小说《老人与海》就是讲述古巴老渔夫圣地亚哥与大鲨鱼搏斗的故事，老人就是在古巴的首都哈瓦那以北的海面上捕鱼。《老人与海》的写作证明海明威是个猎手兼博物学家。这部作品塑造了文学史上经典的硬汉形象，成为海明威最具代表性的作品。《老人与海》出版于1952年，最初发表于9月1日的《生活》杂志。小说出版后赢得批评界一致推崇，获得1953年的普利策奖并最终助海明威获得诺贝尔文学奖。后来好莱坞以重金购得摄制权，由斯宾塞·屈塞主演，拍成电影获得第31届奥斯卡最佳男主角提名。《老人与海》原作只有二万七千字，据海明威自述，他曾先后修改此书达200遍之多，可谓千锤百炼，炉火纯青。老渔夫圣地亚哥的状态来自海明威多年来在湾流中钓鱼的经历。他观察、研究海洋生态物候。"大海也同人一样值得描述。这是我的运气好，我见过马林鱼交配，知道那是怎么回事。在那一片水面上，我见过五十多头抹香鲸的鲸群，有一次我叉住了一头几乎有六十英尺长的鲸鱼，却让它逃走了。"1958 年海明威对来访的《巴黎评论》记者说。

海明威在写作《老人与海》时有一句名言被广为传播:"一个人不是生来要给打败的,你尽可以把他消灭掉,可就是打不败他。"这是《老人与海》的主题,也是海明威的人生信念。然而 10 年之后,海明威被他自己打败了。

魔幻超现实——马尔克斯与卡斯特罗

说到作家与古巴的关系,不能不说到作家加西亚·马尔克斯与菲德尔·卡斯特罗的交往。

1956 年的巴黎,在圣米歇尔大酒店,当时还是新闻记者的马尔克斯与同为新闻记者的朋友普利尼奥·门多萨喝咖啡。他们都是具有左翼政治倾向的年轻知识分子,他们讨论到了当时拉美的政治局势,包括古巴的政治变革。他们认为古巴唯一的希望寄托在一个叫菲德尔·卡斯特罗的小伙子的努力上。"那个固执莽撞的瘦高个儿的青年,正在墨西哥四处活动。"马尔克斯在他的自述中写道。

马尔克斯 1927 年 3 月 6 日生于哥伦比亚阿拉卡塔卡。少年时因哥伦比亚内战中途辍学。青年时期时任新闻记者的马尔克斯因连载文章揭露被政府美化了的海难而被迫离开哥伦比亚,后任《观察家报》驻欧洲记者,不久该报被哥伦比亚政府查封,他被困在欧洲。同年发表第一部长篇小说《枯枝败叶》。1959 年马尔克斯为古巴通讯社"拉丁社"在波哥大和古巴工作。"拉丁社"由切·格瓦拉领导,同年马尔克斯应邀参加古巴革命胜利庆典。

当时对马尔克斯来说,卡斯特罗的名字并非完全陌生。保守派政府在 1948 年企图将卡斯特罗和另外几名大学生以某桩凶杀案的嫌疑凶犯逮捕。卡斯特罗在 1959 年革命成功后,马尔克斯和门多萨在加拉加斯美岭区旅馆的阳台上庆祝卡斯特罗的胜利。在马尔克斯看来，古巴革命意味着唯一一个与以往迥异的具有质的飞跃的运动。"不是资产阶级抑或人们早已熟悉的政治寡头打败一个先前按照顺序篡夺权力的独裁者，而是从山上下来的一些大胡子游击队员领导全体人民夺取了政权。这在整个拉丁美洲引起人们的赞叹、支持和深深的忧虑。"

当时的拉丁美洲，独裁者们像熟透的果子落地一样纷纷垮台。首先是阿根廷的胡安·贝隆；继而是哥伦比亚的罗哈斯·皮尼利亚；随后是委内瑞拉的佩雷斯·希门内斯；后来就轮到古巴的独裁者巴蒂斯塔倒台。同许多拉丁美洲人一样，马尔克斯希望到哈瓦那亲眼看一看那场汹涌澎湃的革命。1959年的春夏之际，马尔克斯和门多萨带着简单的行李，乘一架由古巴人驾驶的双引擎飞机前往哈瓦那。飞机是革命者从前政府军手中缴获而来，散发出难以忍受的尿骚味儿的一件老古董。他们两人参加报道"真相行动"——由卡斯特罗指挥的对巴蒂斯塔独裁政府的战犯的公开审判。

到达哈瓦那，马尔克斯和他的同行者立即被淹没在旗帜、橄榄绿军服和睡不着觉的人群的海洋中。人们没有工夫睡觉，对获得自由的庆祝与欢呼使他们难以入眠。马尔克斯与同伴走遍了哈瓦那，与人交谈，听卡斯特罗面对百万同胞讲话，从而触摸到了古巴革命的脉搏。为了让世界知道革命之后的古巴对独裁者的审判，卡斯特罗请来了一些国家的观察员和记者旁听审判。《马尔克斯传》描述了这次哈瓦那之行："体育场内人山人海，正中央的四方框架里是身穿蓝色囚服面对法庭的罪犯。马尔克斯和门多萨坐在观众席的第一排，直接面对着被审讯者，因而感觉到一个人死到临头的冷漠和恐惧。戴着手铐的被告惊愕于急切等待将他明正典刑的观众的呼喊、谩骂和笑声，他的眼睛呆滞，一直盯着脚上的意大利皮鞋的尖端，直至黎明时分听到死刑的判决。"这次审判给马尔克斯留下了很深的印象。他从没直接写过这一审判，然而他从对战犯的审讯，审讯时出示的大量的证据材料中受到启发，构思了他的长篇小说

《族长的秋天》。

马尔克斯第一次见到卡斯特罗也是在哈瓦那。当时他途经卡马圭市作短暂停留。担任司令官的卡斯特罗在古巴腹地参加几个养鸡场的开工典礼也抵达卡马圭市。到了这里的小机场,饿坏了的司令官命人拿鸡给他吃,可是没有鸡。于是,卡斯特罗就以在美国旅客仍然经过的一个机场没有鸡吃这一弊端为题,发表了冗长而激动人心的演讲。经过他人的引荐,马尔克斯跟卡斯特罗会面握手,简要交谈,说明他的记者身份。

马尔克斯在哈瓦那待过90个日夜。当时的哈瓦那成为一座巨大的街垒,因为毒瘤般的反革命活动天天发生,而且古巴人还得防备着美国即将发动的入侵。马尔克斯工作的拉美通讯社所在的斜街不像街道,更像一条准备战斗的战壕:房上堆着沙袋,地下铺着厚厚的木板,枪支时刻处于伸手可及的位置。"哈瓦那是个不眠之城,犹如整个古巴是个不眠之国。拉美通讯社的工作人员在电传打字机、打字机或者照相机旁边困得要命,却几乎没有工夫打个盹。"《马尔克斯传》的作者达索·萨尔迪瓦尔写道。

后来马尔克斯与卡斯特罗成为密友。据说卡斯特罗拨给马尔克斯一辆奔驰280,在哈瓦那市中心给了他一所带游泳池的房子,里面有四个佣人和一个花匠,还有一条只有极个别接待外宾的宾馆才装的国际电话线。据说卡斯特罗和马尔克斯无话不谈,包括倾诉内心的秘密。"你仔细听着,我和菲德尔·卡斯特罗亲密的、以真挚的感情维系的友谊是从文学开始的。1960年我们在拉美通讯社工作的时候,我由于一个偶然的机会跟他打过交道。我当时觉得,我们没有多少话可讲。后来我成了著名的作家,他成了举世闻名的政治家,我们双方怀着非常尊敬、友好的心情见了好几次面,不过当时我并不觉得我们之间的关系能超越我们在政治倾向上的亲近。"这是马尔克斯与友人普利尼奥·门多萨的对话。

1982年马尔克斯获得诺贝尔文学奖,拉美文学热潮开始飙袭刚刚进入改革开放的中国。也就在这一年,马尔克斯与门多萨做过一次长篇对话，对话集《番石榴飘香》也风靡中国。在这次对话中，门多萨评论马尔克斯与卡斯特罗的关系时说道：和许多欧洲知识分子不同，马尔克斯不热衷意识形态的问题。他和卡斯特罗的友谊在很大程度上是由于他们有着同样的看待现实和理解问题的方式，加以加勒比海地区所特有的共同语言。马尔克斯是卡斯特罗的密友，但是他和苏联政府官员以及统治共产主义世界的阴郁的官僚没什么交情。如果用许多欧洲知识分子的苛刻眼光来看待马尔克斯，那么很难在政治上理解他。对于他来说，勃列日涅夫是一回事，而卡斯特罗是另一回事，尽管古巴制度的许多特征来自苏联模式。然而支持军事独裁的拉丁美洲右派对马尔克斯深恶痛绝，把他视为卡斯特罗的代理人。"你为什么不把你的钱分给穷人呢？"他的敌人责问他。

在访谈中，门多萨向马尔克斯提问："如果古巴把苏联那一套制度（如单一政党、民主集中制、对人民实行铁腕统治的国家安全机关、由政府操纵的工会等等）作为自己的样板，那么你说的'更加公正、更加民主的社会制度'肯定会像在苏联那样受到非议。你难道没有这种顾虑？"马尔克斯回答："依我看来，古巴革命在经历了最初几场巨大的风暴之后，正行进在艰难的有时甚至是矛盾的道路上，不过它为建立一个更加公正、更加民主、更加令我们大家满意的社会制度提供了良好的前景。你们始终坚持'古巴是苏联的卫星'的偏见，而我却不以为然。你只需跟菲德尔·卡斯特罗打一分钟交道，就会知道他不听任何人发号施令。"

1962年，加勒比海地区发生震惊世界的古巴导弹危机。美国在意大利和土耳其部署中程弹道导弹雷神导弹和朱庇特导弹，前苏联为挽回战略劣势，在古巴部署导弹。这是冷战期间美苏两大国之间最激烈的一次对抗。谈到古巴和美国长期以来的紧张关系，马尔克斯说：

"我认为，二十多年来，古巴革命一直处于危急状态，这要归咎于美国所持的不谅解和敌视的态度，他们不能容忍在离佛罗里达九十海里的地方存在这样一个样板。不能责怪苏联，如果没有他们的援助，就不会有今天的古巴革命。只要这种敌意不消除，古巴就只能处在危急状态之中，被迫进行自卫以谋取生存，被排除在它所在的历史、地理和文化区域之外。哪一天这一切都正常了，我们哪一天才能进行对话。"

2014 年 4 月 17 日，马尔克斯病逝于墨西哥。

2015 年 7 月，美国与古巴恢复自 1960 年以来断绝的外交关系。

敌对长达 50 多年的"宿敌"终于"冰释前嫌"。

第四部分

不止是回忆，也是永久的创伤

黑夜的遗产：寻访奥斯维辛集中营遗址

奥斯维辛不仅是一个政治事实，而且是一个文化事实，一个历史的和文明的组成部分，是人类非理性的蔑视与仇恨的顶点。

——埃利·威塞尔

1

奥斯维辛集中营位于波兰克拉科夫市以西约 60 公里处。

到了波兰，不能不去奥斯维辛。在华沙我跟波兰外交部的接待人员这样说。

奥斯维辛因此而成为我的波兰之行加入的重要一站。

从我们所住的克拉科夫市区的"欧洲旅馆"出发，出租车在淅沥的微雨中沿着宽阔而宁静的道路疾行，道路两边是不断掠过的葱绿草地，茂密森林，色彩缤纷造型奇异的乡间农庄和田园掩映其中。

大约两小时的路程之后，我们到达森林环抱的奥斯维辛小镇。从车窗看出去，小镇幽静，很少看到行人，在微雨之中一片苍翠。奥斯维辛集中营就在小镇近郊一个空旷地带，地处隐蔽。很难想象，在如此秀美恬静之处会藏有一个残暴的杀戮之地。

看到集中营遗址的时候，我知道我踏上了人类伤痛的一个创口。踏上这块土地，就是踩到了这个世界最残暴的恶行之上。密布的电网、林立的岗楼，森严的高墙。成百万的人曾经在这里如牲畜一样被囚禁，被迫害，被屠杀。站在奥斯维辛集中营遗址前，我真的感觉到在它的上空凝结的悲伤、血腥和恐怖气息。

集中营保持着当年的原貌。高墙内一幢幢排列整齐的楼房看上去像是一座座兵营，暗红色的砖墙、密布的电网、黑色的木制岗楼。

在集中营的入口处，是纳粹镂空雕刻在铁门之上的臭名昭著的标牌"ARBEIT MACHT FREI"（劳动获得自由）。

有两根废弃的钢轨从集中营区穿过，这是当年运送战俘的列车通道。成千上万的犹太人被火车运到这里。火车抵达时，在车站上即被分成两部分，身体强壮的或有利用价值的人被当作苦力暂时存活下来，这些人在悲惨的生活环境中，每天从事 10 个小时以上的劳役。沉重的劳役也是纳粹有计划地消灭犹太人的一个步骤，很多犹太人由于经受不住繁重的体力劳动而被折磨致死。而那些老弱病残或妇女儿童则被骗去洗澡，淋浴头喷出的不是热水，而是剧毒氰化氢毒气。毒气室杀人时，为了不让其他人听到里面的哭喊声，纳粹在室外大声播放圆舞曲以掩盖暴行。

奥斯维辛所辖地区面积达 40 平方公里，包括三个集中营：奥斯维辛主营、布热津卡营、莫诺维策营。莫诺维策营又包括 40 个小集中营，分布在波兰南部整个西里西亚地区。在铁路两边是囚徒居住的排排平房，房内阴暗潮湿，钉满三层木板通铺。最早这是用来养马的营房，囚犯在营区关不下的时候就被关押到这里。一个 200 平方米的房间最多时住过1000 名囚徒。

曾经的囚牢现在成为陈列室，在陈列室的长廊，四壁悬挂着成千上万死难者的遗照和他们的简历。镶在镜框里身穿囚衣被剃光头的男人和女人，面孔是一样的枯槁，目光是一样的绝望。

据波兰政府公布的史料表明，仅奥斯维辛集中营存在的四年多时间内，共有130多万人被关押，其中110多万犹太人、吉卜赛人、共产主义者及反纳粹分子，在这里惨遭杀害。

在微雨中步入地下囚室的时候，我的内心抑制不住地惊悸。

脚下坑洼不平的阶梯就是当年的囚犯踩踏出来的痕迹。当年，在这些昏暗、阴湿、狭窄、缺乏空气的囚室里囚禁着成千上万的犹太人，从焊着铁栏的窗口望进去，囚室中吊挂着当年囚犯穿过的破旧的黑白格子囚衣，他们睡觉用的肮脏的破棉絮，做床用的木板和砖头。我看见斑驳的水泥墙壁有手指甲划出的印痕，有一幅耶稣受难的画像，那是身陷绝望的囚犯用指甲划出来的。

地下室的窗户很小，阴暗而潮湿，人在其中难以呼吸，身体不好的囚犯往往在这里就窒息而死。当年很多囚犯先被带到这里集中再押送到毒气室。

走出地下室，在10号楼和11号楼之间，我看见一道被封死的墙。当年党卫军为了震慑集中营的囚犯，经常在这里枪杀囚犯，这堵墙被称为"死亡之墙"。在那堵黑色的墙壁之下，摆放着鲜花和油灯，那是前来凭吊者祭奠死难者而祭献的。

在集中营东北角有一处被称为"医院"的房间，那是党卫军医生利用犯人进行各种"医学试验"的地方。在集中营西南角的一幢房屋，是为有反抗行为的囚徒准备的"死牢"。整个集中营被带刺的铁丝网围住，每隔20米有一座木岗楼。为了便于监视囚徒，偌大营区内没有一株树木。

10号楼是绝育试验楼。那是纳粹用来为女囚徒做生育实验的地方。

被送到集中营里的女人，首先要做的就是剪掉头发。那些头发被保存起来，成批地送到德国，给专门的工厂做床毡的原料。纳粹撤退时，来不及运走的留在仓库里的女人的头发重达七吨。现在陈列室中陈列着那些女性剪掉的长发，那些长发堆积成山，有的还编着辫子，那是无数欧洲女性被戕害了的青春的生命。

在昏暗的陈列室里，有几个依墙而设的玻璃箱，那里分别陈列着堆积如山的眼镜、牙齿和各种类型的鞋子，有大人的，有儿童的，有男人的，也有女人的。

在集中营里，女性的用途之一就是用来做医学实验，这样的实验只是众多残酷实验的一个。每个做实验研究的人需要150个女人，她们成为专家的实验品。我看见在陈列室中有文字记载："她们被关在一间铅封的屋子里，X光集中在女人的卵巢上，一共要照五分钟到一刻钟。在这手术之后许多女人都吐得厉害，死去的也不少。要是她们能够活过三个月，那些专家还要在她们身上施行一次手术，割掉她们的一部分性器官进行研究。"

2

"一千年会过去，而我们的罪行仍会被记忆。"

汉斯·弗兰克博士，纳粹占领期的波兰军事首领，在等候被处绞刑时如是说。

然而，60年刚刚过去，纳粹的罪行就已经被遗忘，或被无视。

2005年12月14日，伊朗总统内贾德发表讲话称纳粹对犹太人大屠杀是神话，他说："今天，他们已经制造了一个名为大屠杀的神话，并把它置于真主、信仰和先知之上。"

据美联社报道，艾哈迈迪-内贾德的演讲一出，世界舆论哗然，德国外交当天迅速做出反应，称对内贾德的言论感到"震惊和无法接受"。

"大屠杀神话"并不始于今天。《真有600万人死去了吗？——最终的真相》是一本讲述纳粹集中营的书，作者奥斯汀·阿普，费城拉撒勒学院的前英语教授，他在书中详细讲解道："大屠杀就从来不曾发生过。

杀人者没有杀人，牺牲者也没有死去。600万人行骗，用捏造的尸体向德国人民要坚挺的马克。"

"我们在巴比亚尔沟找不到犹太牺牲者的墓碑，在布痕瓦尔德也没有。没有犹太人在任何地方被毒气室杀死，从来没有犹太人在奥斯维辛被焚化，那些烟囱只是面包房而已，它们是面包房的烟囱。"

切斯瓦夫·米沃什是最早对大屠杀神话作出反应的诗人之一。1990年代，结束流亡回到波兰的米沃什一直定居在古城克拉科夫，而他的定居之城就紧邻奥斯维辛集中营。

米沃什在获得诺贝尔文学奖发表授奖演说《我的诗始终都是清醒的》，在谈到在欧洲风起的"大屠杀神话"时，他说：

"我们这个由于大众传播媒体不断急遽增加而变得一年小似一年的星球，正在经历着一项无法界定的过程——这个过程的特点乃是不肯记忆。"

"今天，我们的四周充斥着关于过去的种种杜撰——种种违背常识，违背基本善恶观的杜撰。在用各种文字写成的书中，有百余部否认曾经发生过'纳粹大屠杀'，并宣称它是犹太宣传机构捏造出来的。人既然可能丧心病狂到这样的地步，那么永久丧失记忆又怎么会是不可能的呢？"

"人们不断地修改'大屠杀'一词的涵义，好使它渐渐地完全只隶属于犹太人的历史——仿佛大屠杀的受害者当中并没有包括好几百名波兰人、俄国人、乌克兰人及其他国籍的战俘似的。"诗人感到不可名状的焦虑，因为这件事情给了他一种对不久将来的预感：到了那个时候，历史将会缩小到只变成电视上出现过的东西，至于事情的真相会因为过于复杂，所以就算没有被完全销毁，也会被埋葬在档案间里。

埃利·威塞尔是从大屠杀中幸存下来的作家，他在回应"大屠杀神话"时说："如果我们相信某些道德混乱且精神堕落的伪历史学家的话，大屠杀就从来不曾发生过。杀人者没有杀人，牺牲者也没有死去。奥斯维辛是一场骗剧。特雷布林卡是一个谎言。贝尔根·贝尔森仅仅是一个名字——

这就是有段时间被他们一直声言的东西。他们有几十本各种语言的小册子，警告他们的读者提防关于'德国暴行'的犹太宣传。那些小册子在挪威、南非、法国和美国都能看到，世界别的地方也可能看到。"

"这一切正被说出，被做出，正当一些幸存者，以及许多刽子手，仍在我们中间的时候，"埃利·威塞尔说，"我不知道你们对这一切有何反应。我只能告诉你一个幸存者感到了什么——他不悲哀，他愤怒。"

3

集中营成为思想者的炼狱，那些有幸从死亡营的深渊中走出来的人，成为人类的信使。

无数受害者在后来成了犹太区的编年史者和历史学家，甚至是死亡营里的历史学家。甚至那些焚尸者，那些在自己被处死之前被逼着去焚烧他们同伴尸骨的囚犯们，也留下了不同寻常的记载。他们给世界留下了诗歌和信件、日记和小说的片断。一些已经被世界所知，另一些仍有待发表。

1945 年 1 月，当苏联红军解放奥斯维辛集中营时，营内的幸存者仅有 7000 多人，其中包括 130 名儿童。

匈牙利作家凯尔泰斯是在大屠杀中幸存下来的那些儿童中的一个，他称自己为"奥斯维辛灵魂的代言人"。

凯尔泰斯，生于 1929 年，出生于匈牙利布达佩斯一个犹太裔的普通市民家庭。1944 年，凯尔泰斯 14 岁时被投入奥斯维辛集中营，后又转到德国境内的布痕瓦尔德集中营，直到 1945 年被苏军解放。1946 年开始记者生涯，1953 年成为自由撰稿人，著有自传体小说《命运无常》以及《惨败》《寻踪者》《英国旗》等，2002 年获诺贝尔文学奖。

2005 年 2 月举办的柏林电影节上，一部匈牙利影片《命运无常》再一次使人们的目光聚集到凯尔泰斯身上。由他亲自改编的这部电影和小说一样，主题的表述令人震惊：集中营里也有幸福。"这是大屠杀神话的一个悖论。当我们谈起幸福的时候，读者根本无法想象，这是一种他无法理解的幸福。但是集中营里确实存在某种形式的幸福：当我们感受到一缕阳光的温暖，当一轮绚丽的朝阳出现在集中营的上空，这是一种植物性的幸福；能获准平躺下来，不被殴打；能获准吃饭，不感到饥饿难耐。"

《命运无常》是凯尔泰斯出版的自传小说，从构思到脱稿历经15年，1975年才得以出版。故事的主人公是一个名叫柯韦什的犹太少年，二战中被关进了集中营。在这个他无力抗拒也无法改变的命运的环境里，面对强权，面对生死，少年以独特的视角审视着周围的一切。对他来说，集中营也是人的生存空间，在这个地方发生的一切本该如此，甚至还能感到片刻的愉悦。这样的描写，比起直接展示焚尸炉和堆积如山的尸骨更令人心悸，它的震撼之处在于，这个单纯的少年体验世界的方式：恐惧怎样一步一步地袭击他，而他又是怎样一步一步地适应这种恐惧，学着接受这个世界。

2005年4月，凯尔泰斯在接受法国《读书》杂志专访时说："集中营没有幸存者。我们都是集中营永久的囚徒。一个人要想活着离开集中营就必须穿过地狱。"

"我听到有人说我写'奥斯维辛'这个话题已经太迟，已经不合时宜；说我应该早讲这个话题，至少应该在十年以前云云，然而近来，我再次震惊地意识到，其实任何东西都引不起我真正的兴趣，唯有'奥斯维辛的神话'。只要我构思一部新的小说，总会想到奥斯维辛。无论我在思考什么，总要思考奥斯维辛。即便我所讲的从表面上看完全是另一回事，但实际讲的还是奥斯维辛。为什么说奥斯维辛是'创伤'？并不是因为600万人惨遭屠杀，而是因为，600万人在当时能够被屠杀！真正使人震惊的是什么？是对他们的屠杀吗？不是，是对他们死亡的漠然无知。那些不能从历史中发现更多东西的人会被遗弃，他们的民众也会被遗弃。"

凯尔泰斯说："感谢奥斯维辛，而且还要感谢从奥斯维辛幸存下来的人。另外，也要感谢那些要求，甚至逼迫我们讲述一切的人，因为他们想听到、想知道奥斯维辛的所作所为。"

4

1945 年，在消灭了 600 万犹太人的牺牲的火焰所留下来的灰烬上，坐着 17 岁的埃利·威塞尔。

1928 年 9 月 30 日，埃利·威塞尔生于罗马尼亚喀尔巴阡山脉的锡盖特镇。他和他的 3 个姐妹在一个安宁的家庭中长大，这个家庭牢牢地建立在犹太传统和犹太宗教之上。当匈牙利犹太人开始遭到驱逐时，埃利才 14 岁。锡盖特当时已被匈牙利占领，这个镇子的犹太居民被用那种惯常的羞辱方式装进货车，转运到奥斯维辛。在那里，他看到他的母亲和妹妹被送进了毒气室。后来，他的父亲被转运到布痕瓦尔德时死去。

"威塞尔坐在奥斯维辛留下的灰烬之上，那里的风暴和烈焰曾恐吓过他的生活。所有的东西都被毁灭了，他的家庭被消灭了，他的姐妹中还有两个活着，但他当时并不知道。他无家可归，没有祖国，甚至他作为一个人的身份也成问题——他当时是 A7713 号囚犯，他如同一艘沉船上的水手，站在燃烧过的海岸上，没有希望，没有未来。只有赤裸的记忆保留着。17 岁的威塞尔如同站在灰烬中的约伯，他坐在那里，询问他的上帝，对着上苍发出来他痛苦的'为什么'：

——为什么这些不得不发生？为什么我会幸存下来？亲爱的上帝。

——为什么 600 万你自己的选民被送向了死亡？当他们在奥斯维辛把 12 岁的儿童吊死，在伯肯沃把幼儿活活烧死时，你在哪里？"

埃利·威塞尔在死亡营中的逗留于 1945 年春天在布痕瓦尔德结束，囚徒们被美国军队解放。与一组其他犹太儿童一样，他被送到法国，他在法国的逗留半是恢复健康，半是学习。

威塞尔活了下来，他终于明白活下去背后还有着一个目的：他要成为一个证人，一个传递叙述所发生的一切的人。这样死者将不会白死，或者将会汲取教训。

威塞尔保持了十年的沉默。1958 年他发表了第一部作品《夜》，这是他集中营经历的回忆。

"我们每个人都感觉到必须记录下每个故事、每次遭遇。我们每个人都感觉到必须作为目击者。这也是那些死者的愿望，死者的遗愿。"

1982 年，威塞尔出版包括《黑夜的遗产：埃利·威塞尔作品集》《走出沉默王国》《反抗沉默：埃利·威塞尔的声音和看法》在内的 26 部篇幅巨大的书，他的著作被翻译成许多种文字出版。

威塞尔在加入美国籍后担任纽约州立大学的名誉教授，此外还任波士顿大学人文学教授。他是美国总统倡议发起的美国大屠杀委员会的主席。

从大屠杀经历中幸存下来的威塞尔成为一个"人类观念和宽广的人道主义的强有力的发言人"。

1986 年，威塞尔被授予诺贝尔和平奖。在该年 12 月的颁奖典礼上，挪威诺贝尔委员会主席埃吉尔·奥尔维克在演讲中说："埃利·威塞尔不仅仅是一位幸存下来的人，他也体现着战胜者的精神，在他的身上，我们可以看到一个人，他从惨烈的羞辱中爬出来，成为我们最重要的精神领袖和向导中的一位。在一个世界上仍然存在着恐惧、压迫和种族歧视的时代，我们有这样的向导至关重要。"

面对甚嚣尘上的"大屠杀的神话"之说，威塞尔回答："好吧——华沙和比亚韦斯托克贫民区的反抗者们，你们并没有目睹你们家人被谋杀。罗兹与维尔纳的避难者们，你们不曾看见你们的孩子被敌人带走。索比堡与波纳尔的幸存者们，你们并没有失去你们葬身火海的父母。海乌姆诺和麦达尼克、贝乌热茨和雅诺夫斯卡并非整个社区化为灰烬的地方。纽伦堡审判、法兰克福审判从没有举行过。希特勒从没有打算灭绝犹太人——但接着你可能会问，一个民族消失到哪里去了？那300万波兰犹太人到哪里去了？我村里的和所有其他城市的，在匈牙利、爱沙尼亚、立陶宛、希腊、荷兰和乌克兰的犹太人到哪里去了？他们躲在哪里？如果没有过浩劫，他们又消逝在哪里？"

威塞尔用自己毕生的心血尝试，尝试保持记忆鲜活，尝试与那些健忘者斗争。"因为如果我们忘记，我们就有罪，如果我们忘记，我们就是帮凶。"

威塞尔尝试过，但这并不容易。因为在他周围的人们拒绝倾听，而那些倾听者也拒绝相信，那些相信了的人也不能理解。死亡营里的经历向人类的理解力提出了挑战。

威塞尔没有放弃，如同人类的一个信使，他向世界传达大屠杀的真相，吁求世界公理和正义。

"我发誓无论何时何地当人类遭受苦难和羞辱时，我永远也不会保持沉默。我们必须总是参与。中立只会帮助压迫者，永远也不会帮助受害者。沉默鼓励折磨者，永远不会鼓励受折磨者。"威塞尔说。

5

"劳动获得自由。"

亚努什·克拉辛斯基最初看到这句口号是在17岁，那时，他只仓促看了一眼，因为眩晕就被拖走了。眩晕是因为饥饿，那时候没有东西可吃。和亚努什·克拉辛斯基一起被关押到奥斯维辛集中营的还有17名波兰的孩子，他们是波兰军队的童子军，华沙起义失败被俘的最年轻的军人。

那时候，关在这里的还有 12 万犹太人，有男人，也有女人，有老人，也有孩子。他们被从欧洲各国运来，有匈牙利、立陶宛、奥地利等国。除去犹太人，还有就是苏联战俘。

亚努什·克拉辛斯基进入奥斯维辛之后，被关押在一间地下单人囚室。现在站在囚室中从窗孔望出去，可以看到枯索的白桦树，漆成黑白两色的岗楼，密布的高压电网。

亚努什·克拉辛斯基开始了漫长的苦役，但是，劳动并没能使他获得自由，相反，在奥斯维辛的劳役成为他终身的恶魔。1928 年在波兰出生的亚努什·克拉辛斯基经历了集中营的恐怖，他被投入奥斯维辛集中营不久被转到位于德国的布痕瓦尔德集中营，1945 年又被送到达豪集中营。

"集中营的噩梦"，成为亚努什·克拉辛斯基少年时期的日常生活。

现任国际笔会成员、波兰作家协会主席的亚努什·克拉辛斯基，多年来一直在写"大屠杀"的作品，并获国际声誉。他写作小说、戏剧、电影，各种体裁都写，然而表达的主题只有一个，就是"集中营的噩梦"。

亚努什·克拉辛斯基熟悉集中营里的孩子和女人。他写过两部话剧《死刑，即分期死亡》和《特斯提梦娜家的早餐》，这是两部讲述"奥斯维辛的孩子和他们的母亲的故事"的戏剧，曾在巴黎和莫斯科上演，引起轰动并为作家带来国际声誉。

"在奥斯维辛集中营里有很多小孩，但是没有他们的母亲。他们的母亲都被关押在德国的集中营里。我写过一个小孩，他的母亲是俄罗斯人，在他被关进集中营的时候，他的母亲被关押在别的集中营里。苏军解放集中营以后，有一个波兰的妇女就把这个孩子抚养起来。他有一个俄罗斯的母亲，有一个波兰的母亲。这个故事很有意思。为什么要写这个故事？有一个大学生，他去参观奥斯维辛集中营。他以前是集中营里的孩子，他的同学们对他说，请让我们看看你手臂上刺的数字，他说不要。他不愿意让他的同学们看到那个数字的印迹。因为在集中营里他没有名字，只有在胳膊上刺的数字，那是囚犯的代号。那个孩子参观这个集中营的时候，他找到了一封母亲写给他的信。"

亚努什·克拉辛斯基说自己是在为真相写作。

"我看到过两种集中营，奥斯维辛、达豪、布痕瓦尔德是德国人的；卡廷、加里宁、哈尔科夫是另一种，这三个集中营，两个在俄罗斯，一个在乌克兰。这三个集中营用来关押波兰的军人、警察，还有知识分子、作家、诗人，1940年3月5日，苏联的政治办公室决定，把苏联三个集中营中的波兰军人、警察枪杀，总共2.2万人。这些事情1990年以前在波兰是不让人知道的。"

"解放奥斯维辛集中营的军队中，有苏联的红军。他们应该解放苏联的女人，但是他们没有，而是把她们运送到瓦格——苏联的集中营。因为他们说，你们这些俄罗斯的女人本来是很好的，但是你们让德国人把他们的手放在你们的身上，这是可耻的。你们怎么能这样做呢？如果你们是这样做的，那我们就把你们关到西伯利亚去。所以这些女人，她们开始在奥斯维辛，后来就被运到西伯利亚，这就是那个孩子的母亲的故事。这是一个真的故事。"

后来亚努什·克拉辛斯基根据这个故事拍了一部电影，叫《你记住你的名字》。谢尔盖·科罗索夫担任导演。这是关于一个16岁的孩子在集中营的故事。这可能也就是亚努什·克拉辛斯基的故事。

在1989年以前，亚努什·克拉辛斯基的作品不能出版。第二次世界大战结束，集中营被解放，但是以后亚努什·克拉辛斯基有6年还是在监狱度过——从1947年到1956年，他被当成危险分子被关进华沙一所监狱，直到1956年。那是很重要的一年。亚努什·克拉辛斯基在那个时期写的作品都是他在监狱中的生活和经历，但是这些书无法出版。他的第一部书直到1990年才出版。

在波兰的作家中，有不少是流亡他国的，亚努什·克拉辛斯基对移居西方没有特别的热忱，他在华沙接受我的访问时说："当然我想出国，但是我不能。因为我最想出国的时候，就是我在监狱的时候。过了一段时间，我可以比较自由地出国，比如说我去巴黎，但是我的妻子女儿在华沙，在这个时候我可以留在巴黎，但是我知道我的妻子和我的孩子不能出来。我想跟我的家人在一起，所以我不能出去。这么多年我就在波兰生活，但是我现在不后悔。因为我觉得在这个时代在西方是比较无聊的，但是在这里还是很有意思。如果我去外国，我肯定不会写第二本书、第三本书。如果我去法国，我肯定就会写法国哪些地方漂亮什么的，但在这里，我写我自己看见的、经历的事情，那些事情是生长在时代的心脏里。"

6

厂房一般的焚尸炉在奥斯维辛集中营邻近旷野的地方。

费城的历史学家曾经说："我们在巴比亚尔沟找不到犹太牺牲者的墓碑，在布痕瓦尔德也没有。没有犹太人在任何地方被毒气室杀死，从来没有犹太人在奥斯维辛被焚化，那些烟囱只是面包房而已，它们是面包房的烟囱。"

面包房和焚尸炉之间的区别也许需要费城的历史学家亲自来到奥斯维辛之后可以鉴别出来。我看见的焚尸间，除了它的高炉以外，还有放置尸体的铁车，粗糙的生铁皮焊接起来的一个箱体器具，其规格和尺寸是一个人身体的比例，而不是面包的比例。我看见残破的熄灭了炉火的壁炉被烟熏成漆黑的样子。在1945年，奥斯维辛解放之前，纳粹每天焚烧的尸体超过300具以上，成千上万的人被装到这些铁车里，推到焚化炉，投入到熊熊的火焰中。

对一个历史事实的遗忘、忽视或者蓄意遮蔽正成为现代人做的事情。

不过也仍然有人坚持自己的所见，他们顽强地表达在面对屠杀罪恶时的痛楚和抗议以及忧思。

离开奥斯维辛之后，出租车司机告诉我们，那里曾经是斯皮尔伯格工作过的地方，他载着我们沿路观看，包括奥斯维辛小镇的"犹太聚居区"。

1982 年，斯皮尔伯格买下了犹太作家托马斯·基尼利的小说《辛德勒名单》，为了拍摄这部电影，他做了整整十年的准备。斯皮尔伯格经常称自己是一个美国东海岸郊区的产物，但在文化上，他则是典型的犹太教徒。托马斯·基尼利经常开玩笑地说，他那张脸简直就是一张"古代的波兰地图"。

小时候的斯皮尔伯格经常受到反犹主义的侵扰，学校大厅里突然砸向他的硬币，成为他童年伤痛记忆的一部分。所以当身为犹太人的斯皮尔伯格遇到《辛德勒的名单》时，一部伟大的电影其实已经成功了一半。这将是一部真正能够打动斯皮尔伯格也能打动全世界的电影。这将是一部民族罹难的史诗，它内部蕴涵着宗教式的关怀和对生命的极大悲悯。

1993 年，影片在奥斯维辛集中营的所在地开始拍摄。

《辛德勒的名单》的主人公奥斯卡·辛德勒是一个纳粹党徒，同时也是一个投机商人。在波兰，他雇用廉价的犹太人到他的搪瓷厂工作。本来他是想发一笔战争横财，但当他看到纳粹对犹太人进行的一次血腥屠杀后，心灵受到极大的震撼，从此他开始竭尽全力地保护工厂里的犹太人。为了避免这些工人被送往死亡集中营奥斯维辛，辛德勒声称自己的工厂需要大量工人来维持正常生产，他制定了一份名单并贿赂了纳粹军官。最后，这份名单使一千多名犹太人存活下来。

拍摄一部这样题材的电影，对于一直被认为是商业片导演的斯皮尔伯格来说是一个巨大的挑战。除此之外，他的犹太人身份也不允许他为这部影片加入过多的商业化色彩，此时的斯皮尔伯格经过多年的磨砺，经历了极大的成功与痛苦的失败，已经洗尽铅华，需要的就是彻底燃烧自己的灵魂。

《辛德勒的名单》在拍摄之初就确定了采用商业影片中极少见到的黑白胶片，斯皮尔伯格认为这些黑白的画面就像真相的血浆一样触目惊心。在导演技法上，斯皮尔伯格也抛弃了惯用的手法，整部电影拍摄时，没有分镜头台本，没有机动摄影升降台架，也不用变焦摄影镜头，所有花哨的技术都降到最低程度。

对于电影将来能否吸引观众的问题，斯皮尔伯格解释说："我根本无意关心电影是否保本，我真的第一次有这样的感觉。"

即便没有过多花哨的技巧，但影片还是显示了斯皮尔伯格对于镜头语言精确的把握能力。除此之外，摄影师的用光和作曲的配乐都为烘托影片的主题起到了至关重要的作用。《辛德勒的名单》于1993年12月的第一个星期在美国上映。影片长达195分钟。这并不是美国人习惯的观影时间，但是这次大部分人用神圣和礼貌的态度对待这部电影。许多电影院都发布了一条"行为法规"，建议在看电影的过程中，吃爆米花将被视为不适当。

据说，评论界也一反常态地对斯皮尔伯格大加赞扬。那些一直以来批评斯皮尔伯格电影缺乏艺术价值的影评家们也不禁承认，《辛德勒的名单》是迄今为止拍摄的大屠杀电影中最优秀、最完整的剧情片。《辛德勒的名单》在次年奥斯卡评奖中获得了13项提名，并最终获得了7个奖项。而斯皮尔伯格也终于凭借此片荣获奥斯卡最佳导演奖。

斯皮尔伯格，这位好莱坞电影奇才终于如愿以偿地拍摄了一部真正的艺术电影，凭借《辛德勒的名单》的光辉，他无可争议地进入了电影艺术大师的行列。

"奥斯维辛之所以成为大屠杀的象征，其中一个重要的原因就是，那里有大量来自世界各地的幸存者。"牛津大学波兰—犹太研究所副主任乔纳森·韦伯说，"从死亡数字看，奥斯维辛的确是二战中最大的坟墓，有超过100万的犹太人、波兰人、吉卜赛人和俄罗斯人在那里被劫掠、被屠杀，最后变成灰烬，撒在周围的河流与田野中，但是依然有数以万计的人幸存下来，这些人成为历史的见证和口述历史的中介。"

"而对建在波兰的另外几个集中营，包括特布林卡、贝尔泽克、马丹尼克、索比堡和切莫诺，人们甚至很少听说。其实，那里也许更恐怖，因为几乎没任何幸存者。奥斯维辛包含 40 个小集中营，里面有大量的苦役劳工。其中一部分被送进奥斯维辛的人并不是直接送进毒气室，而是在劳动营里干活，这就给了人们活下来的一线生机。在贝尔泽克集中营，那里与奥斯维辛不同，没有劳动营，只有毒气室，所以在那片只有三四个足球场大的集中营里，有将近 50 万犹太人被屠杀，只有不到 10 个人幸存下来。"

另外，奥斯维辛是一个最"国际化"的集中营。那里的人们来自全欧洲，北至挪威，南到希腊罗得岛。所以，战后全欧洲都知道有这么一个叫做奥斯维辛的波兰小镇，有这么一个死亡集中营。在口耳相传间，那里就成了纳粹德国暴行的化身。

韦伯提醒人们，不要忘记在奥斯维辛之外，还有数千万遭到屠杀的平民。他们被火焰喷射器集体烧死，埋在散落东欧各地的万人坑中；他们被囚禁在犹太隔离区里，因为缺少食物和药品而无声死去。人们至今无法知道他们的确切数量和具体名字，也许以后也不会知道。

"感谢历史学家和那些幸存者吧，"韦伯说，"他们以不同的方式，在有生之年，丰富着我们关于历史的细节。即便大屠杀幸存者这一代慢慢离去，我们还有电影工作者，还有其他的艺术家和许多人一起，不断完善我们对历史和生命的理解。"

伊戈尔·施瓦茨：睡着是梦，醒着是梦，噩梦

伊戈尔·施瓦茨旅行时随身带着两样东西。

一本黑色硬壳封皮的希伯来文《圣经》（犹太教圣经只有《旧约》），一个赭色硬牛皮缝制的矩形小包。包很精美。打开，里边是一个银色的锡质首饰盒，但盒里放着的不是首饰，而是一块从波兰奥斯维辛集中营遗址的焚尸炉上抠下来的、硬币大小的红色石块。

施瓦茨的四位祖辈都死在奥斯维辛集中营，随着焚尸炉的火焰成为灰烬。他的父母当时还小，和成千上万的儿童一起，被关在集中营阴暗的监牢里，战后获救。

见到施瓦茨是在北京。2006 年 11 月，中国社会科学院外文所和以色列本·古里安大学犹太和以色列文化与文学研究中心联合主办"文学与民族意识研讨会"，施瓦茨与会。

会议期间，我对施瓦茨进行了第一次访问。集中营大屠杀是施瓦茨持续 20 年之久的研究主题，他把奥斯维辛看成火焰，他通过文学和思想触摸这团火焰。

2006 年 12 月 11 日至 12 日，伊朗总统内贾德发起国际会议，来自 30 多个国家的 70 余名代表与会，其中大多数都对纳粹曾经屠杀 600 万

犹太人的历史持否定或怀疑态度。代表中还有 6 名穿戴着正统犹太教徒外衣和帽子的犹太人。

2007 年 1 月 26 日，第 61 届联合国大会以协商一致的方式通过决议，谴责任何否定纳粹大屠杀历史事实的做法。决议表示，"毫无保留地谴责任何否定纳粹大屠杀的做法"，"要求所有成员国毫无保留地拒绝任何全盘否定或部分否定纳粹大屠杀历史事实的做法"。

联大是在"国际大屠杀纪念日"到来前夕通过这份决议的。2005 年 11 月 1 日，联合国大会决定将每年的 1 月 27 日定为"国际大屠杀纪念日"。

1 月 27 日，"国际大屠杀纪念日"，我通过越洋电话，再次访问施瓦茨先生。他居住在以色列北部一个叫纳威·沙洛姆的村庄，那是一个由酷爱和平者缔造的、阿拉伯人和犹太人和睦相处的模范村落。

大屠杀的火焰

你旅行都要带着这块从集中营焚尸炉取来的石块吗？你怎么得到它的？

施瓦茨：从 1994 年开始，10 年了。我这个人习惯丢东西，但是这个从来没有丢过。当时我爬到奥斯维辛一个焚尸炉的顶上，抠了一块小石头下来，以后我就随身带着。我知道，这种做法看上去不太理性。

集中营大屠杀，对现在的人来讲很遥远，但你用了 20 年做大屠杀研究，为什么？

施瓦茨：有两个原因，首先我父母就是大屠杀的幸存者。他们都是匈牙利人，在布加勒斯特被捕。父亲先被关在波兰奥斯维辛集中营，战争快要结束时又被送往德国达豪集中营。我母亲也一样，14 岁就被关到集中营里。集中营解放以后，他们结婚了。但 25 岁以前，我很少关注大屠杀历史，从来没看过大屠杀电影，只读过两本书，也没有认真对待。在我的家里，父亲很少提集中营的事，母亲也没有说过什么大屠杀，最要命的是我也不想听，因为我们生长在一个新的国家，我们应该强悍、幸福地生活，我一点也不想听关于大屠杀的事情，对我来说那些事情非常不愉快。后来我父母去世了，他们经历的大屠杀历史我了解得就更少了。

但你还是选择研究大屠杀历史，为什么？

施瓦茨：这就是我要讲的第二个理由。后来我通过间接途径，真正了解了那段历史，这个途径就是阿哈龙·阿佩费尔德，他是以色列当代最重要的作家之一，诺贝尔文学奖提名作家。我把阿佩费尔德当成自己的第二父亲，我对他的了解比对自己父亲的了解还要多。

他也是大屠杀幸存者，从集中营获救的第一天起，他就开始写大屠杀文学，反省那段地狱般的日子。我是通过研究阿佩费尔德这个作家开始真正接触大屠杀的。如果大屠杀是火焰，阿佩费尔德就是手套，我只能够通过阿佩费尔德接触火焰，我想这会让我感觉安全许多。

你怎么消除对大屠杀历史的隔膜感？通常人们对历史总是不热心。

施瓦茨：我告诉你后面的变化。让我改变的是1973年的赎罪日战争。18岁时我到军队服役，参加了那次战争，我的许多朋友在战争中死去，但我们并没有打赢。在以前的战争中，以色列人很容易就战胜了阿拉伯人，但赎罪日战争基本上是失败的。这场战争让我们感受到了二战大屠杀牺牲者的耻辱，战争结束后，大多数以色列人都觉得，自己国家非常弱小，不够强悍。虽然这次战争不像大屠杀，但我们还是经历了一场灾难。从那时起，我就不想听人说以色列民族是虚弱的，但大屠杀历史毕竟代表了一个民族的虚弱历史。

再给你讲另外一个故事，那件事也促使我重新认识大屠杀。有一个叫托尼卡的摇滚歌手，他是希腊人，他的家人基本上都死在奥斯维辛。

战后他在以色列建立了家庭，写了一些关于大屠杀的摇滚。把摇滚和大屠杀结合在一起，让我特别难以接受。但那些摇滚的影响确实挺大的，许多以色列年轻人都是通过他的摇滚乐了解了大屠杀。

大屠杀是20世纪的中心事件，也许也是所有世纪的。但是二战以后，一直就有否定大屠杀历史的潮流，诸如大屠杀从来没有发生过、杀人者从来没有杀人、牺牲者也没有牺牲。你怎么看待这样的言论？

施瓦茨：你看着我，你想想，是我把我的祖父母杀害了吗？是我把他们放在焚尸炉里吗？是我把我的父母在儿童时期就关进集中营里吗？你看看我，你能想象得出来吗？你的问题让我很恼火，但并不是对你恼火，我理解你的工作。

如果我跟你说，二战期间，日本人在中国什么都没做，你会怎么想？你会骂我是疯子。没有大屠杀，当年关在奥斯维辛集中营的300万人哪儿去了？那些关在别的集中营里的几百万人哪儿去了？他们跳进河里游泳去了吗？这些人为什么都消失了？

我去过奥斯维辛，看见过集中营的遗迹，看见过集中营死难者的记录，那是人类永久的恶魇。

施瓦茨：二战中，三分之一的犹太人被杀害，他们消失了。假如我们做一个比较，就是说三分之一的中国人被屠杀，就是说你的爷爷奶奶外公外婆都没有了，你失去了所有直系亲属……想想吧。

当时的犹太人以为自己已经融入了欧洲的文明世界，他们以为有一种所谓的"世界主义"，但后来所有的这一切都毁了。

和平之乡并不和平

大屠杀给犹太民族造成巨大的精神创伤，是否也为犹太民族深植了仇恨？我们看到今天的以色列也在不断地使中东地区陷入战乱和冲突之中。

施瓦茨：这是个复杂的问题。苦难的历史会使一些以色列人对任何东西都不相信，怀疑一切，也仇恨一切。没有奥斯维辛的经历，一个人建立自己的生活就很容易。但是有了这一切以后，所有的一切都变得艰难，他们的一生都将带着这种灾难的烙印。这种经历是一场摆脱不掉的噩梦。我觉得，以色列这个国家就是生活在噩梦里的国家，没有一刻和平。噩梦，在思想里，又在现实中。

在耶路撒冷有一座用圣殿废墟的石头垒起来的大墙，长52米，高19米，这座墙你们叫西墙，是犹太人祈祷的地方。我知道它还有一个名字叫"哭墙"。你能告诉我奥斯维辛和哭墙之间的联系吗？

施瓦茨：你的问题很好。奥斯维辛和哭墙之间有联系。但是我不知道这两者哪一个对我更为重要，我不知道。这个可能更个人化，我也是有宗教信仰的人，但是我和正统的犹太教人士不一样，我和上天有联系，但是不通过任何中介，我不到哭墙那里去祈祷，但是我尊重去那里祈祷的人。

我想我理解你，也很尊重你，但有一个问题我还是要问。2006年8月间，以色列跟黎巴嫩爆发冲突，以色列出动大批军机轰炸黎巴嫩乡村，很多平民死于轰炸。我认识的一位黎巴嫩作家亲历并见证了那次杀戮，他们悲伤，也愤怒。我想知道8月的时候，你在哪里，在做什么？你怎么看待那场灾难？

施瓦茨：我就知道你会问这个问题。好吧，你的问题让我很生气，但是我愿意回答——生气的原因不是因为你。8月的时候，我住在世界上独一无二的一个小村庄，小村庄里面有两个相互冲突的民族，但他们自愿住在一起，那个村庄有一个名字，意思就是"和平之乡"，但实际上并不和平。

以色列这个国家面积跟北京差不多，地方很小，这么小的地方还要分开。因为巴勒斯坦人有巴勒斯坦人的权利，以色列人有以色列人的权利，我赞同以谈判方式解决两边的争端。

但是巴勒斯坦人犯了许多错误，失去了许多机会，每一次谈判我们都答应他们的要求，但在最后一刻他们又改变了。我们犹太人有受难者的体验，我们让自己不再做受难者的唯一方式，就是把命运掌握在自己手里。我确实是真诚地回答你的问题。纵然我们在巴勒斯坦问题上做了许多坏事，但巴勒斯坦也有很大问题，巴勒斯坦人一直没有把握好时机——自己掌握自己命运的时机。

举一个政治上的例子，以色列建国之前，有一些党派，非常极端的那种人，敌视巴勒斯坦。但是在独立战争之后，这些人就达成共识，接受巴勒斯坦这个国家。巴勒斯坦人也想成为一个民主国家，他们有政府、有议会，什么都有，但是却没有人遵守这些民主规则。

可以说得更具体一些吗？他们为什么不遵守民主规则？

施瓦茨：他们不听领袖的话。他们获得了很多资金，但什么事都不做。巴勒斯坦人为什么没有把命运掌握在自己手里？他们应该觉醒，意识到他们应该做些事情，他们应该建立国家和以色列和平相处。如果以色列做了特别可恶的事情，就一报还一报。巴勒斯坦制造人肉炸弹的那些人，采用恐怖手段建造历史，这不是英雄主义的做法，对国家是有害的。我们不想承认他们，他们也不承认我们，我们就像两个邻居，共同居住但相互之间没有爱。

以色列和黎巴嫩的冲突和仇恨，你怎么看？

施瓦茨：对巴勒斯坦和巴勒斯坦人，我们确实有罪。我们拿去了他们的土地，我们应该归还，昨天就应该归还，而不是明天。但黎巴嫩，我们什么也没拿他们的，我们没有妨碍他们。但问题是，黎巴嫩住着一些人，比如真主党，比如恐怖主义者。

你真的要想一想，这不是访谈，而是我们之间的对话。你想想，现在有人居然说要把所有的犹太人都消灭光，把这个国家从地球上抹去，为什么？我们一点都没妨碍他们。如果明天早上日本人说要把所有中国人都杀光，你们会什么都不做？会束手就擒？你走在大街上，有人没有任何理由地把你的妻子抢走了，你会无动于衷吗？

伟大的作家应该是指南针

犹太民族诞生了很多优秀作家、思想家，受难的体验会使犹太人更敏于思考吗？

施瓦茨：这个问题可以给每一个犹太人，不仅仅是作家、思想家。犹太人有两种迥然不同的类型，一部分人是好战的，怀疑一切；另一部分当然是占大多数，他们对苦难非常敏感，有强烈的反省意识，作家就是这大多数人中的一部分。他们一直思考以色列是不是在什么地方做错了，他们也尽量对周围的人心怀友善。但是如果有另一场灾难来临，他们就非常勇敢，具有强烈的挑战性和侵略性。这就是犹太人，超乎寻常，有点极端。

阿摩司·奥兹是你的朋友，他在中国读者中也有一定的影响，你怎么看他？英国《卫报》评论说："奥兹具有启示性天才，能够将以色列复杂的历史融入最卑微的家庭生活中表现出来。"

施瓦茨：阿摩司·奥兹是个伟大作家，他写了20本书了，我编过其中的5本书。我是本·古里安大学希伯来文学系主任，阿摩司·奥兹就在那个系工作，我很难把他当作陌生人来谈。我非常喜欢阿摩司·奥兹，他是个非常伟大的人，非常勇敢的人，非常诚实的人。我就是推荐阿摩司·奥兹角逐诺贝尔文学奖的推荐人之一，我希望他能够获奖。在现阶段，谁是以色列作家最杰出的代表？阿摩司·奥兹。他是以色列的典型代表，一方面在道义上维护自己的生存权利，另一方面，对于对方的苦难，他也非常敏锐，两者结合在一起，就是目前以色列人的感受。

你说阿摩司·奥兹是伟大的作家，你所认为的伟大作家的标准是什么？

施瓦茨：我有一个答案，可能不是一个好的答案。伟大的作家应该成为一个指南针，是他那个时代的指南针。与此同时，他还是勘探器，他能在土壤底下勘探出丰富的资源。好作家就要成为这样的东西。最重要的是，这个人应该有一些内在的品质，他能够让你不断地探索未知事物，具有启示意义，他还能够赤身裸体到森林里，和动物、生灵们一起，观察它们，倾听它们的声音，他应该比较勇敢。最后，当然最重要的就是他要拥有上帝赐予他的才能。

大屠杀文学是世界文学的一部分，很多重要作家都在表达大屠杀的主题，比如匈牙利作家、诺贝尔文学奖获得者凯尔泰斯，他就是用一生的时间表达这个主题。你觉得大屠杀的主题是必须表达的吗？

施瓦茨：凯尔泰斯对大屠杀的思考非常强硬。他以人类的普遍经验来理解大屠杀，而不是以犹太人的体验，他是世界性的。他超越了受难者的体验，把"大屠杀"的经验变成了一种艺术，这种艺术是我们再过100年都需要的。

（本文采访由钟志清女士翻译，在此致谢）

不止是回忆，也是永久的创伤
——马德里"3·11"七年祭

荷兰作家塞斯·诺特博姆打开一张印在书页里的西班牙地图，他手指临海的一个叶片般的图形说："这里就是我的家。"有着荷兰国籍的诺特博姆每年都会拿出多半时间住在西班牙。"我把我的生命也分给了这两个国家，而且在哪里都既是在家又不在家。"

几年前诺特博姆开始环西班牙旅行，对这个他称之为"骑士的国度"进行深入的历史和文化考察。

多年的旅行和写作，离去和归来，绕了很多道，走了很多路。事物发生了变化，政客们离开了，但这个国家的本质和灵魂没有改变。他写出了28万字的长篇游记《绕道去圣地亚哥》，该书出版后即被译成十几种文字，一版再版，畅销欧美。

"2月的西班牙是寒冷的，寒冷而晴朗。从飞机上可以看到城镇就在下面，多石的大地上最好地展现了西班牙的灵魂。"诺特博姆在《绕道去圣地亚哥》中关于马德里一节这样写道。

然而，3月他就看到了西班牙灵魂所遭受的重创。

"3·11"时代的马德里

"现在我们出去旅游时没有了安全感，年轻时，随便坐火车到什么地方，也没有什么安检，现在出门你要把行李打开，鞋子脱下来。"诺特博姆说。

诺特博姆1933年出生，是荷兰当代重要作家，也是诺贝尔文学奖候选名单中的作家。《纽约时报书评》称其为"20世纪乡村说书人"，他每年都会拿出多半时间住在西班牙。

"恐怖主义是世界面临的重要问题。荷兰有一次也发生过类似的事情，2004年，一个伊斯兰极端主义者在荷兰杀死一个叫梵高的导演。"诺特博姆亲身经历过几次恐怖袭击事件，有时候炸弹就炸在他身边。然而对于发生在马德里的"3·11"恐怖袭击，诺特博姆还是感到震惊。他去过好几次"3·11"爆炸发生的阿托查火车站，"那是一个很漂亮的火车站"。

阿托查火车站是马德里重要的地铁和列车中转站，有10条线路贯通东西南北，以马德里市区为中心连接各个镇落。不光有市内运输，也有一些发向全国各地的长途列车。火车站有三层，底层通向地铁，一层和二层开往外地，每天有1385次列车开行。

2004年3月11日早上，23岁的摩洛哥人奥萨马·埃阿姆拉蒂正在阿托查火车站等车，他打算离开马德里去往郊区。前天夜里，浪漫的埃阿姆拉蒂发短信给女友："亲爱的……你是我的生命。我爱你。明天见。"

一般人都在这里中转，火车换地铁或者地铁换火车，不需要走出一层大厅。

阿卡拉是西班牙的一个郊县。路易斯是一幢楼房的租户也是守门人，他每天早晨7点前都到离家240米的阿卡拉火车站去整理每日分发的免费报纸。11日那天早上，他刚刚走上街头，一辆白色小卡车上的三个男人引起了他的注意，三人下车径直走向车站。57岁的路易斯走在最高的男人身后，令他觉得奇怪的是他前面的男人左肩背包，面部围着类似头巾的东西，而另两人头上戴着羊毛帽子，与温和的天气毫不搭调。"看起来好像要抢银行一样。"路易斯对西班牙《国家报》回忆道。

路易斯只是这个清晨忙碌的车站里的一个观众，他拿好免费报纸回到公寓收发室。从门口可以看到那辆小型运货车。他不知道这是辆2月28日失窃正在被追查的车。7点15分，正值上班高峰期，四列载着13枚炸弹和6000名乘客的列车驶入阿托查火车站，没有人想到这是一趟开往死亡的列车。7点39分，列车发生剧烈爆炸，被炸的火车车厢倾覆在轨道之间。几乎与此同时，马德里附近的蒂奥雷蒙多火车站和圣欧亨尼娅火车站也相继发生爆炸。

这次袭击共在四列火车上发生了10次爆炸。这些爆炸是由手机引爆的，爆炸时间被设为当地时间11日上午7点39分。据报道，在13个土制炸弹中，有10个被引爆。在这次恐怖袭击中，192人死亡，其中包括16个国家的43名外国人，2050人受伤，成为西班牙自二战结束以来遭受人员伤亡最惨重的恐怖袭击。这一事件被称为"欧洲的9·11事件"。

西班牙《旅行指南》中有对这次灾难的现场描述："这一天早上，马德里的寂静被急救车的汽笛声和盘旋在天空的直升机的轰鸣声打破。遗体沿着马德里阿托查火车站的铁轨安放，很多急救人员痛苦地站在那里，满目疮痍让他们无比哀伤。在市郊临时搭建的停尸房里，遇难者的名单正通过扩音器向等待消息的家属宣读着。"

3月12日晚，西班牙四千多万人中有1140万人走上全国8000多个市镇的街头，强烈抗议恐怖事件。西班牙警方说，游行人数创了该国历史最高纪录，超过了2003年2月发生的反战游行。

一位集会参加者回忆道："周五晚上，我们加入到马德里街头的游行人群中，街道两旁的阳台上都插满了绑有黑色丝带的西班牙国旗，其他人则静静站立在雨中。从哥伦布广场到阿托查火车站，游行持续了近三个小时，这支夹杂着愤怒和悲伤的游行队伍到达了爆炸发生地附近。"

成千上万的西班牙人噙着眼泪唱着《我们都在同一趟列车上》:"每次看到她哭泣 / 我都如刀割般疼痛 / 永远都会爱着她 / 因为途中 / 我也在同一趟列车上。"那原本是一首西班牙人耳熟能详的爱情歌曲,最后的绝响在人群中迸发出:我们都在同一趟列车上。

关于"埃塔"的简报

"3·11"爆炸案使西班牙境内政治组织"埃塔"成为焦点。"3·11"之后,西班牙政府发言人指出,巴斯克分离组织"埃塔"是这几起爆炸事件的主谋。由于西班牙议会和首相选举于 3 月 14 日举行,警方进入高度戒备状态,防止"埃塔"恐怖组织制造暴力事件。然而,不久之后伦敦一家阿拉伯语媒体收到摩洛哥战斗旅发来的邮件,该组织自称是"基地"附属组织,并宣称对"3·11"事件负责。

2007 年,西班牙国家法院对三名"3·11"恐怖袭击制造者各判监禁 4 万年——事实上,西班牙不设死刑和无期徒刑,规定获重刑的罪犯在监狱待的时间不超过 40 年。

"3·11"爆炸案告破,但是对于西班牙来说,安全并没有到来,恐怖活动并没有完结。

自 1968 年以来,"埃塔"实施暗杀、绑架和爆炸等暴力活动,令 850 多人丧生,被列为恐怖组织。

诺特博姆热爱并熟悉西班牙:"政府一直为一些问题所累,如恐怖主义,更多的暴力牺牲。"他也熟悉"巴斯克"和"埃塔"。他在"一个埃塔葬礼的简报"的章节里形容"埃塔"是"作为神话的谋杀和在神话中谋杀"。诺特博姆在西班牙城市萨拉格萨逗留时,正赶上"埃塔"刺杀了一位将军。

"这位将军是这一年第八十位恐怖活动的受害者了。西班牙的《先锋报》刊登了这个消息,报纸印有照片:照片中只能看到受难者的贝雷帽,躺在挡风玻璃的碎片中;挡风玻璃已碎落在黑色的车前座上,车门大开,阳光照进车内,照片给人的感觉就是死亡。"诺特博姆写道。

诺特博姆看到过"埃塔"组织举行的葬礼:棺材由几个人抬在肩上,棺材上覆盖着巴斯克的旗帜和"埃塔"的字样,棺材里的死者是"埃塔"组织的成员。

诺特博姆在电视上看到过一张脸,那是巴斯克人拉菲尔·爱伯特斯的脸,还有烧焦变形的汽车残骸。爱伯特斯是"埃塔"在法国的秘密谋杀组织领导人,当时爱伯特斯和他的同伴正开车行进,这时他们准备用来制造恐怖的炸弹爆炸了,两人当场被炸死。他们刚从法国回来,为参加"埃塔"夏季军事进攻回到西班牙。警方说他们已参与了那个夏天的三次谋杀活动。

"巴塔苏纳是与恐怖主义的'埃塔'组织有密切联系的政党的名字。尽管有这层关系,该政党在地方委员会、省议会乃至欧洲大会上(大会上他们是唯一不支持反恐怖主义动议的代表)都有发言权。每次恐怖分子被埋葬的时候,巴塔苏纳党都会出现。准备下葬的人按照西班牙国家法律算是谋杀犯,但国家还是允许他们举行自己富有荣誉感的葬礼。"诺特博姆说。

"只了解西班牙大路的人,不是真的了解西班牙,没有在她迷宫般复杂历史徘徊过的人,不知他们在怎样的一个国度旅行。"诺特博姆在《绕道去圣地亚哥》中写道,"西班牙是我一生的挚爱,她带给我无尽的惊诧。"

何塞·马努埃尔：那是可怕的时刻，也是考验国家的时刻

访问时间：2011 年 3 月 11 日

访问地点：西班牙马德里

"那是十分可怕的情景，没法形容。火车上有普通工人、学生、家庭主妇、外国人，有儿童、年轻人，有兄弟、父子。虽然出于保护受害者家庭考虑，我们尽量控制让这些场景在电视里出现，但是那些画面还是很惨烈。"何塞·马努埃尔说。2004 年，西班牙"3·11"恐怖袭击发生的时候，马努埃尔还是西班牙瓦伦西亚大学的法学老师，从事人权研究。

2004 年 3 月 24 日，西班牙政府为遇难者举行国葬。欧洲议会宣布 3 月 11 日为"恐怖主义受害者日"。

最初西班牙政府表示事件的制造者是境内恐怖组织"埃塔"，后来证据显示爆炸由极端伊斯兰组织——"摩洛哥战斗旅"策动。成立于 1993 年的"摩洛哥战斗旅"从"基地"组织获得资金支持和训练条件。

"'3·11'是可怕的时刻，也是考验国家的时刻。我们是在事件发生几个月后开始接待受害者家庭并对他们进行援助的。"马努埃尔说。马努埃尔在萨帕特罗总统当选几个月后，创建了恐怖主义受害者援助部，

隶属于内政部，他担任总指导至今。

恐怖主义受害者援助部负责对恐怖袭击遇难者家属的经济补偿和心理援助，据 2011 年 3 月的《经济学人》西班牙语版报道：西班牙政府已为"3·11"案受害者及其家属发放补助 3.14 亿欧元，用于支付 3555 份由伤者和死者家属正式提交的申请；为在袭击中受伤孩子和死者子女提供奖学金；对在"3·11"爆炸案中来自 16 个不同国家的外国受害者，根据各国继承法，确定并通知了外国伤者或遇难者的继承人，收到 1849 份补助申请。到 2009 年末，所有申请都已被支付。

多年来，西班牙饱受恐怖袭击困扰，除了策动"3·11"的极端势力，在西班牙境内还有巴斯克分离主义组织"埃塔"。"埃塔"是巴斯克语"巴斯克祖国与自由"的缩写。成立于 1959 年的"埃塔"，长期从事暗杀、绑架、爆炸等活动，西班牙、美国与欧盟把"埃塔"列为全世界恐怖组织之一。三十多年来，西班牙已有 850 多人在"埃塔"制造的恐怖事件中丧生。

专访马努埃尔是在 2011 年 3 月 11 日上午 9 时，这一天，马德里正在举办"3·11"遇难者 7 周年纪念活动，整个西班牙也都举行了包括诵读、默哀、音乐会等形式的纪念活动。"但愿某一天我可以说我这个受害者援助总指导已经没有存在的必要，没有人再利用恐怖去表达自己的意见。"马努埃尔说。

经济补偿和整体援助

袭击发生之后，马德里市民自发走上街头举行悼念活动，你也参加了悼念活动，当时的情景是怎样的？

马努埃尔：事件发生当天市民就进行了大规模的游行，抗议恐怖主义行径，与受害者家庭团结一致，同时要求当时的阿斯纳尔政府说明情况，让人民知道事件的确切原因和经过。肇事者很快就被抓获，国家立即派出司法警察进行调查。

那是十分可怕的时刻，也是考验国家的时刻。这些年来，我们一直尽最大努力弥补抚慰受害者。当然生命的丧失无法补偿，但是我们尽力使受害者感受到温暖和关怀，感受到社会的尊敬。西班牙大部分社会机构都参与了这次社会和心灵重建。

你所在的恐怖主义受害者援助部如何开展工作？

马努埃尔：西班牙支持援助恐怖主义受害者的法律已经有很具体的内容。根本来讲，我们主要进行两方面工作。首先是对受害者经济补偿。由于恐怖分子没有任何偿还的可能，国家全力承担了支持受害者的责任，补助了3.14亿欧元进行受害者援助：192位遇难者每人90万欧元；政府建立了一套程序以估算伤者严重程度及后果，根据轻重程度，对伤者支付最少3万欧元的补偿。除此之外，对正在读书的受害者子女提供额外助学金，为其寻找监护人等等。

另一方面是2006年开始的"整体援助"，是指对受害者家人心理的援助。要让这些死者家属及伤者知道，政府没有忘记他们，我们通过心理专家、医生、社会工作者等，为他们提供各种帮助，跟踪他们的发展，陪伴他们的伤痛期、恢复期，直到最后可以重新融入社会。

内政部还进行了一项新的受害者相关立法的起草工作，已送交给西班牙议会。我们也举办和参加各种悼念活动，我3月初还参加了一个纪念前议员以赛亚·卡拉斯科的活动，他在巴斯克地区的蒙德拉贡被"埃塔"组织杀害。我们尽全力开展全面援助恐怖主义受害者的工作，不仅是近年来发生的恐怖袭击受害者，也包括过去的受害者。

对灾难幸存者的救助和抚慰是一个巨大的工程，有哪些经验值得借鉴？

马努埃尔：我们的工作是否取得了很好的成果，应该由受害者和社会来评价。这的确是困难的工作，有一部分取得了令人满意的结果。当一个失去亲人的人在你的帮助下走出痛苦时，你也会感到安慰和鼓舞。

这也是十分脆弱的工作，要有十分的耐心，你面对的是遭遇如此之多灾难的人，不能简单冷淡地对待。

我们还在前进的路上，但现在的情况比任何时候都要好。我无法想象在恐怖分子最猖獗的时候，该如何帮助那么多受害者家庭。受害者人数已经减少了许多，我们可以有机会关注每一个受害者家庭，给予他们持续的帮助，这在30年前物资局限的时候，是几乎不可能的。

"埃塔"正在另寻出路

西班牙多次遭遇恐怖袭击，有来自境外的，也有境内的，这些恐怖组织是怎样构成的？

马努埃尔：从历史上来讲，西班牙大多数的恐怖组织已经消失，它们包括力量已经极其削弱但仍存在的"埃塔"，基本上都是佛朗哥独裁政治到民主过渡时期的恐怖组织；也曾出现右翼极端分子，还有左翼极端分子的恐怖组织，像GRAPO；四五十年前的一些非法警察组织，以及现在最主要的伊斯兰恐怖组织。"3·11"事件是整个欧洲恐怖袭击历史上死亡人数最多的一次。1985年伊斯兰恐怖分子也曾制造过一次恐怖袭击，在马德里的"休息"饭店里，他们安置了炸弹，炸弹的目标是常常来这喝咖啡的美国士兵，因为当时美国一个空军基地就在附近。但是恐怖分子在没有调查清楚的情况下，把炸弹安装在了一个西班牙家庭庆典活动中，二十多人遇害，六七十人受伤，其中有孩子和年轻人。

迄今为止，在西班牙发生过多少次针对平民的重大恐怖袭击？

马努埃尔：不计后果牵涉无辜者的袭击都是由"埃塔"组织造成的。一次是在巴塞罗那一家超市的地下停车场放置了汽车炸弹，造成了几十人伤亡；另外一次是民主过渡初期，在马德里一家咖啡馆制造的汽车炸弹爆炸。

近年来"埃塔"的活动情况如何？

马努埃尔：近年来，"埃塔"组织开始逐渐失去力量，直到2006年，一次恐怖袭击事件终止了停战协议。那次袭击中两位厄瓜多尔年轻人丧生。虽然停战计划以悲剧方式终结，但直到今天，警察、国民警卫，以及西班牙整个国家和民主政治一直在与恐怖主义势力进行对抗，现在"埃塔"正在削弱，恐怖犯罪活动减少了许多。

现在"埃塔"正在试图找寻另外的出路，他们在寻求世界帮助，比如表示放弃武力等。但我们的调查表明，某些"埃塔"的分支仍旧很活跃，比如最近几个被抓获的恐怖分子，在他们记事本里的记录表明他们并没有放下武器，而是仍有明确的目标。但可以确定的是，"埃塔"的力量从未如现在这样削弱，政府有信心"埃塔"会在不久的时间内瓦解。

在法律和人权限制内，强硬打击恐怖组织

政府对待"埃塔"的态度够强硬吗？

马努埃尔：在国家法律及人权范围内，对"埃塔"的打击可以说是强硬的，与恐怖主义的斗争必须是以法律为基础的斗争，必须以神圣不可侵犯的法律和人权为限度，同时也要尊重恐怖分子的人权，这是最基本的。

但政府的态度和立场是明确的：在一个民主社会中容不下恐怖，任何见解都可以自由表达，唯独不可以采用暴力。也因此，"埃塔"组织无论是在西班牙国内，还是在欧洲，都没有自己的位置，它是与历史发展相悖的。不要忘了，"埃塔"出现在巴斯克地区，那里是整个欧洲最繁荣的地区之一，在这样富裕的地方出现一个要求独立的恐怖组织是一

个极大的矛盾。世界范围内，很多类似运动都与贫穷和弱势相关，而巴斯克却是欧洲最富庶的一个地区，因此"埃塔"的行为没有任何理由和借口。

有报道说，"埃塔"的政治分支"巴斯克独立联盟"在组建新党试图参加地方选举，政府会如何因应？按照路透社的说法，法庭将最终决定这一新党是否能参加选举。

马努埃尔：新政党的建立政府无权干涉，而要提交给司法机构处理。政府进行行政管理，立法者建立法律，而一个新政党注册申请的合法性由法官来决定。政府唯一要做的就是让警察部门、国家卫兵部门、公民警卫队、检察院等机构呈交一系列的相关资料，但这些资料由完全自主的司法机构来评定。我们也在等待司法机构的判决，无论结果如何，无论判定合法还是非法，政府都完全尊重司法机构的裁定。

现在欧洲的反恐形势怎样？西班牙在反恐方面有何作为？

马努埃尔：两三年前，我们和其他国家在纽约共同推动了第一届联合国恐怖主义受害者研讨会，我们在经济方面有所贡献，西班牙萨帕特罗政府表达了自己的明确承诺。此后，我们继续在欧盟、欧洲代表大会范畴内参与此类活动。主要目的有两个：一方面在国际上表达支持受害者以及反对恐怖主义的意愿；另一方面也贡献自己的经验和力量来建立一个尽可能国际化的援助受害者的范例，比如我们正在维也纳预防犯罪办公室参与撰写一篇关于如何实践对受害者物质援助的文章。

我们也试图告知国内外有关"埃塔"组织的情况，让世界不要错信"埃塔"是一个浪漫的捍卫平等的组织，让世界知道"埃塔"是由没有任何道德的人操控的。"埃塔"从1968年开始在西班牙活动，产生在佛朗哥时期，但是在民主时期杀害的人数比佛朗哥时期更多，可以这么说，"埃塔"反抗民主比反对独裁更加活跃，这也可以看得出在民主语境之下，"埃塔"是完全不正当的组织。我们在国际范围内说明"埃塔"的事实，并且也收到了欧洲各个机构的正面回应。在法国斯特拉斯堡，欧洲人权法庭法官判决"埃塔"是一个违犯人权的组织。我们应该明白，不仅只有政府可能侵犯人权，恐怖组织同样也在侵犯人权，这也是"9·11"事件之后世界范围内的思考。

"3·11"发生后，舆论也曾质疑当时正逢总统选举，"3·11"是一起政治操作，你认为呢？

马努埃尔：理论上讲，这类恐怖袭击有可能发生在任何国家，不仅仅是西班牙。对于这种阴谋论，我很少理会，我觉得这更类似于个人幻想的故事，不可以当真。恐怖分子寻找一切机会进行破坏活动，尤其是在能对他们进行宣传的情况下，恐怖组织是依靠宣传来生存的。如果我们完全不知道他们，他们的存在就没有任何效果了。只有知道他们能够造成的破坏，社会才会有畏惧感和压力。因此他们总会利用大选和其他国家大事等机会来引起注意。

西班牙是一个已经十分成熟的民主社会，在任何时候，都会理性地做出一切决定，即使最困难的时刻。"3·11"事件发生后，3月14日的大选仍完全按照程序进行。从这个意义上讲，不存在操作的成分，如果有，策划者也会出现在现场以引起人们的注意。

（徐凯、蒋潇对本文亦有贡献）

伊斯兰作家的爱与痛：我的故事就是中东的故事

> 人们被困在里面，我们希望能够打开它，但假如它突然被打开，里面会流出血一样的东西。
>
> ——敦雅·米卡埃尔

一艘旧渔船坐着来自伊斯兰世界的七位作家。

渔船前行划开香江安静的水面，在黄昏的夕照中漂游。即将落下去的夕阳映照着幽蓝的海面，映照着从海面升起的层峦叠嶂似的房屋。

从兵荒马乱的中东抵达香港的伊斯兰作家，乘着渔船穿行在原始的渔村，在欣赏着陌生而奇异的景观的同时，享受着难得的安宁。

中国作家曹乃谦坐在船头，用他随身携带的竹箫吹起《阳关三叠》。伊斯兰作家听着箫声，面孔溢出单纯的笑意。

七位伊斯兰作家来自不同的国家，却共同保持着对事物的好奇感和仁爱心：在沿着攀援而上的阶梯行走的时候，来自耶路撒冷的巴勒斯坦作家穆罕默德·舒卡尔和来自黎巴嫩的小说家哈桑-达欧德细数着阶梯的数字；一只蝴蝶被人折断了双翅，高大的来自拉马拉的巴勒斯坦诗人加桑·察滩把断翅的蝴蝶捡起来，放到紫荆花丛中。

2005 年 11 月 18 日至 12 月 18 日，香港浸会大学国际作家工作坊邀请来自伊斯兰世界的七位作家和两位中国作家做驻会作家，"了解伊斯兰世界及其作家"是该项活动的主题。面对伊斯兰文化和西方现代文化的冲突，文学或可成为交流的一种平台，一种对话的方式。

我不是巴解组织的诗人，我是一个诗人

加桑·察滩是巴勒斯坦诗人、小说家、剧作家，现任职巴勒斯坦自治政府文化部文学及出版总监。

在喜来登酒店浸会大学的欢迎茶会暨作品朗诵会上，察滩朗诵了他的诗歌。浑厚而具有磁力的声音通过麦克风和音响覆盖大厅，在听众中间弥漫，主持人形容察滩是"最具魅力的男人"。

察滩现居拉马拉，在 1994 年他 40 岁时回到巴勒斯坦以前一直处在流亡之中。

"我在 4 岁的时候举家离开巴勒斯坦，住在约旦的难民营里。父亲是一个诗人，他有一个图书室。在难民营里很少有这样的情况，父亲总是带着他的书和孩子流亡。"

察滩在难民营里开始自己的学习生活，辗转到过安曼、也门、贝鲁特，在流亡之中长大，在流亡中参加了巴解组织。

察滩说："我不是巴解组织的诗人，我是一个诗人。"

在成为一个诗人以前，察滩并没有对于写作的具体想法："我只是想做些什么。生活在难民营里，让你感觉有什么东西不完整，你的生活缺点什么。在难民营里你只有漫长的等待，没有什么事情可做。为什么要写作，也许只是为了学习父亲，为了重操父亲的旧业。"

除了是一个诗人、小说家、剧作家，察滩还制作纪录片，资金来源是巴勒斯坦非政府组织和欧洲的民间组织。他的第一个电影主题是加沙

地带的移民。在媒体中加沙地带是狭窄的街道，一些孩子在扔石头。察滩试图改变世界对加沙的印象，他走进了渔民之家。电影的片名叫《狭窄的海》，"为什么叫《狭窄的海》？因为以色列人在加沙设置了墙，渔民不能自由出海捕鱼，只能在狭窄的海里捕鱼。"《狭窄的海》在1995年开罗国际电影节获金奖。

"我必须重建自己与祖国的关系。我们在流亡中也有自己祖国的形象，但这种形象和现实是不同的。"

"巴勒斯坦曾经有很好的戏剧传统，可在1994年以前，所有的剧院、影院全部被摧毁。但是人民以自己的方式上演戏剧，比如在学校里演出戏剧。1994年以后，15万人口的拉马拉有了自己的剧院，每天都会有戏剧上演。观众和演员的关系在长达20年没有戏剧表演之后变得疏远，我们重建了戏剧和观众的关系。我不是剧作家，但是有时候我会把自己的小说改编成剧本上演。我为巴勒斯坦和德国的剧团写的剧作在日内瓦和欧洲的城市上演。我的戏剧主题也是流亡的主题。有时候我甚至喜欢上了流亡的状态。"

察滩是巴勒斯坦作家协会下属"诗之家"的创始人之一。

察滩现在参与巴勒斯坦作家协会的领导工作，作家协会有500名会员。察滩说，作家协会的作家并没有按照指令写作，作家的写作是自由的。

"我的写作更加关注内心的问题，这样一种看待事物和描写事物的方式能够给作品带来鲜活的生命。但是在我的写作里一直有政治的因素，这中间一直有一个沟，你是作为一个政治人物，还是作为一个诗人面对写作？这是我面临的问题。就我个人来说，开始写作的时候我是一个难民，想不陷入政治里面是件奢侈的事情。流亡生活是我作品中的一个主题。我关切的问题是如何寻回我自己，这是我能够为读者带来的信息。"

"对我们这代人来说，巴解组织不仅是一个政治组织，它带给我们希望和梦想。"

我的故事，就是整个中东的故事

穆罕默德·舒卡尔是定居在耶路撒冷的巴勒斯坦作家。

在抵达香港之前一直麻烦不断。舒卡尔不断被人要求解释他的身份。

"我的护照是以色列签发的，可我是巴勒斯坦人。我 1941 年出生，可为我签发护照的以色列 1948 年才建国。"

"我的故事，就是整个中东的故事。1948 年，我只有 7 岁，因为加沙河岸不断的战争和枪声，父亲只好带领我们全家离开故乡。"

舒卡尔的第一部小说就是关于那个被迫离开家园的晚上。

舒卡尔热爱他的同胞——思想家萨义德："他来自巴勒斯坦耶路撒冷，但他是美国公民。在 1967 年前他是远离政治的，1967 年以色列发动战争，那一天开始他变成了政治家。他开始深切感受到他是巴勒斯坦人。他既在美国又不在美国，既在巴勒斯坦又不在巴勒斯坦。但是对自己这种犹疑不定的身份，他是很满意的。他觉得人的身份并不是不变的，身份认同不断在发生变化，你能够不断丰富你的身份认同。萨义德相信美国的民主，但同时他强烈反对美国所领导的暴行，他赞同中东的和平，他支持巴勒斯坦建立一个民主国家。"

《太阳与人》是舒卡尔阅读过的一部小说。这部小说被他看成是巴勒斯坦民族的寓言。故事讲述三个巴勒斯坦人藏在一辆坦克车里偷渡。这三个没有护照、没有身份的人，在通过科威特的时候躲在坦克车里，驾驶员因为中途害怕而逃掉。三个没有身份的人躲在闷热的坦克车里，进退两难，不敢出声，因为一发出声音，就会被人发现，如果被逮住就会马上遭枪毙。结果是那三个人闷死在坦克车里。当他们被发现的时候，有人质疑他们死的意义：他们为什么不敲坦克？为什么不说话？为什么不发声？

舒卡尔说："他们不能说，他们没有身份，他们也说不出声音来。他们的声音完全被湮没掉了。"

没有身份的焦虑是巴勒斯坦人民的焦虑，也是巴勒斯坦民族的焦虑。舒卡尔是一个优雅的老人，待人接物礼貌诚恳，他的面孔坚毅，目光深邃柔和，从外表看不出他是一个生活在战乱之地的老人。

"我的创伤在内心，不在外部。"舒卡尔说。

"我们没有自己的生活，我们一直生活在被占的领土上。在每一天的生活里面，巴勒斯坦的人民都受到各种各样的折磨和痛苦。这样的痛苦太多了，以前的不讲，只讲最近这五年，整个加沙地区每天都会有枪战。巴勒斯坦人要离开被占的领土，到别的地方，从城与城之间，从一个地区到另一个地区，都要检查。这种检查包括车辆检查，包括身体检查。每个过境的人都会被检查看看身上有没有什么炸弹。有一个巴勒斯坦的画家，为了应付检查就把自己的衣服挖出很多洞，因为从衣服的洞就能看到肚皮，那样就不用检查了。"

舒卡尔有很多作品是表现难民营生活的，在巴勒斯坦有两代人几乎都是在难民营中长大的。舒卡尔有两次被以色列士兵关到牢里，一次是1969年，关了一年。一次是1974年到1975年，他被押解出境。出境之后，舒卡尔流亡了18年。

很多巴勒斯坦作家都有被驱逐出境的经历，很多人被关进监狱，作品很难发表，因为巴勒斯坦的一部分仍然在以色列的占领下，也不容易把书带进来。巴勒斯坦作家不能够靠写作来维持生活，他们必须另找其他生计，做教师，做记者，还有的做巴勒斯坦当局的雇员。

"我们日常生活非常艰难，尽管如此我们仍然要过好日常生活。当然我们也会感到很多焦虑，缺乏安全感，但是我们要坚持写作，表达我们自己。"

"写作对我意味着什么？通过写作我能够发现我自己。写作使我感到内心很满足。不写作我的生活反而会很困难。我写作已经有45年了，现在想停下来也不容易，停下来后我的生命怎么办？"

现在舒卡尔大部分时间都是写作和阅读，每天坐在电脑旁写作一两个小时，然后阅读两三个小时。

他的小说被译成数种语言，包括英语、法语和西班牙语。2004 年在约旦的安曼和 2005 年在巴勒斯坦的拉马拉举行的第六届和第十届书展中获得荣誉。2004 年舒卡尔应邀赴美国爱荷华大学国际作家笔会做驻会作家。

作为一个作家，舒卡尔积极参加巴勒斯坦的社会公共活动，他是巴勒斯坦人民党的党员，这是一个左倾的党派，他是这个党中央委员会的成员。

舒卡尔的作品除了关于巴勒斯坦问题、政治问题外，还包括乡村生活和农民问题。最近五年开始写一些讽刺小说，作品有了一些黑色幽默的意味。在这些小说里面有一些政治、体育、音乐界的明星开始进入巴勒斯坦问题，比如迈克尔·杰克逊、拉姆斯菲尔德，还有安南和黎巴嫩一位非常有名的歌手。

"在苦难生活中怎么产生黑色幽默的风格？事实上这是我们困境的一个反应。我们阿拉伯有一句谚语——更糟糕的事情反而会让你发笑。我们把幽默作为武器，比如受到统治者压迫的时候，我们会用幽默加以反击，在文学作品中，我们以幽默面对以色列的暴行，告诉他们尽管面对暴行，我们仍然可以微笑。"

舒卡尔自认为是一个世俗的作家。"我们有基督徒作家，也有穆斯林作家，比如我是穆斯林，但我是世俗作家，很多现代阿拉伯知识分子都是世俗作家，有的作家甚至是左倾的，有些作家根本没有宗教信仰，现代伊斯兰文化在本质上是世俗文化，不是宗教文化，宗教式的作家反而比较少。"

"我们的社会有许多冲突和矛盾，我们有很多保守主义者，也有另外一些具有现代意识的人。因为以色列的占领和美国在中东的政策，促使了中东保守主义的产生，但同时我们有很多知识分子和一部分人，他们赞成现代化，支持现代思想。"

"在日常生活中，比如人们都到清真寺祈祷，这是一个习惯和传统问题，和我们通常说的原教旨主义不一样。原教旨主义是一种政治观点，原教旨主义只是把宗教当作政治武器，普通人不是原教旨主义者，他们祈祷但他们不是原教旨主义者，他们很多观点和原教旨主义是冲突的。"

这场战争持续 15 年之久，但对我来说更久

"我现在住在贝鲁特，在贝鲁特曾经有过战争，15 年的战争。在战争期间我写了第一部小说。"

哈桑·达欧德生于黎巴嫩贝鲁特。内战时期在贝鲁特担任记者，他对阿拉伯世界的政治事件、文化活动的评论，常获欧洲报章刊载。

"在你的国家有一场内战，而且这场内战旷日持久。在这样的情形下，我的写作首先是对这场战争的表达。我非常认真地思考了这场战争，我觉得这样的一场战争让你非得写一部伟大的小说。"

关于黎巴嫩的内战，达欧德写过两部短篇小说集和七部长篇小说。1998 年出版的《企鹅之歌》，被认为是该年度黎巴嫩最佳作品。

"这场战争持续 15 年之久，但对我来说更久。"达欧德说。

1970 年到 1980 年之间，在黎巴嫩每三年有一部小说出版。但是因为这场持续 15 年的战争，现在每年都会有大量的小说出版，那些战争的记忆不断地进入到作家的作品当中。"现在我们就生活在战争阴影之下。在伊拉克的战争影响了我们的生活，在巴勒斯坦的爆炸也影响了我们的生活，让我们备感恐慌。我们不能规划自己的生活，始终处于混乱之中，我们必须思考这些问题：我们的国家对我们而言具有什么样的意义？为什么我的国家这么脆弱？为什么会有这么多的因素影响到我的国家？所有这些都会记录到我的写作中。"

"我的很多诗歌是关于战争和它施予人民的影响的。"米卡埃尔说。

敦雅·米卡埃尔是伊拉克诗人，在伊拉克享有盛名，她的作品被文学评论家称为"风格创新，题材讽刺而有颠覆性"。

米卡埃尔在美国已经生活了9年。在密歇根州的韦恩州立大学进修近东研究学士学位，现职是阿拉伯语语文教师。米卡埃尔1995年离开巴格达，在约旦待了9个月，然后到了美国，从那以后就再也没有回过巴格达。

"事实上我对伊拉克这一两年所发生的事情感到非常困惑，我有一种非常复杂的感觉。我离开伊拉克是——这也是很多人离开伊拉克的原因——因为我觉得作为一个作家不自由，不能自由地出版我所写的诗歌，有一些可以出版，有一些则必须藏在书架上。在伊拉克对文学作品的出版审查是非常严厉的。我希望在伊拉克能够有一个变化，当我离开伊拉克的时候我是这样希望的，希望这个国家的制度会有所改变。"

米卡埃尔经历了三场战争，两伊战争爆发时她15岁，从那个时候开始米卡埃尔把目光投向了战争。两伊战争持续了八年，以后停歇了一阵子，然后又有了入侵科威特、海湾战争。从15岁到30岁离开伊拉克，米卡埃尔目睹了那些战争，因此当美国人宣布对伊战争时，她知道那是什么意思，知道战争意味着什么。

"我非常希望伊拉克能发生变化，但是每一天发生在我的朋友和亲人中的事情告诉我，他们仍然在受难，人民仍然在受难。你知道情况是很复杂的，伊拉克有专制，我们不需要专制，但是在伊拉克到处都有大大小小的独裁者，主要是宗教上的独裁者，而不是政治上的独裁者。在这块土地上的人们总是因为这样或那样的原因而受难。"

"这种受难战前和战后有什么不同？苦难总是苦难。在战争以前你知道那里有一条红线，一条警戒线，作为一个作家我知道我不能超越这条红线，哪些东西我不能发表，哪些东西我能够出版，但这并不是说我会保持沉默，我运用象征、神话来掩饰我所要表达的东西。"

"我曾经在我的诗歌里用石榴作为象征，表示一种被困的状况。在我离开这个国家以后我用的象征就越来越少了，因为我不再需要这么多象征。但是现在我要是打电话给我的朋友，根据他们的描述，仍然像被困在监狱里一样，只不过他们是被困在家里，他们很害怕外面所发生的一切，害怕把孩子送到学校里去，害怕待在街上，因为那儿随时可能发生爆炸。所以你不知道会发生什么事情，甚至也不知道那条红色的警戒线到底在哪里。所以就像石榴——人们被困在里边，我们希望能够打开它，但假如它突然被打开，具有讽刺意味的是，它会变得更糟糕更乱，里面会流出很多血一样的东西。突然打开只会造成更乱的局面。"

米卡埃尔 1993 年在巴格达出版了一部诗集《不在的赞颂》（也有译作《缺席的诗篇》）。因为写诗，她被邀请到中东以及欧洲国家访问。1995 年出版了另一本诗集《海浪的日记》（也有译作《外海之浪的日记》），米卡埃尔认为这本书很重要，它改变了她的生活。这部诗集是关于伊拉克和它经历的两场战争，一个是两伊战争，一个就是美国领导的反对伊拉克的战争。这部长篇散文诗被认为是一部关于战争对人民影响的文献性作品。这本书也运用了好多象征与神话。米卡埃尔想在巴格达出版这本书，所以就送去审查，审查人员说我们可以出版，但是有一些段落必须删掉。

"这段是关于宙斯神的内容——我描述的神话中的战争之神，通过他来描述萨达姆，而审查人员很聪明，他们感觉到这点，所以说必须删掉。我说这本书内容本来不多，这一段再去掉的话，就不能称其为一本书了。我把这本书送去印刷而没有抽掉这部分内容，然后我把一切放进行李箱，准备离开。因为我有一个文化节的邀请，我到了约旦。这个文化节本来还要迟一些才开始，但我让他们早一点给我发来了邀请函，在伊拉克如果你有文化方面的邀请，可以不用别人的陪伴而获准离开伊拉克。这是一个很长的故事，我花了很多时间、精力、金钱才离开。"

2001 年，米卡埃尔荣获联合国人权写作自由奖。

2004 年，米卡埃尔在美国出版了诗集《这场战争多么勤奋》（也译作《战争孜孜不倦》），她在里面写了伊拉克所发生的事情，其中有美国虐俘的事情。另一首诗《一个急切的召唤》就是针对那个虐俘的女兵，她折磨犯人，和萨达姆做着一样的事情，因此存在着一种针对她的急切的召唤——离开伊拉克，回美国去！另外一首诗《装骨头的袋子》，是关于萨达姆所做的事情。"我反对任何造成伤痛和灾难的人们，不管是美国人还是伊拉克人。"米卡埃尔说。

米卡埃尔用阿拉伯语写作。有的书是翻译成英语的。萨达姆被推翻后她一直没有再回巴格达。

"如果我是单身的话我可能会回到伊拉克去。但是我现在有一个四岁的女儿，她始终让我觉得我应该好好地生活，我一定要让自己安全。"

阿尔伯特·伦敦奖：关注世界的伤口

他去世半个世纪以来，阿尔伯特·伦敦奖对法国新闻记者而言是对其职业生涯的最高奖励，获奖者都是法国新闻界最知名的记者。这足以证明这位四海为家具有诗人气质的记者的重要地位，他影响了一代又一代热爱写作、热爱真理、敢于冒险的年轻人。

希望有一天，获奖者能说一声"阿尔伯特，谢谢你既教会我们无情揭露又不至于变得冷酷无情"。

——伊夫·库里叶，纪录片《阿尔及利亚之战》导演，

1966年阿尔伯特·伦敦奖得主

用记录抵御暴行

里蒂·潘是第20届阿尔伯特·伦敦新闻奖音像奖获得者。

他的获奖作品是电视纪录片《死亡机器》，该片在2003年6月2日问世，在欧洲得到热烈的反响。里蒂·潘1964年生于柬埔寨金边。他一直致力于拍摄揭露战争中屠杀罪行的纪录片，收集了众多受害者和虐杀

者的资料，汇集成一部集体回忆录。

2004年5月10日，里蒂·潘在金边做他新纪录片的剪辑工作，无法脱身到北京领奖。他发来了致谢辞，由评委代为宣读："在柬埔寨的佐恩埃的大屠杀坟地，数百具的头骨可怕地点缀着这块土地，使人记起当年的暴行。从1975年到1979年，在柬埔寨数百万人死去。佐恩埃的坟地是本世纪最野蛮的统治者之一留下的种族灭绝的众多痕迹之一。"

里蒂·潘认为《死亡机器》是他职业生涯中最重要的作品。

"通过这部纪录片的拍摄，我们有机会重新面对当年的战争罪行。同时，我们也提出一个问题：为什么会有这样的灾难上演，为什么会有同类的悲剧发生？"里蒂·潘说，"我不知道有没有答案，但我知道如果我们对这些灾难不闻不问，还会有更多的灾难发生。这样的情况是我们不愿意看到的。拍摄《死亡机器》的影像，记录种族灭绝的罪行，是因为我们有这样的愿望，希望我们所做的工作就像中国万里长城的一块砖，它帮助我们建筑一道能够抵御人类暴行和灾难的长城。这就是我们工作的意义。"

亨利·阿莫洛是阿尔伯特·伦敦新闻奖评委会主席，他专程带领数十位评委从巴黎到北京，为获奖者授奖。阿莫洛把阿尔伯特·伦敦新闻奖看成是法国的普利策奖，"对法国新闻记者而言，它是对其职业生涯的最高奖励。"

"阿尔伯特·伦敦新闻奖从1933年设立以来，一直坚持表彰那些优秀的法语记者，只在1940年到1945年'二战'期间暂停过颁奖。它表彰的精神在七十多年的历史中没有什么变化，这个不变的精神就是记者的勇敢与正直，新闻的公正与独立。"亨利·阿莫洛说。

对卢旺达种族屠杀和伊拉克战争的深入报道使克里斯托夫·阿亚德获得第66届阿尔伯特·伦敦新闻奖文字记者奖。阿亚德在法国驻华大使馆接受嘉奖的时候，他的一位名叫埃比的同事刚刚在科特迪瓦的武装冲突中失去生命。阿亚德向这位同事致以敬意，他接着说："现在，世界上还有 150 位从事新闻行业的同行正在被监禁，还有很多记者在战争和灾难以及武装冲突中献出生命，我向他们致以诚挚的敬意。"

"尽管新闻这个行业的技术已经发生了很重要的变化，但是文字采访一直是这个行业的基础工作，通过这个工作我可以走遍世界各地，我可以到很多地区去，把我的所见所闻记录下来。"阿亚德说。

克里斯托夫·阿亚德，1968 年生于斯特拉斯堡，为《解放报》编辑部主任、国际版编辑兼记者。2001 年起，阿亚德撰写了系列文章：《关于伊拉克：伊拉克持久战，愤怒，反抗》，人物专访《拉马丹》，还有关于卢旺达的报道《大屠杀十年后》。这些报道使他荣获本届阿尔伯特·伦敦新闻奖文字记者奖。

"阿尔伯特·伦敦新闻奖表彰那些关注世界的伤口、关注人类问题的杰出的新闻记者，"克里斯托夫·阿亚德说，"卢旺达的种族灭绝和伊拉克战争就是当今这个世界的伤口。"

"卢旺达是很贫穷的一个国家，只有一点茶和一些咖啡而已，伊拉克曾经是一个富有的国家，但因为战争而陷于贫困。西方国家对卢旺达的兴趣远远低于对伊拉克的兴趣，就是这个不被关注的地区发生了导致 100 万人被仇杀的灾难。"阿亚德说。

从 2003 年 10 月到 2004 年 1 月，阿亚德前往伊拉克采访，2004 年 3 月，他再次回到卢旺达，寻找那些灾难的遗迹。现在卢旺达已经没有危险，很平静，已经看不到十年前所进行的屠杀的血腥，而现在的伊拉克依然很危险。

"在这个世界经常会有谎言，记者要到新闻的前沿，把真相和事实告诉人们。我很愿意到那些动荡的国家去。但我在工作中会很小心，不做无谓的冒险。我认为最重要的是能够安全地回来，然后才能够保证把我看到的事实和真相向世界传达出来。你最重要的责任就是尽你最大的可能，真实、正直地反映事实，勇敢地接近事实和真相。"

当被问到"在你的记者生涯中是否有不能接近的真相"时，阿亚德回答："很多记者会遇到职业受到限制的情况，我也会。在叙利亚，我就无法看想看的事情。我属于比较幸运的，有一个法国护照，到任何国家相对都是自由的，不会被轻易投到监狱。在非洲，就有很多同行被关押。"

"但真正阻碍我接近事实和真相的，更多是我们自己工作得不够。只要努力，很多障碍我们都能克服，都能突破。"阿亚德说。

我们不是秃鹫

"半个多世纪以来，阿尔伯特·伦敦的名字在法国始终是传奇人物的同义词。正是因为他，新闻记者在法国才成为受人尊敬的高尚职业。在他以前，记者这个行当被认为是一些'没有情感的秃鹫'、国际流浪者或带薪的游手好闲之徒。"亨利·阿莫洛说。

阿尔伯特·伦敦19岁时离开出生地维希，先到里昂，后到巴黎谋生。从那时起，他一直向往成为一名诗人，一生都在以自己的方式做一位诗人。在经过议会新闻采编的学习培训后，他于1914年发表了第一篇文章。这是他辉煌记者生涯的开端，从此以后他的足迹遍布世界各个角落。

阿尔伯特·伦敦的笔端触及各个方面："一战"各主战场的前沿阵地、邓南遮征服阜姆、俄罗斯大革命、环法自行车赛、疯狂中的中华民国、圭亚那卡宴苦役犯监狱、北非惩戒营、法国疯人院精神病人的生存条件、马赛的国际多元化、苦役犯迪奥导纳的逃亡、被贩卖的非洲黑奴和阿根廷白人女奴、吉布提采珠人以及巴尔干国家的恐怖分子……

整整18年间，阿尔伯特·伦敦没有喘息过，只有在途经巴黎去看望女儿或路过维希去看望双亲时才得以休息片刻，这无疑是两个他最愿意停泊的地方。他的冒险生涯所采访和记载的人物有国家元首也有平民，有革命者也有将军，有废黜的国王也有走私分子。

在法国，阿尔伯特·伦敦被称为"一位奋不顾身披露人间苦难的人，一位献身自己的理想而不屈从权贵的人，一位唤醒人们良知的人"。

从 1999 年开始，阿尔伯特·伦敦新闻奖评选委员会开始追寻阿尔伯特·伦敦的足迹，相继在他走过的地点颁奖：1999 年在卡宴——他曾极其愤怒地揭露和抨击这里的苦役犯监狱和苦役犯的生存条件，使政府当局改变了政策；2000 年在科什维尔——这是他报道的环法自行车赛在阿尔卑斯山区的重要一站；2001 年在兰斯——在这座城市的这座大教堂前，他详尽描述了 1914 年在德国炮火轰炸下法国人民的苦难生活；2002 年在莫斯科——他曾是俄国十月革命后第一个进入"苏维埃人的俄罗斯"的西方记者。

2004 年，在阿尔伯特·伦敦第一次到达中国 80 年之后，阿尔伯特·伦敦奖来到了中国。

无法问世的中国报道

1925 年，阿尔伯特·伦敦听说中国正陷于军阀混战，他一向关注底层人民生活，希望了解在这种状态下的中国。他乘坐着轮船，在海上漂了 60 天，终于到达中国。

当时在中国和法国之间，交通工具很少，只有船。只有很少的法国记者到中国来采访。

当时的中国是一个不被人所了解的世界，"你可以想象一下，1911 年在法国有多少中国人？总共不到 300 人！当时的中国和世界完全是两个世界，是没有可能发生碰撞的两个世界，只有通过外交官，通过记者，或者通过西方的传教士来传达两个世界之间很有限的信息。那是一个非常慢的时代，一个不动的时代，阿尔伯特就是在这样的时代到达中国的。"亨利·阿莫洛说。

在 1925 年的时代，欧美记者对中国所获取和了解的信息极为有限。

他们来到中国的土地，带着他们的偏见，或者是天真的想法。他们的读者对中国的了解就更少了。那时候的记者所采取的常用手段是印象式的对比方法。

阿尔伯特·伦敦是一个非常独立的人，像一个独行侠一样，把他所看到的问题、事实和真相用当时读者所能接受的语言记录下来。1925年的中国之行，他对中国所了解、所看到的就是内战和内战之中的人们生活的现实。结束这次中国之行后，阿尔伯特·伦敦写出了《疯狂的中华民国》和《为上海而死》。他描绘了很多那个时代的中国社会现象，描写了当时中国人民的伤口。

他的最后一次出远门旅行是1932年，来中国做一项敏感的新闻调查，有人说是调查军火走私，也有人说是调查贩毒，具体是什么，他没有向任何人透露任何情况，带着秘密出发。

1932年5月16日，阿尔伯特·伦敦从中国上海返回法国，中途因其乘坐的乔治号蒸汽船在红海失事而遇难。

"人们不能忘记他最后一次采访的主题是中国，那是一篇永远无法问世的长篇报道。"亨利·阿莫洛说。

阿尔伯特·伦敦遇难后第二年，他的女儿弗洛丽丝·玛缇娜·伦敦将自己的全部财产都捐献给了阿尔伯特·伦敦新闻协会，每年颁发阿尔伯特·伦敦新闻奖，表彰40岁以下、讲法语的优秀年轻记者。

"伦敦新闻奖评委会不会忘记从1925年起在阿尔伯特·伦敦的职业生涯中占据重要地位的是中国。2004年是中法文化交流的一年，我们就把新一届的颁奖仪式放到北京。这也是对阿尔伯特·伦敦的最好纪念。"

"从阿尔伯特·伦敦时代到今天我们的时代，一切都变了。但唯一没变，也不能改变的是他留给我们的遗产：独立，走出去见证事实，拒绝一切对事实真相的研究或表达的限制或束缚。"亨利·阿莫洛说。

"不是解释，而是展示；不是讲解，而是叙述。这就是阿尔伯特·伦敦的力量所在。"

来到中国的法国新闻奖

阿尔伯特·伦敦新闻奖由阿尔伯特·伦敦的女儿弗洛丽丝·玛缇娜·伦敦为纪念她父亲而设立。阿尔伯特·伦敦（1884—1932）是法国最著名的记者之一，完成第二次采访中国的计划后，由上海返回法国马赛途中，于1932年5月16日因海难去世。

1933年，阿尔伯特·伦敦去世一周年之际，首届阿尔伯特·伦敦新闻奖颁出，此后每年在他的遇难日为"最佳文字知名记者"颁发此项奖，奖励全球范围内40岁以下、以法语写作的优秀记者。1985年，在亨利·德·图雷纳的倡议下，评审团设立了阿尔伯特·伦敦音像新闻奖。每位获奖者获得20000法郎（现约合3077欧元）的象征性奖励。

第五部分

在东亚的天空下

平山郁夫：核时代的救赎

当时日本的国家领导层，如果早一个月，甚至早两周接受波茨坦宣言，就可以避免广岛和长崎遭受原子弹轰炸，可以避免 30 万无辜平民的死亡。

——平山郁夫

1945 年，平山郁夫 15 岁，在广岛读初中三年级。战争已经到最后时刻，从一个 15 岁孩子的眼光来看，这个战争已经到走投无路的境地。平山郁夫的不少同学，还有更小的儿童，都被动员到后方从事军事劳动，为前方生产军需品。美军经常空袭，有一次炸弹就落在离平山郁夫十几米远的距离。炸弹爆炸的瞬间他被气浪甩到很远的地方，很多人被爆炸粉碎的岩石所伤，聚集在人们内心的恐惧一天天地增长。

就在这时，更大的恐惧来临——8 月 6 日和 9 日，美国在广岛和长崎投下两颗原子弹，两座城市成为遍布残骸的死亡之都。

平山郁夫在这次浩劫中死里逃生。在事后 20 年内，平山郁夫逃避各种回到广岛的机会，作为画家，他也一直没画过广岛核爆题材。34 年后，平山郁夫完成画作《广岛生变图》，表现了他对于广岛爆炸的恐惧记忆：漫天大火，燃烧的广岛；熊熊火焰中，站立着佛教怒目金刚"不动明王"。

2005 年 7 月，平山郁夫作为联合国教科文组织亲善大使来到中国。作为享有国际声誉的日本艺术家，平山郁夫多年来致力于世界自然与文化遗产的保护、修复工作。因为少年时代经历的战争恐惧，平山郁夫成为一个坚定的和平主义者，数十年来身体力行，关注在世界冲突地区的历史文物的保护，他目睹过 1990 年代被南斯拉夫战争毁坏的杜布罗夫尼克旧城区；考察过 2000 年阿富汗塔利班政权对巴米扬大佛的摧毁；见证过 2003 年伊拉克古迹在战后大规模的抢掠。

核时代的日本

现在回忆 60 年前的广岛原子弹爆炸，你还能记住当时的情景吗？

平山郁夫：我记得是在 1945 年的 8 月 6 日上午 8 点 15 分，美军投下第一颗原子弹，这颗原子弹在广岛市 600 米上空爆炸，爆炸造成 10 万人以上的死亡，他们中绝大多数是平民。这是战争的策略、手段，非常残酷。如果知道了战争的起因就会明白为什么美军要给日本投下这样的炸弹。现在回想起来看，当时日本的国家领导层，如果早一个月，甚至早两周接受波茨坦宣言，就可以避免广岛和长崎遭受原子弹轰炸，可以避免 30 万无辜平民的死亡。但是当时的日本领导层还在垂死挣扎，所以经历了那样惨烈的浩劫。

在战败前一两个月，从国力来看，或者从物质条件、精神条件等种种方面来看，日本已经处于瘫痪状态，完全没有希望继续进行战争。但是当时日本的领导层孤注一掷，牺牲一切，驱使普通士兵，包括老百姓，把他们推到前线。日本的很多城市在那时遭到美军持续轰炸，直到后来广岛和长崎原子弹爆炸，日本有很多很多的老百姓白白送死。可以说，那些平民的死完全是被动的，包括牺牲在战场上的普通士兵。除此以外，还有很多日本军人死在非战斗中，在南方，包括菲律宾，那里有很多的日本士兵，他们死在什么情况下？不是死在战斗当中，是死在饥饿中，他们没有吃的。还有因为传染病病死的，他们得不到医疗救治，大部分人就死掉了。

1945 年 8 月 9 日，苏联军队参加作战，迅速猛烈地开进中国战区，苏联红军进来以后日本军队就被打垮了，被打散以后，很多士兵就留在后方，在那里就死去了。除了士兵，死亡的还有很多是当时去满洲准备从事农业生产的日本农民。可以说，如果早一个月，甚至早两周接受波茨坦宣言，那么也可以避免后来发生的南北朝鲜分裂。当然历史不能假设。我想说的是，战争的残酷，不仅给战争受害国造成巨大灾难，对发起战争的一方也造成巨大的灾难。

战死的日本士兵让我们想到靖国神社。在日本，你是对小泉首相参拜靖国神社公开提出批评最多的人，你的理由是什么？

平山郁夫：是的，我不赞成首相参拜靖国神社的做法，因为他没有把那些发动战争、指挥战争的领导层和普通的士兵、普通国民、非战斗人员区别开，这是在混淆是非。对于过去发动战争的罪责不去追究，不去反省，完全颠倒黑白混淆是非。

战争年代，他年纪很小，才三四岁，对战争带来的苦难没有亲身的经历和体会。他完全不知道过去战争的真实面貌。实际上，对于很多战争中的遗属来说，他们的亲人就是白白地献出生命，就是国家遗弃了他们。因为国家完全知道没有能力再进行战争，但是为了所谓的国家荣誉就把他们送到前线。日本完全不顾客观的条件，像发疯似的投入战争，在战败的命运到来的时候还在垂死挣扎，不顾一切，牺牲一切，坚持战争，很多人是白白地牺牲。对那些战争的遗属来说，他们的实际感受就是这样。

现在国会大部分议员当年也都年幼甚至还没出生，没有亲历过战争，对战争的灾难不能体察，所以他们都很少反省战争的罪责。小泉首相在口头上讲，他去靖国神社是慰灵，但是他慰的是什么灵呢？如果小泉首相真的要做到他所声称的那样，他就应该不分自国和他国，对所有一切在日本军国主义战争中牺牲的那些老百姓，所有受到伤害的军人，对那些生灵表示哀悼，这是我可以理解的。但是他现在所讲的话，所做的行为，是黑白不分，是非混淆，我就不能接受他这样做。

日本对待战争的态度和德国对待战争的态度不一样，德国对二战有很深刻的反省和很诚挚的忏悔，日本为什么没有，这是政治问题还是文化问题？

平山郁夫：我觉得德国和日本有很大的不同，德国战争的责任完全归咎于纳粹。希特勒是一个独裁者，他为了巩固自己的权力彻底镇压了反对派。希特勒倒台，战争结束以后，过去被希特勒镇压的反对派迅速崛起，可以彻底清算希特勒独裁统治时期的罪责，包括发动侵略战争的责任。但日本是一个天皇至上的国家，神权思想和军国主义的势力笼罩整个日本。1945年以后日本被美国占领，美国解体了日本400万的旧军队，同时那些参与战争的官僚——经济界的、工商界的，这一层中间力量、骨干被驱逐出政治舞台。这些人退出去以后，新上来的一批人设计国家道路，制定宪法，想把日本改成民主体制的国家，所以在战后，日本出现一批民主改革的势力，新一代的年轻人承担起国家改革的责任。但是没多久，朝鲜战争爆发了，东西方冷战重新开始，美国要利用日本，就把它当挡箭牌，美国需要扶持一些军事力量，所以以前被驱逐的那些官僚又重新掌握权力，继续控制国家。改革就半途而废了。到第二代、第三代，现在甚至是第四代，年轻的政治家对战争的记忆已经淡薄，对于战后的历史也认识不够，他们无法像德国人那样反省战争的责任，也不能像德国人一样忏悔侵略的罪恶。

我在极端的日本

川端康成 1968 年获诺贝尔文学奖时的致辞是《我在美丽的日本》，大江健三郎 1994 年获奖时的致词是《我在暧昧的日本》，这两个作家对日本观察和体验是如此不同。我想问，日本在你的眼中是什么样的？

平山郁夫：16 世纪，西方国家的传教士来到日本，他们发现日本的老百姓待人很亲切，不仅仅是有身份的人，包括农民，几乎所有的日本人对外国人都很亲切，而且那些农民也都识字，可以写汉字，很有教养。我想要说的是，日本本来就有很好的传统，在日本文化里，比方对老人的尊重，对他人的尊重，讲究礼仪，讲究安静平和，这些东西是日本人在很早很早以前就保持下来的美德。但是到了明治维新的时候，日本要向西方学习，就把固有的东西全部否定，日本成了否定自己的文化、崇拜西洋的国家，西方的文化什么都好，日本所有的，过去固有的日本民族的美德，这些东西都被否定。日本发展成一个极端的社会。这是我见到的日本。

战争使中日两国蒙难，也使中日两国人民淤积起敌意，中日人民如何化解宿仇？日本民间有什么样的作为吗？

平山郁夫：非常遗憾，5 月份后，因为政治原因，中日两个国家在交流方面出现了一些问题，交往也出现了停滞的情况。我们必须想办法克服这个问题，让中日两国承担下一代责任的年轻人相互加深理解，友好地相处。从这个角度讲，我们也希望中国的民众能够到日本去，通过现实观察来看日本的社会状况，加深两国间的了解和沟通。到日本也能看到日本民间是如何保护中国文化遗产的。

中国有很多自然和历史的文化遗产，它们是日本文化的源头。日本有一种宫廷音乐叫雅乐，实际上是从中国传来的。

中国唐朝的宫廷音乐在 1200 年以前传到日本，包括当时同样的服装，同样的乐器都在日本得以保存。唐朝的宫廷音乐在中国已经完全绝迹了，日本却是代代地传承下来。中国人听了以后非常吃惊。比如日本的一些寺庙，它有一些祭祀活动叫松明节，就是举着大型火把来参加祭祀的，这个也是在很早的时候由中国传来的。即便是发生战争，或者是其他的问题，东大寺都会举行类似的祭祀活动，它是传承了1000多年的活动。这个完全是来自中国的。

我们从更长的时间来考虑的话，日中两国应该考虑，比如说中国是创造了自己文字的国家，而日本是把中国的文字引进到了日本，通过音读或训读的方法，或者通过汉字的意思的方法运用到自己的语言之中，可以说是在中国的文字基础之上创造了日本的假名，并且使中国的文字在日本得到了很好的运用。

中国的文字最初进入日本被原封不动地使用了几百年之久，而且广为日本人喜爱。中国文化是日本文化的源泉，希望有更多的日本的年轻人到中国来学习它。也希望中国的年轻人到日本去理解在中国已经绝迹的文化。这些文化在日本仍然被传承，而且是活灵活现地保存下来。能不能使在日本保存的这些已经在中国绝迹的文化重新回归中国这个娘家，通过这些做法来加深中日两国的相互了解？

文化的差异已经越来越多地导致文明的冲突，文明的冲突又会加剧世界的动荡和武装干预，这是现在世界的困境。

平山郁夫：我觉得我们应该跨越政治上的歧见，把政治和文化区别开来，降低有可能导致双方冲突的紧张关系。现在关系紧张的还有日本和朝鲜，日本和韩国。我曾经去平壤访问过10次，虽然政治体制不同，包括有朝鲜人绑架日本人的问题，朝鲜核武器以及导弹问题，但是我觉得可以通过我们的努力，通过文化的交流超越这些问题和麻烦。去年我去平壤，最终帮助平壤把它的高句丽古墓纳入世界文化遗产来保护。

世界很多国家很多民族，都有自己传统的固有的文化艺术。哪怕一个很弱小的国家，一个很弱小的民族，它所有的文化艺术也应该受到尊重。如果自己暂时没有能力，我们就应该给它们帮助，让它们自己成长。就像现在的伊拉克，美国用武力镇压它，但并不能征服它。我主张日本走和平文化的道路。比方说日本现在派军队到海湾支援伊拉克，帮助伊拉克复兴。但是很多国家对攻打伊拉克持反对意见。日本派军队真的是为了复兴伊拉克吗？你派军队是不是有别的目的？我觉得日本应该更注重文化、医疗、教育的投入，这个比派军队更好。我主张日本在美军撤出伊拉克以后在文化、医疗和教育方面能有更大的投入。

日本的艺术之根

日本考古学家原田淑人说："敦煌是日本艺术之根。"为什么这样说？

平山郁夫：日本民族、国家的文化就是经过朝鲜半岛从中国传过来的佛教文化在日本的应用。当时日本作为一个统一的国家，需要跟各国交流，需要国际间的往来。当时世界上最先进的文化是在中国的唐朝，而唐朝最灿烂的文化在长安，所以日本曾经派很多人到长安，在那儿学习先进的社会制度、科学技术、哲学文化。后来由于经历战火，那些灿烂的文化就逐渐消失，很多东西就没有了，唐朝鼎盛时期的文化艺术也不多了。但是敦煌保存了下来，敦煌的壁画代表了当时整个灿烂的盛唐文化，那个文化就是当时日本的榜样。所以原田淑人会那样说。

有人说，世界上最爱敦煌的人，除了张大千、于右任、常书鸿，还有就是你。你对敦煌艺术的修复、保护所贡献的心力和资金已被刻写在敦煌的碑林中，你对敦煌情感的源头是什么？

平山郁夫：我在孩提时代，从历史书中知道敦煌，知道敦煌的意义所在。我亲身访问敦煌是在1979年。我觉得通过敦煌的壁画不仅可以看到日本文化的传承，还可以了解东亚文化的共性。在敦煌石窟，从4

世纪开始一直到 14 世纪，1000 年的壁画，奇迹般留在敦煌，这是一个世界的奇迹。我作为日本的艺术家，作为一个日本民族的成员，对过去的中国给予日本的恩惠铭记在心，如果我们有条件的话就应该报答一下，现在中国强大了，但 20 年、30 年以前，中国确实是没有精力也没有条件去保护敦煌。当时在敦煌从事研究的第一线的人就很着急，如果这样下去的话，敦煌就眼看被湮灭了，他们很痛苦，所以我当时的心情同样很着急，我有条件的话就很愿意贡献自己的一点微力。我就是这么一个心情，多年来我就是以这个心情一直从事保护敦煌的事业。

在大英博物馆，有专辟的"平山郁夫敦煌文物修复室"，你把对敦煌的感情也扩展到中国以外的国家了吗？

平山郁夫：除了大英博物馆、美国的博物馆、法国的博物馆，比较大的国立博物馆都有我们的敦煌文物修复室，有我们修复敦煌的项目。作为一个艺术家，谁都愿意为敦煌做些事情，有的人成功了，有的只是没有成功。因为我得到很多人的帮助和支持，所以就成功了。敦煌壁画放在大英博物馆就是西欧文化和亚洲文化很好的对比，我作为亚洲的一员，当然就愿意做这个工作。

中日两国的文化交融是无法隔断的，你怎么看中日关系在未来的发展？

平山郁夫：从长的时间来考虑的话，中日两个国家的关系就像天气，有时候晴天，有时候阴天，有时候会下雨，但是不管怎么说我们的文化是相互融合的。中国的世界文化遗产有 39 处，日本有 12 处，我想中国这种非常优秀的文化，广义上的文化，包括生活习惯、饮食方面的遗产、文物，对于这些广义的文化加以理解并且给予尊重，我希望中国的年轻人了解日本如何通过学习和吸收中国的文化来实现日本的现代化的。希望两国都能敞开胸怀友好地交往下去。过去发生过很多事情，我们需要在了解历史事实的基础之上加深两国的交流。尊重你的国家，就是要保护你的人民现在所享有的生活；尊重他国，也要保护他国的人民所享有的生活。这是政治家们需要认真对待的事情。

现在日本国民怎么看待战争？

平山郁夫：战后，因为日本国民对过去日本所进行的战争恨之入骨，因为自己饱受苦难，日本就产生了否定一切战争的潮流，包括日本文化也在清算军国主义。甚至有些人认为，军国主义是来自日本文化本身，所以就产生否定日本传统文化的一切，这是一个极端的思潮。还有一个极端就是有些政治家为了恢复过去所有的一切，就否定战后的改革成果。这两种看法我都不赞成。因为在我看来，日本民族的文化有它本来的面貌，比如日本人比较喜欢中庸之道，讲究仁义和礼仪，不喜欢走极端。你要问现在的日本人对战争的态度，99%都会反对战争，因为有血的教训，他们认为那是害人害己的事情。

矶崎新：未来城市是废墟

中国的现状是大家对曼哈顿、拉斯维加斯和迪士尼乐园都是非常钟爱的，因为有这样的趣味，所以造成中国目前以这样一些模式建造城市。只有祛除了这些趣味，中国才有希望。

中国现在正在产生许多优秀的建筑师，那么发掘和给他们机会的应该不是具有上面所说的那三种趣味的人。

——矶崎新

2004年8月14日，在广东美术馆的贵宾室，厚重的檀木门关闭的时候，也隔开了喧嚣的人声。矶崎新身穿银色衬衣，外套黑黄蓝相间的丝绸马夹，满头银发，身板笔直。他坐在沙发上，显得神态谦逊而又气质傲岸。贵宾室之外是前来观看"未建成：矶崎新建筑展览"的众多观众。矶崎新和黑川纪章、安藤忠雄并称为日本建筑界三杰，在国际上被认为是影响世界建筑历史及现实的大师。

矶崎新把自己描述为"一个自由的人"。

"即使住在东京，也感到东京不是属于自己的地方。不想拥有任何土地或房产。一本叫《建筑家的自宅》的书里收录了全世界很多建筑家设计的住宅，我能提供的只有在轻井泽市的小屋。因为其余的都是租来的，而且没做任何改造就住进去。"

"60 岁以前我已经做了不少建筑，得了不少奖，60 岁以后我就想，我要成为一个非常自由的人。"矶崎新不购置房屋地产，不追求权力，不接受荣誉职位，也拒绝担任大学的教授。

东京是矶崎新开创事业的地方。从 18 岁时为应试离开故乡踏上东京的土地，矶崎新把故乡九州大分县比作"母亲"，把东京喻为懂事后一直对抗的"父亲"。当东京变得越来越巨大，变得无法理解时，对抗的感觉就变成了敌意。1960 年，师从建筑大师丹下健三的矶崎新制造了一个"破坏东京"的计划，从中领略到破坏的快感。

但这种破坏只存在于他的思想里。"结果都是以我的挫败而告终，一个也没能实现。"这些没能实现的计划就被收录在《未建成／反建筑史》中。

"未来的城市是一堆废墟。"这是矶崎新的激烈宣言。

"人类所有理性的构想和理论性的规划，最终会由于人类的非理性、冲动的情绪和观念导致规划被推翻。"被封闭在高密度城市空间里的人群、地狱画、幕府末期的浮世绘、死于原子弹爆炸的尸体、饿殍、怪物等等，这些断片状的形象被印在展板上，由投射仪投射到幕布上，把展厅内的观众带到怨恨凝集的虚幻空间中。

在广东美术馆展览现场，名为《电气迷宫》的作品映照出矶崎新从 1968 年到现在的建筑思想。1968 年被矶崎新视为极其重要的一年。当时中国正在发生"文化大革命"，法国爆发青年人对抗旧体制的"巴黎五月风暴"，在美国的哥伦比亚和伯克利，大学完全被学生占领。在日本，东京大学的安田讲堂大楼成为一座象征性的城堡，众多学生与警察发生冲突。就在这一年，矶崎新应邀参加了第 14 届米兰三年展，参展作品是《电气迷宫》。其时矶崎新作为日本年轻一代建筑师已成为后现代主义的代表人物，但是他针对不断扩张的城市现状提出批判的《电气迷宫》，却因三年展这种制度而成了青年人冲击的对象。三年展被学生占领，作为反叛者的矶崎新被新的革命者逐出了展厅。

1968年，世界建筑史发生了根本的变化。现代主义宣告结束。

曾被埋葬于历史的《电气迷宫》重现于世人眼前。对应现代社会的发展，建筑师注入了大量象征20世纪末、21世纪初大都会的概念——化为瓦砾的坂神大地震废墟景象、"9·11"惨剧的毁灭画面，揭示了建设与破坏、计划与消灭的宿命。

"未建成：矶崎新建筑展览"还展示了从1960年代开始的"未建成"系列，以及跨越巨大历史时间轴线，在2000年以后在中国、卡塔尔、西班牙等地重新崛起的新建项目及其发展过程。1970年代，建筑革命家矶崎新从城市撤退，之后大约20年的时间，他几乎没做和城市相关的事情。这20年被矶崎新当成历史的真空期，他脱离现代潮流，投入到日本和西欧的古典世界里。

中国建筑批评家范迪安评价矶崎新说："在国际现代主义建筑已经提供了大量遗产的条件下，他不是顺从已有的建筑观念和主义，而是以批判性的视角重审建筑的现代进程，及其本质意义。在某种程度上说，他首先是一个建筑精神的探险者，他的探险精神和意志源于他对一切已有建筑秩序、规则、方法和风格的怀疑，他的目光穿越了建筑与城市、结构与规划、自我与社会的界线。"

别把我当日本建筑师

你是1931年出生的，1945年发生了广岛、长崎原子弹轰炸，两座城市被夷为废墟，那时候你14岁，这次事件给你什么样的影响？

矶崎新：1945年我14岁，到那时为止我的生活是快乐和幸福的，然后就在瞬间，那两座城市变成废墟，荒野和残骸的景象给我心中留下了非常深刻的记忆。可以说那次爆炸是我内心的一个障碍。很多人在我后来的作品中发现我有这个障碍，评价说我是有悲剧意识、末世意识的建筑师。也许大家是对的。

学建筑之后，原爆的景象一直留在我的记忆里。我这样想：现在我们拼命地建设，这也是我的职业冲动和本能，但建造起来的东西总有一天会毁灭，被战争或别的什么力量摧毁，这让我很悲伤。同时，被摧毁的废墟也总能够触发我再去创造的欲望，因此我的建筑生涯里永远都是摧毁和创造共生的状态。

在世界各地你有很多建成的作品，现在我们看到你还有这么多未建成的作品，这些作品未建成的原因是什么？

矶崎新：归纳起来有几点。一是社会本身的原因，因为我的方案过于异端，不被当时的社会制度、生活习惯所接纳，超过了社会所能包容的范围；另外就是技术的原因，脑子里想要做非常复杂的东西，但技术上没有办法实现。

我认识很多日本历届的首相，与有些人关系也很好。但我对现任首相实在不敢恭维，我反对他现在推行的那些政治手段。每次参加建筑竞赛，建筑师的面前会放一个写着名字和国籍的牌子，每当这时候我就会说，拿掉这个牌子，不要把我当成日本建筑师。

那你想成为哪国的建筑师？

矶崎新：我希望成为一个世界性、国际性的人，我在美国做竞赛的时候也遇到这种情况，当别人问起我是什么国籍的时候，我会说我是世界国籍的。

在日本建筑界你被称为"英雄"，你的建筑生涯被形容为"传奇"，这些"英雄"或"传奇"的经历是什么样的经历？

矶崎新：我不知道这些评价是怎么来的。我认为在我的建筑生涯中，我的态度是永不屈服。不屈服于既定的社会制度、生活观念和当下的技术等等。我会把自己对现实的认识通过矛盾的形式表现出来，矛盾在我内心是永远存在着的。

矛盾指什么?

矶崎新：比如说我的某种想法，社会制度、社会习惯不允许，我和社会就有矛盾。通常我不会屈服，我会把矛盾通过作品表现出来。另外像广岛和长崎被原子弹毁灭，整个城市化为灰烬，历史经历在我心中留下阴影，也产生了内心的矛盾。

同情说城市坏话的人

你是中国建筑国际化的一个参与者，2003年11月，在中国美术学院，"地之缘——双重时间的亚洲"展览上，你以《海市》的设计参展，《海市》被看成是"海市蜃楼"，或者"乌托邦理想"，这个设计是怎么产生的?

矶崎新：《海市》始于1993年，是根据珠海市委托的开发计划设计的。《海市》有两个意义，"海上城市"和"海市蜃楼"，我希望通过这个作品重新考察"计划"的概念。还有就是规划"乌托邦"——对于现代建筑或者现代艺术，首先要设想建立乌托邦概念。

黑川纪章称你为建筑思想家，建筑师和建筑思想家有什么区别吗?

矶崎新：不同在于，前者是纯粹以技术来建造建筑的，后者在建造的时候要考虑城市的历史、传统和文化，在对各种关系加以衡量和思考的前提下来完成他的建筑设计，这就是他们的区别。

在你的建筑思想里，有几个关键词：一个是"废墟"，一个是"幻想"，或者说"乌托邦"。我们通常认为建筑是物质的，而建筑师是理性的，你让我们看到相反的结果。

矶崎新："乌托邦"和"幻想"这两个词意思是相近的，我一直认为幻想是想象力、创造力的一种凝聚，创造力是每个人都有的，如何挖掘这种创造力很重要。乌托邦就是发挥、挖掘、凝聚这种创造力的结果。

你评价过上海、南京，评价过北京，你怎么评价珠三角地区的城市建设？

矶崎新：在 2003 年上海双年展中，我是把珠江三角洲作为亚洲共同体或者作为亚洲文化圈的一部分来观察的，当时主要是讲，中国、越南、韩国都在汉字的文化圈内，有一个文化共同点，我觉得珠江三角洲属于亚洲文化板块的一个组成部分。

除了感受到这个地区的自由度以外，另外一点体会也是非常深刻的，我认为珠三角并不是一个非常有趣的地方，但是往往新生事物也最容易在这种混杂之地产生，因此珠三角也是一个最容易产生新文化，最可能有新生事物出现的地区。

在你看来什么样的建筑风貌是合适的？你对城市的发展有什么理想吗？

矶崎新：可以这么说，我对城市的理解，不是从文明而是从文化角度来理解的，文明可以是发展和进化的，文化却只能深化，这个差异是决定性的。我说过，实际上我对创造带给世人舒适生活的城市空间已经绝望，对厌恶城市、说城市坏话、对城市行使破坏行为的人和自然法则抱有同情。在我看来，两千年前的废墟，跟现在虽然金碧辉煌、二十年后必将成为废墟的建筑价值是相同的。但我还是希望有这样的状况，那就是一座城市要有真正的为文化为社会为艺术考虑的建筑师，要有他们发挥余地的地方。

废墟理论是一种乐观的认识

在你的建筑生涯里，遇到障碍、困难怎么办？当你的思想被拒绝的时候，是坚持还是妥协？

矶崎新：坚持有各种各样的好处，妥协也有各种不同的意义和不同的说法。在我的建筑生涯里，在我做的很多项目里，是会碰到各种各样的困难，比如说我做的一个作品不符合甲方要求，甲方提出修改，这个时候我并不是完全按照甲方或委托方的要求来修改，而是退一步，提出一个新的设想，直到重新被认可。看起来好像我是在退后，没有坚持，但是实际上我是在找出另外的方式，向前迈进。我不认为是妥协。

你有一个观点，你说"未来的城市是一堆废墟"，这个废墟怎么理解？

矶崎新：我说的"废墟"有几个不同的理解。第一，就是对时间概念的理解。我们现在的时间概念是近代才出现的，事实上对时间，每个人会有不同的理解，比方说"瞬间"，在这个点，未来和过去都在同一个地方出现，过去的废墟会留存到现在，就像将来也会变成废墟一样。我认为在某个时间点上，未来的废墟和过去的废墟是同时存在的，这个情况我们有时候会从一些电影中看到。第二，以前的东西渐渐成为废墟，然后消失，接下来又在未来重新建成，因此可以说未来的城市是现在城市的废墟状态；而现在的城市发展到一定程度，在未来的城市也可能会变成事实上的废墟。第三，建设跟摧毁事实上是在同一时间共存的。

废墟的理论表示你对城市发展的悲观意识吗？

矶崎新：也许看到我说"未来的城市是一堆废墟"，大家会认为这是我对未来城市悲观的看法。其实不然。相反，这样的思考会促进城市的建设。对这个题目会有两种方向的认识，一种被认为是对城市悲观的认识，反过来也是一种乐观的认识。事实上对我而言是乐观地在考虑这个问题。未来城市并不是到废墟就结束了，其实一样东西，从它获得生命的时刻开始直到变成废墟、生命消失，这种直线型的概念是欧洲的概念，不是东方的概念，东方的概念会认为事物消失以后还会再生。所以说"未来的城市是一堆废墟"是东方的概念，不是西方的概念。它是消失，也是再生。

（本文采访由矶崎新工作室胡倩女士翻译，特此致谢）

竹内好的鲁迅

竹内好晚年退出日本思想界的核心地带。

1966 年，他把自己一些最主要的评论性文字结集成三大卷，发表评论家废业宣言，告别了评论舞台。

此后竹内好开始从事翻译工作，他把最主要的精力用于翻译鲁迅。谈到自己的工作意义时，竹内好引用了中国《和氏璧》的故事："我这一生就是个采玉的人，我不停地在挖，但是挖出来的到底是玉还是石头，我自己并不知道，因为我并没有把它献给王的这样的欲望，因此我幸免没有被砍掉手脚，但是问题是把这块石头抬回家去再研磨，我也没有那个力气了，眼看太阳就要落山了。"

竹内好说，他唯一能做的就是站在路边上，招呼过路的人，说你想不想试一试，这到底是一块玉还是一块石头？

写《鲁迅》，我获得生的自觉

1937 年，竹内好在"卢沟桥事变"后作为文部省留学生赴中国考察。

几乎在竹内好踏上中国国土的同时，北平沦陷，国立北京大学、国立清华大学和私立南开大学在长沙组成了西南联大的前身国立长沙临时大学。竹内好无缘见到曾经活跃于北平文化界的中国知识精英——最后一批教授是在 11 月撤离北平的。

10 月 27 日才抵达北平的竹内好，在日记里记录了他抵达北平之后立刻拜会周作人和钱稻孙等，并且勤奋了解中国学术状况，在书店淘书，组织日本人的读书会研读钱穆的《中国近三百年学术史》。

1937 年 11 月 18 日日记里写道：听说梁宗岱迅疾南下，沈从文也刚刚南下，老舍在山东，似乎巴金到了天津等等，而周作人，怕是也快南下了吧。

周作人并没有南下，但是周作人在竹内好的日记里消失了。竹内好日记里更多地描写了沦陷后的北平的日常生活。大量日本人（包括文化人）涌入北平，酒馆、暗娼与人力车夫相互配合，兜揽日本人的生意；书肆的书籍文物、图书馆的藏品等等。直到 1939 年 10 月竹内好归国前夕，日记里才出现"下了决心，去访问周先生"这样的记载。

学者孙歌在她的专著《竹内好的悖论》里写道："竹内好就是在这样的氛围中，跨入了中国近现代学术史。"

1943 年 3 月，竹内好解散创立 8 年、期望"否定官僚化的汉学和支那学"的"中国文学研究会"。年底，竹内好完成《鲁迅》的写作，由友人武田泰淳交付出版社。

《鲁迅》的交稿日期是 1943 年 11 月 9 日，12 月 1 日竹内好接到了入伍通知书，12 月 28 日走上战场，被派往中国湖北咸宁。

"那时我想，真是老天保佑，谢天谢地呀。我因为写《鲁迅》而获得了我自己的生的自觉。"竹内好把《鲁迅》的写作看成是自己的"遗书"，他在 1949 年第三版的《鲁迅》后记中写道："怀着被追赶着的心情，在生命朝不保夕的环境里，我竭尽全力地把自己想要留在这个世界上的话写在这本书里。虽还不至于夸大其词地说像写遗书，但也和写遗书的心境很相近。"

1944年年末，《鲁迅》作为日本评论社"东洋思想丛书"之一出版。作为一部鲁迅研究的奠基之作，《鲁迅》在后来成为全世界鲁迅研究者的必读书。

竹内好在中国参战的经历，因为本人守口如瓶，外界难以了解。根据《竹内好全集》中的年谱和他所写的文章记载，竹内好应征后被分配在羸弱者和学生兵的补充团队，几乎没有经历第一线的战斗，也幸运地没有杀过人。然而他仍然有机会目睹战场上的死伤以及遭遇正面冲突。竹内好对自己的评价是，不是个合格的士兵。他曾任通信兵，但是搬不动器材；以行军掉队闻名，甚至从马上落地摔昏过去。因为他当时患了严重的痢疾，应征半年后就被调往大队本部的"宣抚班"，他是班长唯一的部下。获得居住在营区外的权利；此后又教授中文和充当翻译。1945年8月15日听到日本战败的消息时，35岁的竹内好是驻湖南岳州独立混合旅团"报道班"的一等兵。

鲁迅文学的严峻打动了我

竹内好1934年毕业于东京帝国大学支那学科的时候，毕业论文是《郁达夫研究》。

"竹内好在性格上其实和郁达夫更接近。"日本思想史学者孙歌对竹内好有过长期深入的研究，她说："竹内好的性格很率性，本真，有的时候甚至有点任性。他从年轻时候一直到最后都喜欢喝酒，喜欢玩，就是这样一个人。但是他有很强的正义感，比如他不能够允许他周围的任何人恃强凌弱，他认为男性要充分地保护女性，他有比较旧式的道德观。类似这样的一些个性，其实是让他在精神上比较接近郁达夫的。为什么郁达夫没有满足他，最后转向了鲁迅？因为作为思想家，郁达夫的分量，能够承担的那种力量不够。鲁迅作为一个思想家，他所承担的矛盾、苦恼、悖论、困境和没有办法化解的绝望，这些东西刚好和那个时代的中国，和那个时代的日本最核心最根本的问题是相通的。郁达夫也是一个很优秀的作家，但是作为思想家则太透明，那些透明的思想，在那个时代里很难接触到那个时代的灵魂，因为那个时代的灵魂恰恰是最不透明的。鲁迅的最不透明的地方，吸引了青年时期处于苦恼挣扎之中的竹内好。"

竹内好把鲁迅作为他的思想资源，和他个人的知识训练有关系，也和日本当时的思想生产方式有关系。日本从明治维新开始一直到战后的思想生产，最有成就的思想家基本上是借助于外来的思想资源来改变本土的已有的思想结构。

竹内好借助了鲁迅，借助了中国的思想资源。他这一借助方式在相当一段时期里使他处于很不利的地位，因为日本社会瞧不起中国，日本整个的知识界和普通的民众都有崇拜西方的心理，使用西方资源工作相对来说遇到的困难会少一些，使用中国的资源，特别是竹内好的使用方式是他颠覆了已有的对于中国和对日本的价值判断。竹内好要面对两个方面的困境，一是在日本文化的"优等生情结"和日本社会普遍的对中国的歧视；另一方面，他必须对中国的资源进行相当深入的发掘，不然的话从表面上看，中国的状况很难支持他的说法。竹内好找到了鲁迅，因为鲁迅是一个能够支持发展自己整个思想论述的思想家。

"我只想从鲁迅那里抽取我自己的教训。对我来说，鲁迅是一个强烈的生活者，是一个彻底到骨髓的文学者。鲁迅文学的严峻打动了我。"竹内好在《鲁迅》中写道，"像鲁迅那样强韧的生活者，在日本恐怕是找不到的。他在这一点上，也和俄国的文学者很相近。"竹内好在钦佩文学者鲁迅的同时，不断"袭用"思想者鲁迅的思想寓言和思考方式。

与鲁迅相遇，是重要的事件

在被称为鲁迅研究奠基之作的《鲁迅》里，竹内好使用最多的关键词就是"抵抗"和"挣扎"。他把"抵抗"定义为"挣扎"，他说，只有从旧的东西里面产生出来否定旧东西的那个力量，才是真正的力量。

竹内好谈鲁迅的思想方式："他拒绝成为自己，同时也拒绝成为自己以外的一切，这个就是抵抗。"《鲁迅》为后世提供了一个相当复杂的认知结构，那就是鲁迅是启蒙者和思想家，但不能把启蒙者和思想家作为衡量鲁迅的标准。鲁迅所扮演的启蒙者和思想家的角色，不是按照通行意义上高于他人的方式完成的，而是以他自身特有的"强韧的生活者"的方式进行的。"他既不后退，也不追随。他先让自己与新的时代对决，通过'挣扎'而涤荡自身，再把涤荡过的自身从中拉将出来。"

《何谓近代——以日本与中国为例》写于1948年，最初发表的标题为《中国的近代与日本的近代——以鲁迅为线索》，无疑地可以称为《鲁迅》的姊妹篇。

"抵抗的历史便是近代化的历史。不经过抵抗的近代化之路是不存在的。"竹内好认为日本的近代是一种优等生文化，是不断向外的缺少自我否定的"奴隶"文化。"指导落后的人民是自己的使命。指导落后的东洋各国也是自己的使命。这就是优等生情结的逻辑推演。"他写道，"日本文化必须依靠否定日本文化自身才能成为世界文化。"

他推崇在日本出生并长期生活在日本的加拿大外交官、日本史学家诺曼的《日本的士兵与农民》。他认为，诺曼结合着心理现实，抓住了军国主义成为落后资本的马前卒入侵大陆时，近代军队必然野蛮化的过程。诺曼说："自己被征兵入伍的作为非自由主体的一般日本人，无意识地成了把他国国民铐上奴隶枷锁的代理人……要将他人奴隶化，使用纯粹自由的人是办不到的。相反，最残忍无耻的奴隶，将成为他人自由的最狠毒最有力的掠夺者。"竹内好说自己在阅读这一段的时候想起了鲁迅："我觉得诺曼的话是不可多得的。同时为我自己没有足以回答他的话语而感到遗憾。不过，鲁迅对此做出了回答。如果没有鲁迅的这些话语，我将要怎样地感到羞愧啊。"

他所谓的鲁迅的话，是鲁迅把"汉族发祥时代""汉族发达时代""汉族中心时代"换成直截了当的"想做奴隶而不得的时代""暂时做稳了奴隶的时代"。

1960 年前后日本反对《日美安全保障条约》运动，竹内好是精神领袖之一。虽然有长达一年的抗议和大规模的示威，1960 年 5 月 19 日条约仍然在日本国会强行通过，竹内好在 5 月 21 日辞去了东京都立大学的教授职位——"基于思想和良知"。他随后发表的第一场演讲是《基本的人权与近代思想》，其中心议题是日本各个层面的"歧视"。在他看来，日本人的各种歧视问题发生在日常生活层面，从敬语和人称代词的使用，到对于日本部落民的歧视，再到潜移默化的歧视中国人和朝鲜人的集体无意识。安保条约的修改，集中反映了日本与强者联合而歧视弱者的思维方式，它体现了日本传统中丑恶的一面。

他在演讲中两次援引了鲁迅，提出了两个相互连带的问题：一个是大的社会改革比小的日常生活更容易进行，一个是奴隶成为奴隶主并不意味着奴隶的解放。

"我与鲁迅的相遇对我自己来说，是一个重要的事件。"他在《何谓近代》中写道。

日本的秘密与耻辱：华人眼中的日本文化

"通过掩盖进行表现"这种交流的悖论，用其他说法来说，也就是"无中生有"的悖论。

——正村俊之

日本文化有双重性，就像菊与刀。菊是日本皇家家徽，刀是武家文化的象征。日本人爱美而又黩武，尚礼而又好斗，喜新而又顽固，服从而又不驯，忠贞而易于叛变，勇敢而又懦弱，保守而又求新。

——鲁思·本尼迪克特

小泉议员和小泉首相

"有一次我们一起喝酒，小泉、我，还有我的后援会会长（日本保守党前党首野田毅），我们谈起小泉参拜靖国神社的事情。在做首相之前，小泉是众议院和参议院唯一没有参拜过靖国神社的人，这在日本国会 30 多年以来是少见的。"3 月 25 日晚，中国戏曲学院录音棚，吴汝俊这样回忆。

吴汝俊被称为"亚洲最后一个男旦",出生于南京,毕业于中国戏曲学院,原为中国京剧院演员,1989 年随同妻子陶山昭子旅居日本。

　　在日本,吴汝俊依靠一把京胡闯荡艺术界,经过奋斗,现已是日本最具影响力的艺术家之一。在追捧吴汝俊的日本观众里,有不少政坛显要人物,包括现首相小泉纯一郎、前首相海部俊树、桥本龙太郎等,他的后援会会长是野田毅。2004 年,野田毅访问中国,跟温家宝总理开玩笑说:"我们都是'吴汝俊病'患者。"野田毅的夫人加上一句:"不光是患者,而且还没有抗菌素可治。"

　　小泉议员变成了接二连三参拜靖国神社的小泉首相。"他要顺应一些人,"吴汝俊说,"他第一次和第二次去的时候,消息都没有传出来,没有媒体报道。后来就不行了,媒体紧咬。有时,小泉看着臭骂他的文章苦恼,喝酒时会拍着桌子说,'我去参拜靖国神社,是去祭阵亡者的灵,不是去参拜战犯。中国为什么不理解我?'野田毅对他说,'你不是去参拜战犯就应该告诉世界,你为什么不说?'"

　　"祭亡灵而不是拜战犯"多次成为小泉用来解释参拜靖国神社行为的借口。对此,有评论尖锐地指出:"靖国神社中不但有一般的'阵亡者',也有战犯,使用这样的借口,是不是在侮辱世界人民,尤其是被侵略国人的感情和智慧?"

　　"小泉一直在用玩火的游戏显示他所谓的特立独行,用偏锋显示他所谓的尊严。他不是一个很有力量的人,他就像家庭里的独子一样,是被日本国民宠出来的。小泉是政治家中的小孩儿。"3 月 25 日,傅益瑶在东京家中接受了我的电话访问。

　　傅益瑶是著名画家傅抱石的女儿,1979 年经邓小平批准,她被教育部派遣赴日留学,成为改革开放后第一位被选派到日本的中国留学生。傅益瑶至今未婚,专事水墨画的创作,迄今在日本 25 年,先后在法国、美国、瑞士,以及香港、台湾地区举办展览 40 余次。长久的中国文化的浸润和对日本文化的研习使傅益瑶更深切地感受到日本政治和文化的变迁。"小泉不是一个孤立的现象。"15年来全程追踪中国劳工对日索赔"花冈案"的中国作家旻子说:"当年积极支持华人劳工索赔官司的日本众议院议长土井多贺子现在已经退隐,参议院议员田英夫也已淡出政治,作为日本政坛左翼势力的社民党萎缩了。小泉执政以来,日本政坛出现了一批战后成长起来的政治家,他们在日本政治中占据中枢地位,小泉纯一郎(1942年生)、曾任外相的田中真纪子(1944年生)、现任自由党代表小泽一郎(1942年生)、现任民主党代表鸠山由纪夫(1947年生)、原外务省政务次官武见敬三(1952年生)等。这些不到60岁的政治家成为日本政坛的中心人物。1990年代,日本政界处在新旧政治家交替时期,在1993、1996、2000年三次大选中,每次均有100多人新当选众议院议员,平均年龄在54岁左右。特别是在1993年的大选中,新当选者为134名。新生代政治家由此脱颖而出,迅速取代了在旧体制下占据或接近权力中心的政治家。"

伴随新生代政治家崭露头角的是在1990年代开始出现、持续至今的经济衰退。北京大学教授王新生这样概括日本新生代政治家:"这些在经济高速增长时期成长起来的政治家,其历史观、价值观、政治观、国际观等,都与日本老一辈政治家有很大不同。他们较少将战争负罪意识或感情因素带入对外关系。他们有个特征,就是不顾忌国内外舆论的强烈批判,我行我素。例如在教科书问题和参拜靖国神社问题上,小泉纯一郎就采取强硬的态度,以争取部分选民的支持。尽管他们也主张与邻国友好,但带有更多的个人色彩。例如被看作日本政界右翼代表的小泽一郎,也宣称自己是中日友好人士,热心参加推动中日友好数十年。新生代政治家始终坚持《日美防卫合作新指针》所说的'周边事态'理所当然地包括中国大陆与台湾地区,以迎合经济长期衰退状况下日益扩散的民族主义情绪。"

安心与心安

1998 年，《中日和平友好条约》签定 20 周年，江泽民主席赴日本访问，杜次文率领中国民族乐团随行演出。日本政府官员为了表示跟中国的友好，把音乐家分别接到家里做客。杜次文和一个古琴演奏家被请到日本前首相竹下登家里。"客厅里悬挂着欢迎中国客人的横幅，官员的家眷作陪，对日本人来说算是最高礼遇了。"

竹下登很喜欢中国的埙。埙有 7000 年的历史，埙的声音幽深、悲凄、哀婉、缠绵。中国的埙乐首次登上世界舞台是在 1984 年，杜次文在美国洛杉矶奥运会的开幕式上吹奏埙曲《楚歌》。到日本访问的中国音乐家送给竹下登一只中国的埙，竹下登珍爱那只埙，也珍视能把埙吹得柔婉幽怨的中国音乐家的友谊。竹下登为人温和敦厚，在任期间，他主张跟中国发展良好的外交关系，正当他在政坛顺风顺水的时候，因为收取利库路特公司提供的非法政治献金的丑闻被迫辞职。下野的竹下登心怀寂寞，他在落寞的时刻喜欢听埙吹奏出来的声音。

"日本只知道心安，不懂得安心。所以就产生很可怕的时代病，就是崇尚瞬间的暴力。"傅益瑶说，"日本是一个复杂的社会。公开的历史反思、对战争罪行的反思可能不是很多，但是普通老百姓还是心知肚明的。日本的政治反思可能不是很多，但是文化反思很厉害。"

"我知道很多日本知识分子批评日本文化之害就是失去了天地仁义。西方文化对日本的全面侵入使日本作为有深厚传统和历史积淀的文化遭到瓦解，东方博大精深的文化和思想在逐渐丧失，不光是孙子兵法，不光是老子庄子，东方文化所有的那种恢宏、博大、和谐的宇宙意识生命意识在今天的日本正在丧失。"

傅益瑶是这种变化的见证者。1979 年，她到达日本，就读于当年父亲傅抱石的母校武藏野美术大学日本画系，师从画家盐出英雄。毕业之后，傅益瑶进入东京艺术大学平山郁夫教授（日本画家，曾任日中友协会长）研究室，研究敦煌壁画以及日本画，从此开始职业画家生涯。

"到日本看到的全部是西洋的东西，整个铺遍了东京。东京不是日本，东京只是日本经济的消费处。"在最初的10年里，她虽然身在日本，但与日本的文化充满着隔阂，"日本的话不能讲，日本的画不愿画，日本的饭不能吃，日本的人不能交。"即便在这样的处境下，她也能感受到日本对于中国文化的尊敬和敬仰。她接触到前首相羽田孜等一大批欣赏傅抱石、欣赏中国艺术的日本人，他们给予傅益瑶很大的帮助。

傅益瑶曾经在正仓院（日本皇室的仓库）的展览会看到中国唐朝传到日本的唐代琵琶。"这种琵琶竖抱着，弹起来声音很响，在唐朝打仗的时候是用琵琶来做号令，那些用来作战的琵琶让我感受到西域大漠古道的美。在正仓院里还有夜光杯，有菩萨像，不仅当年的包袱布在，连包袱布上贴的纸签，纸签上的字都保存得好极了。那些字干干净净的写得真好。在日本待久了，你到东京之外的地方，到乡下，你会发现在日本有一种对中国文化崇拜的虔敬，中国是日本的文化源头。日本文化、韩国文化与中国文化共有一个母体。日本文化是把中国的佛教文化作为主体传过去，韩国是把中国的儒教文化传过去。从韩国传到日本去的东西是儒教大于佛教。在中国唐代是个大盛期，日本就是在唐代最兴盛的时候发展起来的。平山郁夫先生对我说，日本文化通过盛唐时代从中国直传过去，这是日本的幸运。"

回顾那10年，傅益瑶说："日本的经济起飞，到处都是钱，在东京和银座的画廊里卖的都是西方的画，中国的东西很少。但是在表面的经济繁荣之下是陷阱。日本失去了和平之心，变得很脆弱，没有安全感，它的安全是建立在美国的保护伞下。但是美国是个很犹太化的一个国家，就是它的阴谋和算计。日本人不懂美国这个文化，老是跟在美国后面起哄，我觉得日本人的强硬和挑衅是因为没有安全感，它不能安心，也不会安心。"

罪感与耻感

美国人类学家鲁思·本尼迪克特在她出版于 1946 年的著作《菊与刀》中说："和西方比起来，信仰基督教的民族有原罪感，他做错了，知道自己有罪就会承认，就会忏悔。日本的耻感文化就是做什么事都没有好坏之分。只有羞耻之别。他作了恶，犯了罪，只要这个事情没有被发现，没有被揭穿，没有让他感觉到羞辱，他就不会认错。他只要感觉到羞耻，他又会选择包括自杀、切腹这些激烈的行为自裁。"

昱子对此的理解是："侵略的行为在日本的文化里，不认为是犯罪。但是如果战争受害国让他赔偿，让他对被侵略的国家谢罪，他就羞耻了。他就会记住。恰恰是战后这些被侵略的国家没有揪住他，没有彻底让他认罪。按照日本的文化逻辑，他就没错。他不认错，他没有在世界面前感到羞耻，他就可以掩盖过去。"

昱子是"世界抗日战争史实维护联合会"在中国的成员。10 年前，由于到日本采访华侨领袖林同春的机缘，昱子接触到了"花冈案"。10 年来，昱子一直跟踪采访"花冈案"。

"花冈案"的和解使很多人感到难过。"如果我们的受害者能像韩国人一样，不要他这个钱，就是要他战争赔偿，要他谢罪，那样可能我们会获得尊严。可恰恰是我们太容易被分化瓦解，受害者被分化就觉得，得到一点总比不得到好，见小利忘大义。所以我们这个民族在二战之后赔偿的问题上屡屡吃亏，屡屡受欺。我们虽然也是战胜国，但是我们作为战胜国跟别的战胜国比起来，不管是在日本人的眼里，还是在世界的眼里，是不一样的。你这个民族要有凝聚力，民族性格要强悍，我们可以不要像韩国人在被侵犯时那么刚烈，那么强硬，但起码我们要自尊，有尊严别人才不敢欺负你。"

2004 年 10 月，经过漫长的诉讼之后，"花冈案"结案。"'花冈案'和解以后，日本朝野，不管左翼右翼，一片欢呼。因为这是日本试图用来解决战后遗留问题的一个模式。日方就想这样，不道歉，不赔偿，不谢罪。给受害方一点小钱就解决问题。这样的做法符合日本处理战后遗留问题的思路。日本政府是在掩盖和抹杀它的战争罪行，而且它的处理方式居高临下，不平等，它摆出施舍者的姿态。从整个过程来看，让受害者有耻辱感。"

2005年2月，因为有11名中国劳工拒绝接受日本的审判结果，拒绝领取"慰灵费"，"强掳中国人思考会"决定重新起诉日方，他们委托美国专门从事犹太人战争索赔案的律师白瑞·费雪尔提起诉讼。在开始诉讼之旅前，在"抗日战争史实维护联合会"加拿大会议上，旻子建议发动全球华人募捐，随后募到的20万人民币发到了受害者手中，给那些不领"慰灵费"的中国人补偿。"领和解基金的人每人平均25万日元，约合人民币17000元，加上付给孩子的助学金5000元人民币，总共是22000元。我们给拒绝领取'慰灵费'的受害者25000元。我们鼓励他们坚守自己的气节和尊严。"

"对战争受害者的赔偿，别的国家是怎样做的呢？在亚洲日本向韩国道歉了，给了补偿金。1951年日韩签署《日韩条约》的时候，日本政府在《日韩条约》中表示了道歉。在东南亚，日本对印尼、菲律宾都支付了赔偿金，包括越南都有赔偿金。另外跟荷兰也达成一个私下协议，因为在太平洋战争的时候印尼群岛是荷兰的殖民地，有很多荷兰国民在这里居住，日军把荷兰公民的财产没收，把他们关到集中营。战后，日本与荷兰私下有个秘密条约，给了荷兰赔偿金。其余的战争受害国道歉和赔偿的问题就被《旧金山对日和约》一风吹。因为《旧金山对日和约》的谈判和签定是由美国主导的，二战结束之后美国占领日本，美国要求日本签署《旧金山对日和约》后归还其领土。那时因为朝鲜战争美国要扶植日本，就由美国主导将对日本宣战的几个战胜国拉到一起，跟日本和解，要求战胜国放弃战争索赔。《旧金山对日和约》中国和苏联都没有参加。因为中国和苏联属于东方阵营，被《旧金山对日和约》排斥出去了。《旧金山对日和约》之后日本政府和台湾国民政府有一个《日台合约》，但蒋介石政府在那个时候先行放弃了赔偿。为什么放弃？日本用了一手就是挑拨离间，在谈判的时候把'你不放弃赔偿，我就承认北京政府，不承认你台湾政府'作为一个筹码，逼蒋介石就范。也是因为台湾问题压在那儿，大陆放弃了战争赔偿。"

"在战后赔偿的问题上，德国做得很彻底，不仅是在战后赔，等于这五十年一直在赔。而且赔完受害国家以后在1999年又赔偿劳工。德国除了赔偿作战国也谢罪。关键是德国人从二战的苦难之中真正反省谴责战争，所以德国总理向受害国下跪，不停地向受害国谢罪，忏悔。德、意、日三个法西斯轴心国只有日本被美国放行。日本被美国放行以后一直对其侵略罪行采取回避和遮盖的态度，直到今天。今年在莫斯科纪念反法西斯战争胜利60周年的庆典小泉不是拒绝出席吗？"

李泳禧:"韩国鲁迅"的鲁迅

访问时间:2006 年 12 月 3 日

访问地点:韩国

鲁迅已逝七十年。背影渐远,仍有许多眼睛看。搞过运动的韩国李泳禧,日本竹内好,写诗的德国顾彬,旅美返乡的木心,久居上海的朱学勤,面对鲁迅,各取所需。

在 1970 年代到 1980 年代之间,李泳禧高扬民族自主、社会正义的旗帜,"给亲美反共军部法西斯体制以沉重的打击"(朴宰雨《韩国七八十年代的变革运动与鲁迅》)。

韩国著名诗人高银把李泳禧称为"真实的守护者";著名人权律师、前朝鲜大学校长李敦明称李泳禧是"以理性打破偶像的知识分子的象征";法国《世界报》称其为"韩国思想界的恩师";而保守媒体,如《朝鲜日报》,则将其称为"学生意识化的元凶"。

1995 年,李泳禧在《吾师鲁迅》中回顾自己的人生经历和社会活动时写道:"如果说我的著作和我的思想、我对人生的态度对当代青年们起到了这样的影响,那么这个荣誉应该归于现代中国作家、思想家鲁迅。

在过去近 40 年的岁月中，我以抵制韩国现实社会的态度写了相当分量的文章，这些文章在思想上与鲁迅相通，当然也在文笔上与鲁迅相通。因此，如果说我对这个社会的知识分子和学生产生了某种影响的话，那只不过是间接地传达了鲁迅的精神和文章而已。我亲自担当了这一角色，并以此为满足。"

"坦而言之，六七十年代的某些时期，我感到非常孤独……资本主义的朴正熙军国主义极右独裁统治下的大韩民国，对希望以清醒的理性生活的知识分子来说，那不外是'白昼里的黑暗'，但是站出来呐喊者实在是微乎其微，与鲁迅在《阿 Q 正传》中描写的 20 世纪初期的中国人（社会）一样，使人窒息，让人绝望。"

当年轻的李泳禧因寻找不到精神和思想上的突破口而烦闷苦恼之际，鲁迅向他指明了人生的目标和思想的归宿。

李泳禧说："在阅读鲁迅众多的著作时，我为将思想付之于实践的知识分子的生活所感动。我否定了那些安居于'买卖知识商品'的教授、技术人员、文艺作家的生活，着眼于与受苦民众同甘苦共患难的'知识分子的社会义务'，这些苦难，当然是由于不正常的社会条件所造成的，这样的义务感则出自'对人类之爱'。"

1972 年至 1995 年，李泳禧在汉阳大学执教。其间他曾有 8 年的时间，因笔祸和政治问题而被罢免教职；先后 4 次被捕入狱。其间写出《转换时期的论理》(1974)、《与 8 亿人的对话》(1977)、《偶像与理性》(1977)、《超越分断》(1984)、《越南战争》(1985)、《反论的辩证》(1987)、《自由人》(1990)、《鸟用双翅飞翔》(1994) 等书，在韩国社会产生深远影响。

在日本发现鲁迅

在韩国，你有"韩国的鲁迅"之称，为什么会有这个称呼？喜欢这

个称呼吗？

李泳禧：过去有一部分知识分子，尤其是研究中国或研究鲁迅文学以及鲁迅的时代作用的知识分子是这样称呼我的。这可能与我过去三四十年的经历有关。他们认为，我在通过言论开展的政治社会批评、文明批评、社会活动，以及民主变革运动等活动中，起到的某种程度的领导作用与精神，与鲁迅在世时的中国当时状况有些类同，所以才这么称呼我的。不过，我认为自己还不具备这种资格，这是一种夸张的称呼。

你最初是在什么时候读到鲁迅的？鲁迅在什么地方让你感觉亲近？当时你个人处于什么样的状态？

李泳禧：我最初开始读鲁迅作品的时间是 1960 年代初。由于当时韩国误以为鲁迅是共产主义者，认为此人是危险人物，我们很难接触到鲁迅的作品。有一次出差到日本，在东京的书店里，我第一次看到了两本有关鲁迅的书籍，自那以后我才开始研究鲁迅。当时我是新闻记者，在韩国一家大报社里担任国际部部长职务，负责国际关系方面的业务。

为什么之前没有发现鲁迅？据说，朝鲜在 1927 年就开始引进翻译鲁迅。

李泳禧：首先，我是 1929 年出生的。因此，在朝鲜第一次出现鲁迅的翻译作品时，我还没有出生，而且当时的朝鲜正处于日本帝国主义殖民统治之下，在我的童年生活里没有机会知道鲁迅。到了 1945 年 8 月 15 日民族解放以后，尤其是从 1948 年 8 月建立韩国单独政府以来，由于韩国实行反共体制，封锁和切断了有关中国革命方面的一切信息，所以我到了日本之后才有机会发现鲁迅。

最初把鲁迅视为思想同道的时候，你周围的人怎么看鲁迅？

李泳禧：也许中国人很难理解这一点，我在韩国初次知道鲁迅之后，读了很多鲁迅的作品，但当时的韩国社会是不能传播鲁迅的，因为韩国实行反共体制。因此，我在 1960 年代，确实没有机会向比较亲近的周围朋友积极地介绍鲁迅和讨论鲁迅。

你个人为什么会跟鲁迅产生那么深的精神联结？是心性和气质的类同吗？

李泳禧：确实有这方面的因素。我认为，鲁迅的不屈不挠的精神、热爱人民和始终反抗权势之虚伪的精神气质起到了一定的作用。鲁迅对统治阶级靠虚假统治社会以及由此带来的愚民化、精神奴隶化，所表现出来的反抗精神和唤起民众的启蒙思想，在 1960 年代以后的三四十年间一直激励我为变革韩国社会而努力，而且鲁迅精神与韩国的实际非常吻合，所以我感到很亲切。

你把鲁迅看成是自己的恩师，你说过你的思想跟鲁迅相通，文笔也跟鲁迅相通，如何相通？

李泳禧：我不敢说从总体上已经对鲁迅有了全面的理解，所以还很难说已经与鲁迅完全相通。但是，在我有限的理解范围内，我认为鲁迅在当时表现出来的知识分子形象足以成为我们的先辈和楷模，他在那么大的中国所取得的惊人业绩，足以成为指导我一生的老师。由于我不是鲁迅那样的文学家，在文学方面说不出什么来，但在文学以外，我想学习鲁迅的地方，主要是称为杂文的类似于批判文明、批判社会、批判文学、批判时代的文章，文章写作的方法多种多样，在注意避免受到当权势力直接迫害的同时，又能揭露黑暗势力的丑恶与恶行。鲁迅特有的方式，成为我在韩国社会发表文章的楷模，这对我有很大意义。

韩国的"不得不"

你曾经因为笔祸和政治问题被罢免在大学中的教职，而且先后 4 次被捕入狱。被监禁时，鲁迅的精神资源给过你什么样的帮助？

李泳禧：鲁迅的精神资源给了我很大帮助。鲁迅虽然没有像我那样进过监狱或多次起死回生，但20世纪二三十年代对于鲁迅来说，当时的中国本身就如同一个大监狱，我认为这与我在艰难躲避被捕、拘禁、迫害的小小的韩国社会不得不经受监狱生活的处境并没有什么区别。鲁迅在那种非常严酷的环境里能够一直保持他的基本精神，所表现出来的社会、文学、思想方面的姿态，以及人生与精神的透彻性，一直对多次被投进监狱的我，注入了不屈不挠的力量，这个力量使我坚持了信念和增添了勇气。

韩中之间40多年断绝的历史到了1992年8月24日正式建交而告终。在此期间，你的心里远离过鲁迅吗？

李泳禧：正好与此相反。在这40多年里，韩国社会更需要我的使命感，从20世纪70年代到80年代，只要有机会，我就没有停止过引用鲁迅的文章。尤其在对社会的批评中，在对政治、社会制度的批评中，在对军事独裁体制与虚伪理念的批评中，更加频繁地引用了鲁迅的文章，鲁迅在我心中显得更近一些。

你对鲁迅的接纳和认同，帮助你认识中国社会和中国现实，也帮助你认识韩国的社会现实吗？在你看来中国和韩国具有相似性吗？

李泳禧：我把鲁迅的时代和鲁迅的生活，视为韩国情况的同一性或同质性的前提是：只是局限在很有限的领域。也就是说，我在韩国想做的事情是：彻底批判和揭露当时军事独裁的暴政和愚民政治、虚假的统治，以及极右反共统治阶级非理性的所谓反共主义的意识形态虚伪性。因此，不能说鲁迅时代中国社会所处的阶段，与韩国的状况完全一致。我所关心的领域，只是局限在刚才讲过的当权势力与人民之间凄惨的矛盾关系。

大韩民族，在我们的印象中刚毅、激烈，遇到恶势力的压迫会以断指、自焚相抗争；而中华民族更多表现得坚韧而隐忍，这两个民族的国民性

如此不同，你为什么会认为鲁迅对中国的解剖同样适合于韩国？

李泳禧：中国人对应不同状况的态度或精神姿态，与韩国人相比有很大差异。在历代暴政时期里，在日帝统治下做民族解放运动的时期里，在后来的反共独裁政治时期里，之所以出现断指或自焚的极端态度，是因为在狭小的韩国国土上发生的当权势力与人民之间的矛盾关系即镇压的浓度，从质量上远比中国的统治阶级镇压人民大众高得多。在这种状况下，韩国的百姓没有条件以长远的眼光考虑持久的对策，或者能像中国人那样策划具体而长久的抵抗行动。其实，我并不赞成韩国的抵抗运动采取那样的极端方法，反而想指责这种极端行为。但是，韩国的这种不得不这么做的心情，被赶进根本没有出口的死胡同里受压迫百姓的状况，很难与中国相比。虽然鲁迅时代也处于暴政和独裁统治，但中国具有辽阔的大陆、悠久的历史、"慢慢地"不慌不忙的传统节奏，可以采取一边悠长地观察历史，一边解释、抵抗、克服的态度。我的评价是，中国人独特的对应方式，要比韩国有效得多，更为合理。

关于鲁迅对中国的剖析也同样适合于韩国的说法，如上述提到过的那样，我认为也是以当时的状况和有限的条件为前提，不可能任何时候都完全适用。

鲁迅的第三立场

鲁迅对你的影响，很多是正面的，有没有负面的影响？

李泳禧：鲁迅先生在当时是思想方面的权威者，我受到鲁迅影响，从来都未曾想过这是否幸运，或有没有负面影响。这是因为，鲁迅一向把当时的中国社会与中华民族以及中国人的状况过分地描写为郁闷、该受批判的、无可救药的程度，主要举例许多否定的方面。同样，我也在描写和强调韩国社会的这个方面。

对中国的现实，知识分子一直有截然不同的立场和态度。其一，为中国走向文明开化，走向现代奔走呐喊，这种立场被称为是肤浅的启蒙主义；其二是趋向甘地式的反现代主义，这也可能称为反启蒙主义。鲁迅是站在一个既非肤浅轻狂的启蒙主义，也非反启蒙主义的第三立场。他肯定走向现代的指向性，也不断去批判现代性。他趋向于阶级思想，但一刻也没有放弃对它的局限性的批判。你怎么评价这三种立场？

李泳禧：我认为这个提问所指出的鲁迅独特的第三立场，确实是一种非常适当的表达方式。鲁迅不仅不赞同洋务论者的国粹主义富国强兵方式，而且认为以梁启超和康有为为中心的所谓制度改革也脱离了中国社会发展的阶段，并加以批判。同时，当他看到大部分留学日本的中国留学生都想选择法学、政治学、工学或实务经济政策等方面的专业时，他却批判那些只致力于表面启蒙主义的性质，唯独选择了别人不肯选择的医学，这也几乎能说明他的第三立场。当觉悟到中国人或中国人民的致命缺点是精神而不是肉体上的疾病以后，鲁迅从医学专业改为文学之路，也可谓是继往承后的立场，或是大转换。之后在与"国防文学"展开的论争中，采取"民族解放战争中大众文学"的立场，也是一种区别于从表面上解决中华民族问题的对应于启蒙主义的第三立场。因此我认为，在当时多种思想潮流中，鲁迅始终探求根本问题，批判表面上的启蒙主义，始终固守第三立场的态度，不愧为超群的能力。

有人说，在全球化的背景下，鲁迅的"民族解放论"和"民族解放文学"已不合时宜，属陈腐之物，失去了现实性，你怎么看？

李泳禧：鲁迅的"民族解放论"和"民族解放文学"，从21世纪的现阶段眼光来看，至少已经相当程度地完成了作用和使命。然而，我认为有必要把"民族解放"这一单词进一步与当今时代形势的变化和条件结合起来加以考虑。例如，中国走向现代化的过程中，存在着需要认识和克服的内外两面课题。第一，已经变得很严重的各种非人性化，以及甚至把人视为手段的反人性化。由于对西洋文化和思想未加任何批判而加以称颂的结果，据说极端的利己主义、物质万能主义、抛弃道德和伦理的拜金思想、由此带来的人性腐败和社会堕落，此外还有许多外来的否定因素正在影响着中国人和中国社会。能够冷静地认识到这种民族的总体危机，并探索出有效对策，正是21世纪中国的"民族解放"问题。由于有不少中国人未通过任何精神上和思想上的觉醒，就几乎盲目地像信仰那样追随落后的资本主义道路，因此对于中国人民来说切实需要新的21世纪的"民族解放文学"。

在过去的50年里，韩国一直把美国式的资本主义视为模范，单纯地把物质主义捧为神。韩国在纯粹经济方面或物质主义方面曾经取得过令人刮目相看的发展，但在另一方面人性总体堕落，社会伦理受到很大的破坏。为了领取金额并不高的保险金，甚至发生过一些父母杀害子女或子女杀害父母的事件。韩国社会中人的行为规范——善恶观念已经颠倒到严重程度。在富人统治的经济政治制度下，少产阶级或无产阶级的权利正在成为富人的牺牲品，基层劳动者的生存权利正在受到所谓美国式世界化之新自由主义的扼杀，在富人无限掠取的贪欲之荫里，韩国已经成为贫穷者度日如年的、拥有一大批失业人民的国家。同时，甚至无限竞争的无情的成功主义、基于生存竞争的"强者必胜，弱者必亡"的社会进化论，已经达到了极点。而且，由于无论是强者或弱者50多年一直习惯于美国式资本主义，大部分都无法从崇拜美国的思想中摆脱出来，所以这种恶循环正在不停地重复、扩大和再生产。

鉴于韩国的这种情况，我愿向善良的中国人民忠告，新的"民族解放"以及21世纪的"民族解放论"，或许在中国也是非常需要的。面对美国式资本主义要把中华民族整体隶属于自己体制下的形势，中华民族如能顺利地维护自己民族的人之德性和社会的良俗美德，发展成为和谐的社会，这也是"民族解放"的艰巨任务。认为鲁迅的"民族解放论"和"民族解放文学"属于过去的思想，因此已经成为陈腐之物的想法，真可谓是美国式思想的启蒙主义价值观所犯的重大错误。对于福山所主张的，苏联解体的同时"历史终结了",实现"美国化包装"等愚昧的世界观或邪说哲学,某些中国知识分子表现出来的最忠实信奉者形象,实在令人为中国的未来感到遗憾和担忧。鉴于现在已经进入到 21 世纪还有人在犯肤浅的启蒙主义错误,我本人认为应该继续需要鲁迅。我真诚地希望中国的知识分子和中国人民能够认真而深刻地吸取韩国和韩国社会经历过来的社会教训。

东亚"智"的桥梁

有人说,"鲁迅是东亚伟大的灵魂,是东亚通往'智'的桥梁",你同意这个说法吗?

李泳禧:如果让我冷静地说的话,对于鲁迅在东亚的地位和今后潜力或者对目前的效用,很难做出那么积极的评价。正如上述从 21 世纪现实中的几个方面探讨过鲁迅的"民族解放论"那样,如果真的能适合于新的环境,鲁迅的意义可以接近于提问中所说的程度。

但从目前情况来看,东亚各国的经济、社会、政治、文化等发展的阶段或生活方式和水平都不一样。东亚各国的国家民族的利益也有所不同。鲁迅作为东亚人应该做的事情是,为了反霸权主义的、和平主义的大众,尽可能地适应于善邻生存的目标。

看东亚各国当今的趋势,国家之间的关心和方向有所不同,甚至会向分裂或对立的方向发展。所以,我看现在有一项重要的任务,那就是让东亚几个国家的知识分子在自己的国家内部,追随鲁迅的精神或者通过变形明确自己的使命。这些知识分子,如果能对自己国家的各种制度或政治社会进行修正或改正的话,由此为东亚各国统一到一个大的共同的方向,为东亚的共同生存起到桥梁作用,那么,可以说鲁迅精神有一定的作用余地。

以韩国为例，像依靠外来势力、美国式资本主义和物质至上主义、社会性堕落的所有的否定因素与矛盾，正在不断地膨胀。这一点可以通过鲁迅过去的价值观或作用，得到相当程度的修正。日本很明显地表现出历史的重演，即帝国主义、霸权主义、扩张主义，对于这种非和平的国家指向，也可以应用鲁迅的思想进行许多自我反思和自我批判。

因此，对于那些有利于化解各个国家和民族的内部矛盾，以及东亚区域相互和平共存繁荣的做法，如果能用鲁迅的精神自觉地加以修正，我认为即使在鲁迅逝世 70 年以后，为了东亚 15 亿民众的将来命运，会作出肯定的贡献。

对鲁迅的回望是重温死火，21 世纪的世界，全球化的资本主义的各种矛盾将更为复杂，更为深刻、尖锐，有人说鲁迅属于过去式，也有人说鲁迅属于将来式，你的看法呢？

李泳禧：在 21 世纪里重温和活用鲁迅的精神和思想，将此比喻为重温死火的努力，是一种错觉。鲁迅的思想，即使现在也是毫无变化而继续燃烧的火。

我认为，只要美国式资本主义想要统治世界，而且美国式物质主义与力量哲学以各种名称和各种形态强加给全人类的状况存在，鲁迅的思想会继续有效。鲁迅既是"现在式"，又是"未来式"。也许有人会认为我过分地指责美国的发言并不妥当，但美国本身和代表美国的各种否定性的价值，都将会威胁世界和平的状况，直到将来某一天美国丧失了那样的地位和能力，或变质为向往和平的体制和国家时，鲁迅将会一直是"现在式"，而且到那时之前一直会成为"未来式"。

目前，中国人正在急剧地朝着现代化和物质主义的方向走着，好像进入到又一个新的洋务论的时代。我本人是这么想的。如果真的是那样的话，将会与 19 世纪中叶开始的洋务论有所不同，模仿和向往的对象主要是美国资本主义、美国的生活方式、美国的价值观及其各种体制、制度的运营方式等。到了那时，中国的知识分子对美国的物质生活的惊叹与羡慕融合在一起，在相当一段时间内将会很难客观地评价和判断中国的现实。目前中国的知识分子或大众受到美国式的冲击非常大，可以理解受到冲击后处于昏迷状态而难以掌握方向的中国知识分子立场。韩国在认识美国的制度、美国的价值观、美国的权力、美国这一国家的过程中，达到重新发现自己时，花费了50年时间。中国大陆也许会更快一些。由于人口较多，但至少也得花费三四十年。中国的知识分子应该经常自问一些问题，努力恢复自己的自律性，例如，我的意识为何变得如此昏迷？为何如此难以控制方向？我们几乎完全地盲目地倾倒于美国的价值观和生活方式的做法是否正常？这样的努力，好像就是当时鲁迅通过写文章，要求中国大众做的事情。以此意义来看，鲁迅是"现在"的鲁迅，也是"未来"的鲁迅；是20世纪的鲁迅，还将继续是21世纪的鲁迅，对于这一点，我深信不疑。

（本文采访由韩国外国语大学教授朴宰雨先生代理，崔强汉译）

在东亚的天空下

在狱中读鲁迅

朴宰雨是韩国外国语大学教授，他给自己取的笔名叫朴树人，书斋的名字叫树人斋，以此寄寓对鲁迅的敬仰。

"鲁迅成为我灵魂深处超越时空常向他学习的老师，是我反思自己时的标准严厉的前辈先行者，也是我孤独时分担苦闷或者神游的朋友。"

1973 年，朴宰雨进入大学中文系读书，当时是朴正熙军事政权长期独裁，对批判的、抵抗的学生的抗议加以严厉弹压的时候。

当时中文系里教的课程主要是讲读《论语》《孟子》《陶渊明》《唐诗》《三国志》这些课，读中文系感觉沉闷，无聊。在大学初年，朴宰雨就不关心专业，生活的主要时间都花在参加学生抵抗运动上。到了二年级第二学期的时候，学报社的一个女同学请朴宰雨写有关"鲁迅思想和文学"的评论文章，这是他第一次接触到鲁迅的名字。当时研究鲁迅的韩文资料很有限，他为了找资料，四处奔走，终于写出文章。这件事情后来成为改变他命运的种子。

由于参加学运坐过短期的牢，写毕业论文时也选择论鲁迅，毕业后选择中国文学深造之路而去台湾留学，回国在大学任教以后把被禁的中文书翻译成韩文，致力于社会批判和思考，所有这些都可以从最初的那个事件找到心理依据。

"无论在中国、韩国或者其他国家，被鲁迅吸引，成为鲁迅作品的爱读者，或者把鲁迅及其作品当作研究对象的学者，不计其数。"朴宰雨说。

韩国著名文学评论家任轩泳在当年读到鲁迅《故乡》的时候痛哭了一场。因为战争，当时的任轩泳已是家破人亡，丧失家园之痛使《故乡》成为最深切的体验。

1950年爆发的朝鲜战争使韩国与具有数千年最亲密关系的文化艺术兄弟——中国文学——之间产生了一道隔绝的壁障。

"我的背井离乡感与鲁迅的思乡情虽然有所不同，但是我们的故乡都是处于必须进行变革的那个封建意识形态和贫穷蔓延的社会。从这一点讲我们是相通的。将那个惨不忍睹的故乡变成让人思念的故乡是不是一场革命？地上本没有路，走的人多了，便成了路。那时我该走的路，要逼我走的路，是不能令我满意的，似乎在我要走另外一条路的时候，鲁迅给我放进了一个期望。"

任轩泳有过两次坐牢的经历，两次都跟鲁迅有关。1974年，在韩国宣布紧急状态的时候，任轩泳被捕，"既然坐牢，那我就在监狱里读读鲁迅吧。"他找到了当时难以购到的五本中文版《鲁迅全集》复印版本，同翻译版本对照着苦读。

任轩泳第二次入狱也跟鲁迅有关。1976年参加"南民战"，在那时行动指针依然是鲁迅。被投入监狱，埋头于学中文，于是读《鲁迅全集》。1983年出狱时，最先购买的书籍就是中国人民文学出版社出版的纪念鲁迅诞辰100周年所发行的16卷《鲁迅全集》的日语版译本。

鲁迅没有到过韩国，直接和鲁迅来往或者交换书信的韩国人也寥寥无几。为什么鲁迅在韩国有这么持久的影响力？

朴宰雨说:"孔子没有来过韩国,也没有和所谓'东夷'人士交往过,但孔子对韩国传统文化影响却很大;马克思没到过中国,也没有和中国人士交往过,但是他对20世纪中国的影响这么大。其主要原因不在接触的直接与否,而在和接受民族的历史和现实社会以及民族气质上的需求符合与否。鲁迅的坚决反对封建食人统治、反对帝国主义和法西斯主义的思想和关怀被压迫民众的命运的文学,在严酷的日帝殖民统治下呻吟的韩国人民看来,是令人在黑暗中、在绝望中能找到一线光明和希望的思想和文学,是引起人们深刻共鸣的思想和文学。韩国知识界和民众与中国不同,一直没有把鲁迅神格化,基本上把鲁迅看作启蒙主义思想家兼作家。虽然对鲁迅见仁见智,有不同看法,但是把他看作重视人的尊严并反对法西斯强权的高压、腐败和虚伪的进步知识分子,兼能关怀民众、对民众'哀其不幸,怒其不争'的批判现实主义的文学家,这点是一致的。"

鲁迅还会说什么

鲁迅的名字最早在韩国得到介绍的是1920年杨白华所翻译的日人介绍中国新文学的文章,题为《以胡适为中心漩涡的新文学运动》。

不过,韩国真正介绍鲁迅作品是在1927年。柳树人得到鲁迅同意把《狂人日记》翻译成韩文,1927年8月登载于《东光》16号。柳树人初读鲁迅《狂人日记》,是跟着父亲流亡到中国东北读中学的时候。他和同学们一起读《狂人日记》,懂得真正的意义之后感动得"几乎发狂",以为鲁迅先生"不仅写了中国的狂人,也写了朝鲜的狂人",以后鲁迅就成了他们崇拜的第一位中国人。

1937年至1945年,由于中日战争爆发,鲁迅著作变成了禁书。1992年8月24日中韩正式建交之前的40多年里,鲁迅后期作品虽然被禁，但是前期小说和散文、诗等并没有遇到被禁措施。在中国现代作家作品中，韩国读者阅读最多的是林语堂的散文和鲁迅的《阿Q正传》《狂人日记》《故乡》等小说。1980年代中期以后鲁迅的杂文（竹内好注释本）也翻译成韩文。

"朝鲜半岛的南北从1920年开始接受鲁迅，在殖民地时代把他看作和封建主义及帝国主义斗争的锐利的精神武器，在光复后又把他看作和法西斯军事独裁斗争的思想资源。实际上，日帝时期李陆史、韩雪野等抗日作家与李泳禧先生等七八十年代韩国民主化运动的思想导师就从鲁迅那里学到不少东西，也得到很大的启发和鼓舞。"

鲁迅博物馆馆长孙郁谈到为什么东亚国家会借重鲁迅作自己的思想资源时说："我看来，在这潜藏多重矛盾的复杂多端的东亚的历史格局下，今后向建立东亚民族之间相生体制的未来进军，为酝酿东亚文化共同体而努力的时候，鲁迅是非常重要的思想资源之一。从一般意义上讲，鲁迅虽然也可以说属于全世界，但是世界上有哪些其他国家像我们这样和鲁迅有过历史缘分，对鲁迅表示亲密感情，把鲁迅当作反思历史和推动新的文化的思想的、文学的资源呢？"

韩国社会活动家、文学批评家任轩泳说："现在，我们已进入了21世纪，我们将民族解放理论置于历史的仓库中，忙于传播世界化的福音。如果鲁迅还在世的话，他会说什么呢？丧失民族主体性的世界化可能吗？不会的。亚洲似乎重新需要鲁迅。"

第六部分

评估世界的尺度

纪念苏珊·桑塔格

2004 年 12 月 28 日，正是辞旧迎新之时，我出街准备到居所附近的餐馆用餐。

突然收到手机短信：美国作家苏珊·桑塔格病逝。这消息让我停下脚步，立即返身回到住处。开电脑搜索新闻，确认桑塔格辞世的消息，心里隐隐作痛。我给总部的编辑电话报告相关讯息并讨论纪念专题的操作。编辑部同意专题操作方案，我迅疾投入工作。

给远在英国的诗人杨炼发电邮预约采访时间，我知道杨炼跟桑塔格素有交往；同时给台湾"中央研究院"的学者杨小滨电邮预约采访时间，小滨是专访过桑塔格的学者。同时还给作家张承志发出电邮，预约采访时间。互联网时代就是这样，散布在世界各地的人们瞬间就可以联络到。午后之时需要联系的作家学者的电子信箱都躺着我发出的电子邮件。

从这个时刻开始，我像沉没的轮船沉入伤悼的情绪里。桑塔格远在美国，在另一片国土生存或死亡，可她的消息即刻抵达了我。知道桑塔格的卓越是通过对她的阅读，她广博的人文素养，犀利的论辩才华，坚定的个人立场，给世人留下强烈印象。她对时任美国总统乔治·布什的批评，对美国政府火力十足的批判，使她在国际知识界享有广泛影响力。

我读过她很多著作的中文译本，读过记者对她的专访，也因此熟悉她的思想，钦敬她的杰出表现。

以个人的声音反抗世界的冷漠。这是杨炼为桑塔格勾勒的精神肖像。

"我们认识之后，每次我去美国，都会打电话给她，也多次去过她在纽约的寓所。那所很大的公寓，布置得非常美丽。它位于曼哈顿西侧一座大楼顶层，直接俯瞰哈德逊河的水面。我们的每次交谈，都热烈深刻，不论是在煮咖啡的厨房里，还是在摆着一辆锃亮摩托车（她儿子的礼物）的大客厅里，她的目光总是热烈而专注，她的谈话，很少空洞的寒暄，总是直接切入主题……"

诗人讲述着与桑塔格的交往，他的充满细节和情感的回忆呈现一个感性而清晰的桑塔格。杨小滨也回忆了他见到过的桑塔格，包括对她的观察和认识以及评价；张承志的态度是保留的，他为了准确表达自己的思想写了文章，后来收到他的随笔文稿《他人的尊严》，然而因为媒体的表达尺度，文稿需要删节，有"一字不改"之约在前，只好原稿奉还，这自然是后话。就是这样，仔细阅读梳理人们记忆中的桑塔格，对我而言，是对一个杰出思想家再度认识的机会。在我的居所彻夜响着录音机播放采访录音的声音，我就这么迅疾涉入一个逝者的生命之河。

以个人的声音反抗世界的冷漠

杨炼（诗人，现居英国）

苏珊·桑塔格给我的印象是锋利，敏捷，爽快。文如其人，如果考虑到她的年龄，也可以加上美丽。

我第一次见到苏珊是 1997 年，在伦敦。一个专辑的出版仪式上，我的朋友、荷兰作家伊恩·布鲁玛跟一位女士来了。我记得很清楚，当她的名字被介绍出来，在座的人都非常兴奋，而她面对欢迎的热烈，只一再重复自己是个普通"支持者"。这是她给自己的"头衔"。她一经和我介绍，马上谈起中国。从那以后，我和她时有书信往还。

苏珊·桑塔格被称为美国屈指可数的欧洲式知识分子之一。欧洲式知识分子的特点，第一是坚持欧洲文化传统的人文关怀，以此作为一切思考的动力；第二是通过对欧洲文化（也就是自身文化）深度的认知，去获得对其他文化理解的深度。这对当代大多数美国人很有意义：当自己是空白时，不可能对别的文化有更深刻的了解。

我们认识之后，每次我去美国，都会打电话给她，也多次去过她在纽约的寓所。那所很大的公寓，布置得非常美丽。它位于曼哈顿西侧一座大楼顶层，直接俯瞰哈德逊河的水面。我们的每次交谈，都热烈深刻，不论是在煮咖啡的厨房里，还是在摆着一辆锃亮摩托车（她儿子的礼物）的大客厅里，她的目光总是热烈而专注，她的谈话，很少空洞的寒暄，总是直接切入主题，无论谈的是中国、文学或电影，她三句两句就会把老生常谈抛开，去抓住最值得思考的东西。和她谈话，我好像能看见，她的头脑像一架思维机器，不停地超高速运转。那实在不像一个女人的思维状态。话说回来，她的家，正处处体现出男性之旷达和女性温柔的组合：想想那辆客厅里的摩托车象征的含义吧；但她招呼起客人的茶点来，又活脱一个家庭主妇。苏珊当过妻子、当过母亲，晚年又和一位女士同居，在性别上，也是如此特立独行。

还有一点，苏珊虽然是一位世界名人，但私下接触时，一丝所谓的名人架子都没有，相反，一派真诚、朴素、美好，对人毫无戒备心，有时兴奋起来活像个小孩儿。我发现这种"纯正"的感觉，在许多事业有成者身上非常普遍。而那种认为名人一定怪僻的想法，显得多么可笑。

2003年上半年我在美国纽约州北部的巴德学院教了半年的诗歌写作。周末或假期，有许多去纽约的机会，所以那段时期，跟苏珊见面比较多。我们的最后一次见面，是当年4月上旬，我、苏珊、伊恩·布鲁玛在纽约中国城一起吃广东午茶。虽然苏珊和伊恩是非常好的朋友，但对于伊恩·布鲁玛在"9·11"以后比较明确地支持美国政府对阿拉伯世界、对所谓恐怖分子的强硬态度，苏珊始终坚持原则，针锋相对。伊恩是荷兰人，喜欢足球，并认为今天的足球赛取代了昔日民族战争的位置，但苏珊立刻插话："可是美国干脆不玩你们的游戏，美国连体育也要把自己和世界分开！"这个插曲，与其说与国际政治有关，不如说跟一个独立知识分子的观察力和判断力有关。对苏珊，如果误差发生在朋友身上，更非争个明白不可。我觉得这才是所谓"诤友"吧！坐在同一张餐桌上，我从一个非西方的知识分子的角度看，显然苏珊在对自身文化的批判上，比伊恩要深刻得多。伊恩看到的是西方普世的民主价值，但是苏珊·桑塔格看到了更深一层：在现实中，这些价值沦为抽象口号有被利用的危险。尤其是美国，对内完整的民主系统和对外的帝国主义强权，既自相矛盾又并行不悖——但这些行为恰恰是对西方这些价值体系的撕裂。

从2004年的5月开始，她的病情又恶化了。

有人把她视为"美国的良心"，我觉得这个评价相当准确。因为任何文化和社会最需要的，是一种既来自内部但又能保持相当距离的清醒的观察和批判。我觉得苏珊·桑塔格代表了这种文化的特质。第一，她是一个从西方文化内部培养起来的知识分子，她所坚持的正是西方文化所标榜的独立思考和发出独立的声音。而且，她的思考不是居高临下的，以西方人的姿态去同情或者抨击别国政治和文化的处境。不像很多西方知识分子，只要谈起"政治"一词，就只意味着讨论伊拉克、朝鲜、中东等所谓第三世界的有麻烦的地区。苏珊·桑塔格态度很明确：她的思考针对的对象，始终瞄准西方文化之内的现实。她所说的政治不是"别处的""他人的"，而是自己的、脚下的。她通过对自己所在现实的政治批判，把思考的焦点拉回、集中到每个西方知识分子身上，从而强调了每个人不容回避的责任和义务。在这个意义上我觉得她非常诚实。她坚持的，正是欧美文化传统的内在精髓。这是非常难得的品质。良心是这个文化的立足点。苏珊·桑塔格自己是犹太人，在以色列和巴勒斯坦的冲突中，以血缘论，她的声音本该贴近以色列，但她历来恰恰在抨击美国和以色列政策的罪恶。在这一点上，她比也是刚去世的有阿拉伯血统的萨义德更需要勇气。她不仅是美国的良心，也是世界的良知。

苏珊·桑塔格的一生，体现出一个知识分子思想的尊严和高贵。我认为，自私、冷漠、玩世不恭这三个词可以为今天物欲横流的世界画出一幅贴切的肖像。而桑塔格的意义，就在于在这样的世界上，坚持发出一个个人的、反抗的声音。就请把这作为献给她的最后题词吧。

重新思考新的世界制度

杨小滨（学者，现居美国）

我正在外面旅行，在旅馆里看 PBS 重播采访桑塔格，完了之后说是她当天去世，十分悲痛。回想多年前去她纽约的寓所对她做访谈的情景，依旧历历在目。当时我还在耶鲁大学攻读博士。因为本来觉得是去采访一位老太，但没想到年过花甲的桑塔格仍然风姿绰约，缕缕黑白相间的头发显得既沧桑又时尚。

我对桑塔格第一次直观的印象，是在几年前美国广播公司（ABC）晚间电视新闻对她在南斯拉夫萨拉热窝内战前线导演《等待戈多》的特别报道。访问她的时候，她说：她并不是有一天坐在纽约，然后突然决定要去萨拉热窝，上演贝克特的那出剧。萨拉热窝 1993 年 4 月被围困的时候，桑塔格就在那里住过一两个星期。当时的萨拉热窝，没有电视，没有夜生活，没有体育活动。音乐家走了，舞蹈家走了，画家也走了。人们没有任何娱乐的东西。在枪弹的恐吓和无聊的包围中，人们都快疯了。那时候，桑塔格决定自愿去萨拉热窝过一段时间，不是一天，也不是一周，桑塔格在萨拉热窝出出进进有三年。她在那里搞了很多项目，1993年夏天在萨拉热窝被包围的点着蜡烛的小型剧院演出《等待戈多》是众多项目中的一个。

在那次访问中，桑塔格对我善意的挑战性问题并没有不快。我指出她年轻时候最著名的主张是反对释义，强调形式感、多义性、暧昧性，和她晚年对社会政治意义的偏爱有所不同。同时，她早年对即兴艺术的推崇也和她晚年对后现代艺术的批判有相当的差异。桑塔格对此一一作了回答。可以看出，桑塔格不单是理论家和批评家，也是优秀的小说家。她的文学理论和实践不是脱节的。其实，对艺术形式的强调，本身就是一种强烈的社会政治姿态。而对后现代的不满，并不是对艺术变异的不满，而是对低俗文化的不满。

关于知识分子的问题是那次采访的重点。记得她思路相当敏捷，往往没等问题问完就明白问题的要点，抢先回答。同时她对中国也十分关心，和以往对中国怀有某种简单乌托邦想象的西方思想家有很大的区别。尽管她不喜欢被滥用的"知识分子"概念，作为一位真正特立独行的、具有自我反省精神的知识分子，桑塔格最可贵之处正在于她反对知识分子那种自以为是的，把自己当作历史代言人或者先行者的"英雄"姿态。她不属于任何派别和流派，拒绝被归类，这也是一个思想家十分难得的品质。更重要的是，桑塔格的批判是全方位的。可以说，桑塔格反对一切将事物简单化的倾向，这也是艺术的本意：艺术是无法归结为某种信息和规则的。

那次的访问，我们给它命名为《重新思考新的世界制度》。桑塔格对我们整理出来的访谈作了认真详尽的修改，让我们领略了她严谨认真的写作态度。

我们失去了一个评估世界的清晰尺度

黄灿然（诗人、翻译家，现居香港）

苏珊·桑塔格的随笔《文字的良心》是我翻译的。这是她在 2002 年 5 月 9 日获得两年一度的"耶路撒冷奖"时发表的演说。她在演说中批评以色列对巴勒斯坦采取的政策，这篇演说，连同她在《纽约客》批评美国的文章，都属于逆耳之言，引起广泛争议。这个由耶路撒冷国际书展颁发的国际奖授予其作品探讨社会中的个人自由的作家。自 1963 年设立以来，获奖的作家包括阿根廷作家博尔赫斯、法国作家西蒙娜·波伏瓦、捷克作家昆德拉和南非作家库切。

苏珊·桑塔格的写作和思想给我的印象是，无论作为作家、批评家或知识分子，她都勇敢而可信地承担责任、具有非凡的洞察力，以及最重要的——保持人格的完整。我没有见过她，但胜于见过。我觉得苏珊·桑塔格是经得起考验的知识分子和思想者。以前，我曾对桑塔格有所警惕：她是在美国那自由和得天独厚的环境中关注国内外事件，尤其是声援其他国家被迫害的作家。但我总是觉得，这太容易了。我老家有句话：趴在棉被下喊冲锋。"9·11"之后，我期待她的发言。她果然在《纽约客》写了一篇唱反调的短文，那是冒天下之大不韪；伊拉克战争打响后，她在《纽约时报》发表反战的——这次是较长的——文章；美军虐囚事件曝光后，她在《纽约时报杂志》发表长篇大论，不但对事件本身，而且对美国本身作全面而淋漓尽致的批判。

我翻译过她的作品，但在数量上，我绝非桑塔格的主要译者。造成这个印象，我想有两个原因。一是我较早地翻译她的一些文章，二是我较及时地翻译她的一些文章。

她的随笔可分为前后两个时期。前期是评论家的随笔，后期（《重点所在》一书和近年见诸报刊的随笔）是作家的随笔。这我也曾在别处概括地说过了。但我最近重看她的两篇早期随笔，一篇是论加缪的，一篇是论薇依的。这使我觉得我可以提供更具体的看法。我觉得她早期作品是论述她对别人对事物的看法的看法，后期则是表述她自己对事物的看法。论加缪和薇依的文章，都是绝好的文章，但碰巧我喜爱加缪和薇依，而我觉得她并未进入他们的灵魂，她的文章是争辩式的，我呢，一边读一边质疑她，尽管我赞叹她说得那么机智，那么精彩。她的后期随笔直接表述她对事物的看法，而我频频点头称是——她直接呈现自己的灵魂，以及她所见的事物的本质。

苏珊·桑塔格的思想和写作在前期更多是表现才智，后期更多是体现良知。因此可以说，她加强了读者的才智和良知，但我想她会希望有才智的读者也更有良知。

以我个人看，这个人的去世对国际知识界产生的影响是，他们失去了评估未来美国和世界重大事件的一个清晰尺度。不过，她还在以她的死继续作出贡献：美国人会发现，外国人最珍视的，不是他们的军事、经济诸如此类，而是一个很不美国的奇女子。

离乡的米沃什

即使是流亡他国，客居异乡，米沃什也没有失去作为一个作家的独立姿态。他在回忆录中说："我到过许多城市，许多国家，但没有养成世界主义的习惯，相反我保持着一个小地方人的谨慎。"

1996 年 10 月 6 日的夜晚，中国旅美学者杨小滨在耶鲁大学见到米沃什的时候并没有新奇的感觉。"那时候米沃什来耶鲁大学朗诵他的诗歌，去的人没有想象的那么多，可能也就是几十人，耶鲁经常会有各种人物来，可能人们并不在意东欧的一个什么诗人，作家在美国不算主流，哪怕是得诺贝尔文学奖。美国人自我，不大在意一个流亡的诗人。那时候米沃什看上去是有些落寞。"杨小滨说。

2004 年 8 月 14 日中午，米沃什在其位于克拉科夫的家中去世。

获悉米沃什去世消息的时候，诗人西川正在新疆的塔什库尔干，当时还有其他的诗人，西川立刻把消息告诉了其他的诗人。虽然知道米沃什已经九十多岁了，但是大家还是感到难受。"实际上米沃什不仅仅是一个诗人，当然作为一个诗人他是伟大的，但是他不仅仅是一个诗人。也就是说他不仅仅是一个经典作家。他等于是 20 世纪的一个见证人，他对很多政治问题、文化问题的看法已经远远超出一个诗人的身份。他也并不完全是一个思想家，但是他启发了思想家。"

米沃什肖像

米沃什，1911年出生于立陶宛维尔诺附近的基日达尼，成长于维尔诺。维尔诺是一个原始的民俗传统与复杂的历史遗产并存的城镇，当地人的生活与一种尚未污染的自然密切联系着。1929年他在斯泰凡·巴托雷大学攻读法律。四年后发表第一部诗集《三个冬天》。1934年大学毕业后在巴黎留学两年，回国后在波兰电台文学部工作。

第二次世界大战开始之前，米沃什是一个比较被看好的波兰文学新星。他是一个庄园主的儿子，他的家庭在当地属于社会精英，1930年代米沃什投入先锋文学运动，在一个先锋文学的小圈子里边，办刊物，发表作品，他的志向是当一个先锋诗人。1933年，他22岁，出版了第一部诗集。第二次世界大战的爆发把所有的一切摧垮了，历史的灾难把他拖入了深渊之中。1940年，米沃什去了华沙，参加了地下抵抗组织。那个时期他编过一本诗集，叫《独立之歌》。

米沃什到了华沙，华沙和他所生活的维尔诺有相似的地方，那是一个强权要争夺的地方。在这样的地方，人们很难选择自己的身份，他们只能选择不同的入侵者。每次新的政府来了，在不同的街道上，人们都要在墙上粉刷不同的标语，人们要换新的护照，一些学校也要换新的语言。1944年8月，华沙起义，火光冲天63天，20万人死在华沙街头。米沃什在33岁时经历这些事情。对一个作家来说，他敏感的是死去的人们，包括那些还没有来得及享受生命的年轻人。

纳粹的暴行和种族灭绝、战争和压迫将米沃什的梦想毁灭殆尽。他开始参加反纳粹暴政的地下抵抗运动。

战后，米沃什在波兰外交部供职，曾先后任波兰驻美国和法国使馆文化专员。

1951 年，米沃什离开波兰，定居巴黎，成为一名自由作家。1960 年到美国，在加州大学伯克利分校斯拉夫语言文学系任教。他在国外发表了 20 多部诗集和小说，主要的有《白昼之光》《冬日之钟》《面向河流》《诗歌集》《拆散的笔记簿》及长篇小说《权力的攫取》《伊萨谷》等。

1978 年，米沃什在美国获得由《今日世界文学》杂志颁发的诺斯达特国际文学奖的时候，诺贝尔文学奖得主、诗人布罗茨基说："米沃什是我们时代伟大的诗人之一，或许是最伟大的。"

1980 年，米沃什荣膺诺贝尔文学奖。瑞典皇家学院拉尔斯·吉伦斯坦在授奖辞中说："米沃什的生活一开始就以分裂和瓦解为标志。在外在和内在的意义上，他都是一个被流放的作家。紧张和对比是米沃什的艺术和人生观的特征。据他说，作家最重要的职责之一就是'给读者创造一个将日常生活变得惊心动魄的境界'——'保护我们免于巨大的沉默'，并且告诉我们始终如一地做人是多么困难。"

维尔诺作为米沃什的故乡，成为他日后写作的源泉。维尔诺带给他的不仅是美好，更重要的是赋予米沃什强大的现实感和历史感。

诺贝尔文学奖获得者、爱尔兰诗人谢默斯·希尼在评价米沃什时说："作为一个作家，切斯瓦夫·米沃什的伟大在于，他具有直抵问题核心并径直作出回答的天赋，无论这种问题是道德的、政治的、艺术的，还是自身的，——他是这样一种人，这种人拥有暧昧难言的特权，能比我们认知和承受更多的现实。"1989 年，米沃什获准回国定居。

你这个诗人，坐在圣约翰大教堂做什么？

访问时间：2004 年 8 月 20 日

访问地点：北京波兰驻华大使馆

2004 年 8 月 27 日，是波兰共和国政府为诗人切斯瓦夫·米沃什举行安葬仪式的日子。

8 月 20 日，波兰政府拟定了两个地方作为安葬米沃什的墓地，一个是克拉科夫的墓地，一个是克拉科王宫邻近的教堂。教堂安葬着波兰一百年来最杰出的文化人，米沃什最终也被确定安葬在教堂。届时，安放着米沃什遗体的石棺会被存放在教堂的地下墓穴中，那里还存放着波兰历史学家扬·德乌高什、剧作家斯坦尼斯瓦夫·韦斯皮扬斯基、画家雅采克·马尔切夫斯基的遗体。当晚，在克拉科夫市场的广场上还有通宵的纪念活动，人们会朗读米沃什的诗作。葬礼在克拉科夫的圣马利亚大教堂举行，由大主教弗朗茨塞克·马哈尔斯基主持，当天会有很多重要的人物到场，包括波兰总理、美国驻波兰大使、立陶宛驻波兰大使等等。

但是也有人反对将米沃什葬在国家级教堂。据波兰《选举报》报道，1980 年代波兰作协的主席康拉德·斯特热莱维奇、波兰社科院的知名教授和四位波兰家庭联盟党的前议员等人联名写信给克拉科夫地区教会的大主教，反对在克拉科夫教堂安葬米沃什。波兰的宗教电台马利亚电台，不顾大主教对米沃什的认可，号召听众们反对米沃什的葬礼。反对者甚至对葬礼那天是否应该让送葬队伍穿过城市争论不休。

在涉及米沃什葬礼的问题上，有不少人不同意把他当作一位伟大的波兰人来安葬，他们甚至认为米沃什根本就不是波兰人，因为他大部分时间是在国外度过。1951年，米沃什作为当时波兰政府的外交官出走巴黎，他的移民身份使反对者耿耿于怀。波兰国内一些媒体评价米沃什的时候，使用"逃亡者""叛徒""良心缺席者"等词语。

1951年在米沃什作为波兰政府的外交官出走巴黎的时候，现任波兰驻华大使布尔斯基刚刚来到中国北京学习汉语，为他的外交官生涯奠定基础。布尔斯基目睹过当年在波兰国内指责和批判米沃什的情形。1960年开始，布尔斯基先后出任波兰驻华大使馆随员、秘书、文化参赞，他经常会收到米沃什在巴黎流亡期间编辑的地下杂志。那个时候，布尔斯基就读到过诗人在流亡之中写下的诗歌，那些诗让他读过之后难以忘记。

2004年8月20日，在米沃什辞世而毁誉交加的时候，布尔斯基在他的大使官邸接受了我的专访。

米沃什跟你一样曾经做过外交官，先后在波兰驻华盛顿和巴黎的大使馆工作。但是在1951年，他在外交官任上出走，并留在了法国。你怎么看米沃什1951年的出走？

布尔斯基：米沃什当时是波兰驻法国的外交官，负责文化事务。他当时已经30多岁了，开始他在波兰驻美国使馆当随员，后来被派到法国当文化参赞，他觉得受不了就逃跑。当时政府和外交部对他肯定有意见。不过后来，他选择的这条路是给波兰争了光，1980年他获得了诺贝尔文学奖，他成了波兰的骄傲。

你对米沃什熟悉吗？诗人布罗茨基称他是20世纪最伟大的诗人，你怎么看？

布尔斯基：布罗茨基对米沃什的评价一点都不过分。对米沃什和他的作品我老早就知道，特别是他写的很重要的一部作品《被禁锢的头脑》，1953年在法国发表，我很欣赏。这篇作品是写波兰知识分子，特别是年轻的知识分子的，他揭示了很多问题，揭示了第二次世界大战以后波兰知识分子当时的处境，揭示了国外知识分子对国内知识分子的态度。米沃什战后在国内，后来他决定到西方。但他没有参加任何的政党，也没有参加任何的政治派别，没有参加任何的政治运动。他主要是从道德这方面分析人的处境、人的态度、人的表现等等。他的态度不一样，他关心的问题是违背真理，还是支持真理。在20世纪40年代末50年代初一部分波兰知识分子热烈欢迎当时的新思想，也有一部分知识分子提出批评意见。米沃什没有直接反对，他是从道德的角度提出问题：人对真理的态度是什么？主持真理还是脱离真理，主持公正还是脱离公正？

米沃什有时候说自己是立陶宛人，有时候说自己是波兰人，他的出走使他成为一个失去祖国的流亡者，你怎么看米沃什的流亡？

布尔斯基：米沃什有时候说自己是维尔诺人，有时候说自己是立陶宛人，有时候又说自己是波兰人。最早他把自己看成是维尔诺人，战前这个城市归波兰，现在是立陶宛的首都，16世纪一直到18世纪，立陶宛跟波兰王国是统一的，所以好多立陶宛人在波兰那边定居，好多波兰人在立陶宛那边定居，也有很多通婚的等等，到最后有的地方就很难分清哪些是波兰人，哪些是立陶宛人。后来是战争把这些给破坏了。战争摧毁了一切，米沃什失去了故乡，失去了祖国，失去了朋友。虽然他后来回到过他的故乡，但是他熟悉的那种气氛不复存在。所以他经常提到过去，提到战争的后果。我这里有一首诗，题为《在华沙》，是米沃什1945年写的，他写的第一句就是：你这个诗人，坐在华沙圣约翰大教堂做什么？当时的华沙在战争中变成了一片废墟。他在诗歌中写到牺牲和忍耐，他表达的主题不是战争，就是回忆，不是废墟，就是童年，要不就是真理和对真理的态度，这就是米沃什。

流亡者是没有确切归属感的人，米沃什到法国，法国不是他的家乡，到美国定居，美国也不是他的地方。

布尔斯基：可以这样说，战前他就是一个优秀的知识分子，战争把他的一切给毁坏了。战后开始的时候他是有希望的，到 1951 年他就出走，到了西欧，但是到了那边人家对他有点怀疑。后来慢慢在那边可以说水土服了，美国的大学邀请他讲学，他在美国三十多年一直在讲波兰文学。他把波兰的文学介绍给美国，把波兰独特的思想引进到美国。

有个美国教授跟我说：我知道有一个波兰诗人，他写过《被禁锢的头脑》，我知道他在美国是一个外国人，他失去了立陶宛，失去了波兰，失去了法国。他在美国出的书主要不是为美国争光，是为波兰的作家争光，他的书哲学内容太多，哲学内容太多的诗人现在不多了。米沃什被看成是一个独特的人，是一个对诗歌和哲学很认真的人，但是美国人不大懂他的诗歌，波兰人没机会看。他就是这样的一个处境。

1980 年他获得诺贝尔奖以后波兰是什么反应？

布尔斯基：他在 1980 年获得诺贝尔文学奖以后，受到邀请回到波兰，受到广泛的欢迎，因为他已经是公认的世界文学舞台上的人物了，很出色。获得诺贝尔文学奖以后，波兰开始关注他，很多出版社都愿意出版他的书。

1989 年之后，米沃什受到邀请回到波兰定居，那以后他的状态是怎样的？米沃什没有对波兰的社会发言吗？

布尔斯基：他有一次接受记者的采访时说，他在美国一直觉得不是在自己家里，有点不舒服。那边缺少波兰人以及东欧人，特别是知识分子的思想交流的气氛。波兰的那些诗人，老一代或年轻一代喜欢去咖啡馆喝咖啡，边喝酒边争论，争论一夜是常事。美国就不是。1989 年他受到邀请回国定居。那时候的波兰正处于东欧政治巨变的时刻。但他一直不愿意对时局发言，据我了解他很少发言。有时候被逼着也不说。他只是写诗，用诗歌表达他的思想。他觉得现在的波兰是个更加开放、更加自由的国家，他也很想回到自己的故乡。所以到晚年的时候他选择了回到家乡。

据说他晚年的重要工作就是用波兰语翻译《圣经》？

布尔斯基：他用波兰语翻译《圣经》从很早就开始了，《圣经》一直是他诗歌写作的一个源泉。

波兰对米沃什的辞世有什么反应？

布尔斯基：在波兰当诗人，为波兰当诗人，比任何别的国家有不同的历史性的或民族性的责任。在波兰历史上，诗人起着很重要的作用，不仅是他这个诗人，别的诗人起的作用也很大。诗人对波兰民族的特性了解得更好，同时对民族的遭遇，他们的敏感性更大。我们的总理也对米沃什的作品有一个评价，他说：米沃什通过他的诗歌在给我们指路，让我们做好事，认识现实问题。

他是一个有明确的看法的作家，他的使命就是要加快我们生活的速度，他对那些有危机和冲突的地方有天生的敏感性。他的主要的思想就是对真理的态度。对历史的态度，对战争的态度，对和平的态度，对真理、对公正的态度。虽然他失去了祖国，被迫留在国外很多年，但是通过他的工作，通过他跟美国知识分子的联系，推动了波兰文化的发展。

他是一个对世界不能满足的作家，他是一直为人的尊严和自由而奋斗的人。波兰人民理所当然地把他看成是国家的骄傲。

（本文采访得到国际广播电台波兰语组及波兰驻华大使馆的协助，在此致谢）

他是一个知道事情所有复杂性的人

口述：崔卫平（学者、作家）

米沃什给我的感觉，不是诺贝尔文学奖获得者的那种荣耀和炫目。

米沃什是个比较复杂的人，很难把他概括成某一类，或者很难简单地把他说清楚。很多人概括了米沃什的很多特点，但还是很难把握住他的特点。我看到一部《战后东欧文学史》，里边介绍米沃什的时候说他可能是一个多样性的牺牲品。因为他做的事情太多了。他又是诗人，又是翻译家，写随笔，写长篇小说，做学术研究，他长期在美国伯克利加州大学教波兰文学，到了晚年，他开始用波兰语翻译《圣经》，他的整个面貌比较复杂。

米沃什一直是一个另类，一直是一个很难被环境吸收的人。1951年他离任出走。他出走是有争议的。我不同意说他是在反对苏联集团，因为他实际上是很低调的人。他在流亡期间是唯一一个拒绝给《自由欧洲之声》写稿的人，《自由欧洲之声》是西方反苏联极权的一个重要宣传工具，它的读者就是东欧阵营，但米沃什拒绝给他们写稿。我想说的是，米沃什不是一个单向度的人，他早年有左派倾向，但是他又选择出走流亡，然而在出走和流亡之中他又拒绝诋毁他的祖国。他是一个知道事情所有复杂性的人，也是一个政治观念很淡薄的人，他不是异议分子。

他是一个诗人，是一个向往自由创作的人。

我觉得他是一个诚实的人，也是一个深受折磨的人，关于身份的模糊性，关于要不要坚持原则，他要面对自己的软弱，承担自己的软弱，面对自己内心道德上的焦虑，他不直接判断善恶是非，也不直接给定是非的界线，面对自己的悲惨、不幸、软弱和罪责，他把这些东西以一种非常节制的方式吞吞吐吐地表达出来。有时候承受不住内心的压力，他会写一些自然景色给人安慰，这是他的一个良知的表现。

1953 年他写出了《被禁锢的头脑》。他关心的是人的精神自由，这是一个作家始终坚持的立场。他秉承着一个作家对于个人心灵自由的敏感所在写出了这部书，这部书在西方影响非常大。

1953 年他到了巴黎，直到 1960 年。他在巴黎过得比较惨。经常没有钱，没有正式的工作，日子过得比较艰难。从 1951 年到 1960 年他的诗歌写得很少，我们可以想象他内心所受到的煎熬。或许是因为忙于生计，他后来去了美国，到了美国以后他的诗歌开始出现，他一直用波兰语写诗，用英文写作，用英文教书。他后来一直感谢美国，到了美国他的生活是有保障的。

有一个美国作家说米沃什的诗始终处于一种受威胁状态，而且是一种被监视的写作。如果说被监视实际上是两道线，一个是他的祖国，一个是他的良知，因为他在波兰生活的时间很短，如果说有监视，那他就是被自己的良知所监视。因为只有他能看到自己。

有人说米沃什是一个宽容的人，我倒是觉得他是一个培养我们宽容的人。真的，我不认为他是伟大的人，我认为他是个诚实的人，诚实到承认自己的软弱，也能面对它。他是一个有勇气的人，他有面对自己软弱的勇气。在一个绝对的年代，一个冷战的年代，他用写作担当起自己的责任。

他是一个冲破了诗歌抒情限制的诗人

口述：西川（诗人、作家）

我最早接触米沃什的诗歌是看到他的一首诗《鲜花广场》，那是罗马的一个广场，他在诗里写一些暴民当年就是在这个广场烧掉布鲁诺，后来这个广场又经历战争的洗劫，一些人被炸上了天。米沃什的历史感是很多欧美诗人不具备的。因为以往我们更多从西方的诗歌里学到的是技巧，但是我们读了米沃什就知道我们必须要面对生活。

我翻译《米沃什词典》是受出版社委托，他们一问我，我就说好吧。我知道米沃什很重要，也知道这几年在中国很多诗人喜欢米沃什，而且很多人都在写他，但是写的米沃什我觉得不大对头，他们总是把他混同于欧美诗人，或者混同于美国诗人，他的东欧背景被很多人所忽略。

我在翻译《米沃什词典》，越翻越觉得他跟所有的美国诗人都不一样。

他的东欧背景对他非常重要。我在前言里写到波兰和他的家乡维尔诺是他认识世界的一个背景，是评判欧美的一个他证。而且他把故乡和波兰当成他展开道德想象力和历史想象力的一个支点。

米沃什身上不仅仅具有强烈的文化色彩和历史色彩，还有道德色彩，这在别的诗人那里很难见到。很多诗人不具备这种道德性。对于一个美国作家，道德感可能不重要。对于像米沃什那样出生于波兰社会的作家，道德感当然重要。

米沃什不是我们所说的那种诗人，他不是一个抒情诗人。曾经也有人批评说米沃什诗歌抒情性的不足，但他是一个冲破了诗歌抒情限制的诗人，他实际上变成了一个文化良心。诗人有很多角色。我想首先一个社会需要表达，我说的这种表达不是歌舞升平的表达，也不是插科打诨的表达，那是一种真正的表达。他要表达出灵魂深处的一种声音，这是诗人义不容辞的责任。在这种表达中他应该表现出怀疑的精神，对现实的怀疑精神，对文化的透视力。我们现在已经不说诗人是先知，现在已经不是这样一个时代了，但是我们也应该看到诗人对于生活有限的挽救。

米沃什对于他那个时代的持久的关注，对于个体生命的关注构成他强烈的个人风格，米沃什反对一种现行观念的勇气很令我感动。我甚至觉得20世纪有这样一个诗人也算不上那么丢脸。因为每个世纪都会出现一个、两个真正优秀的诗人。

他非常复杂，非常丰富

口述：林洪亮（学者、翻译家）

虽然我在1984年获波兰政府颁发的"波兰文化功勋奖章"，在2000年获波兰总统颁发的"十字骑士功勋的奖章"，但是在1980年以前我不知道米沃什这个名字。

1980年代的中国文学界也不了解米沃什。作为叛逃作家，国内不会去介绍他。当时我们学波兰语的几个人也不知道。就是看到他的选集，老师也不会讲。

1981年，米沃什受邀回波兰，当时文学界分成亲政府派和持不同政见的反对派。反对派热烈欢迎米沃什的到来，将其作为代表和精神领袖，以增强自己的势力。亲政府的作家也欢迎他的到来，以此表现他们的改革和开放。

1980年后我开始收集米沃什的资料，国内做波兰文学翻译和研究的只有三个人，我是最早介绍研究米沃什的。当时法国出了他一套文集，我们就订了一套。那个时候国内对米沃什的状况都不了解。当时从英文翻的名字都很乱，很多波兰文没有相应的英文字母。比如米沃什这个"什"字，英文没有这个字，开始很多人把他翻译成米罗斯，这个"斯"被翻成各种不一样的"斯"，后来才被慢慢地纠正。

像我们这样长久在大陆主流的文化语境下生活，接触他的诗歌有一定冲击。他的诗歌里更多的是关注人类和真理性的东西。他的题材、他的思想从1950年代他刚出去的那段时间就开始变化了，变得更开阔。

禁锢被打破，接触米沃什作品，阅读他的文字，感觉他的诗非常丰富，很难用一个形容词来形容。他就是非常复杂，非常丰富。1985年以后我们的工作量就大了，国内好多杂志比如《诗刊》还有地方的一些杂志都有刊登米沃什的诗歌。当时在中国诗歌界，阅读米沃什成了一股潮流。

他在没有土壤的地方吸取养分

口述：林贤治（编辑、批评家）

布罗茨基说他是一个伟大的作家，我觉得他是能够真正担当得起"伟大"两个字。

一般的仅仅在艺术上有很高造诣的作家未必能担当得起这两个字。

20世纪是被称为死亡的世纪，是两次世界大战的世纪，是大屠杀的世纪。这个世纪的伟大作家必然要关注整个人类的存在，而且要非常执着于这种存在，把他的写作作为干预这种多难世纪的手段，这样的作家从人格的完整、思想的深入上都经得起时间的考验，这样的作家才称得上是伟大的作家。

米沃什是个怀有自由理想和个人尊严的作家，他的独立和尊严是和自由结合在一起的。当自由受到侵犯的时候，他就起来反抗。就像他当年从事反对纳粹暴政的抵抗运动一样，当自由受到限制的时候，他就选择出走。当他到了美国以后，进入到美国主流文化系统，自由有可能变质的时候，他坚持他自己是一个小地方人的独立姿态。他始终心系波兰，一直坚持用波兰语写作诗歌。他的写作是一个苦难民族的历史镜面。

对于每一个当代诗人来说，波罗的海人的问题，比风格、格律和隐喻重要得多。他自称是一个亲西方主义者，他的整个价值观也受到西方传统文化的影响，但是他一直警告东欧作家不要盲从西方，他公开表示对东欧那些迎合西方文化市场的写作不抱好感。他反对用肉体写作代替灵魂写作，他提出人要实现两个解放，一个是从对思想的屈从中解放出来，一个是从对市场的依赖中解放出来。在美国那里，他看到从波兰看不到的东西。但是作为一个流亡美国的波兰人，他也能看到美国人看不到的东西。这就是他非常清醒的地方。

1980年诺贝尔授奖辞里说米沃什具有传教士的品质，说他也有帕斯卡尔的风格。说传教士你就想到教义，但是在米沃什那里不是教条，而是道义。这是作家必须具备的道义感，对人的存在的终极关怀。米沃什的诗里充满哲学的沉思。除了道义感，除了对自由的沉思，他的诗歌中还有非常丰富的人性的成分，他的诗非常温暖。道义、哲思和人性，他把这三者融合到一起，这样的作家已经非常稀少。

米沃什作为人类和波兰民族的良心，自由是引导他的看不见的灵魂，而政治是他脚下的道路。他给我的感觉就像一棵橡树，他在没有土壤的地方吸取养分，他在空虚中呼唤真理和道义。即使在倒下的时候也充满正直和尊严。

他是欧洲文明的守护者

口述：一平（作家、旅美学者）

1989 年，米沃什再次回波兰，之后他经常回波兰，以后他长久地居住在克拉科夫。

克拉科夫代表波兰古老的文化，曾经是波兰的首都，那里有波兰最重要的建筑和王宫。由于俄国的统治，华沙也有俄国的色彩。波兰人对克拉科夫更有感情。

我初到波兰的时候，米沃什似乎还没有在波兰定居。他只是偶尔往返克拉科夫。在波兰米沃什有很高的威望，米沃什对波兰人有几个意义：首先他是波兰民族的荣誉，因为他获得了诺贝尔文学奖。由于波兰的不幸历史，波兰人的民族荣誉感很强，相对而言也就是他们有自卑感。米沃什为波兰人获得了世界荣誉，自然对他们重要。还有，米沃什代表波兰文化传统，他是很典型的波兰作家，继承了欧洲和波兰文化的传统。

他偶尔回来的时候就能看到电视对他的报道。但是他也是个有争议的人。我的一个波兰学生就跟我说：他热爱波兰，为什么不回到波兰？

我觉得米沃什是一个个人主义者，实际上他很能代表波兰人，他身上带有很强的波兰人的气质，我们说他高贵，或者说他是一个非常自尊的人，他在生活中的表现，他和外部世界的关系都能让人看到他自尊的品性。但他也是一个内心有剧烈冲突的人。一个更深刻的作家，他的内心一定有强烈的冲突，米沃什是从反传统的道路上走出来的，他的很大的一个意义是看守欧洲的传统文化，他是欧洲文明的守护者。很多人把他跟索尔仁尼琴比较，但米沃什和索尔仁尼琴不一样，他是典型的波兰人，始终关注时代和他的祖国，他的作品和现实保持直接的关系，但是他又是驻守传统的人，似乎可以说他有着欧洲古老的灵魂。

在今天这样的作家已经不多了，他重视个人的自由和精神，由此而关注现实的人文状态。应该说，他有波兰的浪漫主义的传统，比如他的抒情性、对完美精神的幻想。当然，他非常节制，没有那种无制约的扩张性，在这点上他是古典的；同时千万别忽视他是现代作家。伟大的作家总是能恰当地融合。但是他不是我个人喜欢的作家，他的自我保护性太强，过于自爱。

美国大多数作家比较尊重米沃什，因为他是欧洲文化的继承者。今天是大众文化时代，而米沃什代表精致文化。

德里达：我很难对一致性感到激动

解构的运动首先是肯定性的运动，不是确定性的，而是肯定性的。让我们再说一遍，解构不是拆毁或破坏。

我不知道解构是否是某种东西，但如果它是某种东西，那它也是对于存在的一种思考，是对于形而上学的一种思考。因而表现为一种对存在的权威、或本质的权威的讨论。

——德里达访谈录《一种疯狂守护着思想》

2004 年 10 月 9 日，巴黎一个阴雨天，雅克·德里达永远闭上了他那双睿智不安的眼睛，享年 74 岁。

法国总统府于当地时间 9 日向外界公布了上述消息。法国总统希拉克对德里达的去世表示了深切的哀悼，他在一份声明中说："因为他（德里达），法国向世界传递了一种当代最伟大的哲学思想，他是当之无愧的'世界公民'。"

作为解构主义的创始人，德里达堪称当代最伟大的哲学家之一，而他的辞世也被认为是法国思想界继 1980 年让 - 保罗·萨特逝世后最大的损失。

　　德里达去世以后，法国的电视台和电台整个周末都在播放德里达的生平、他生前的演讲、生前的友人对他的回忆，还诵读他的作品。法国最重要的报纸《世界报》《解放报》《费加罗报》都在大篇幅地报道德里达去世的消息。

　　曾担任德里达助手的张宁介绍，德里达是一个令人难懂的哲学家，他一直比较抵抗媒体，不愿意让媒体把他的思想简化，但还是有很多媒体在关注他的消息。很多人把德里达的去世跟1980年萨特的去世相比。但是他们还是不一样，萨特更直接地介入到公共生活，他去世的时候，巴黎很多民众自发涌到街头悼念；德里达则以作品难读为特征，他的葬礼时间和地点一直没有公布，家人希望给他做一个私人性的安葬仪式，他们要让德里达安静地离开这个世界。

9·11：灾难好像跟他有特别的关系

　　德里达在晚年引起世人注意是在2003年5月31日。

　　欧洲的几大重要报刊，德国的《法兰克福汇报》和《南德意志报》、法国《解放报》、瑞士《新苏黎世报》等七家媒体在没有任何预告的情况下共同发表了欧洲七位公共知识分子的文章《战争之后：欧洲的重生》。这七位世界著名的知识分子是德国哲学家哈贝马斯、法国哲学家德里达、瑞士作家穆希格、意大利符号学家兼作家埃科、西班牙作家萨瓦特、意大利理论家兼欧洲议会议员瓦蒂莫以及美国哲学家罗蒂。

　　七位知识分子共同主张多极世界的观念，要求加强联合国的地位，呼吁欧洲在政治上实现一体化，呼吁欧洲和世界的知识分子联合起来，重建欧洲新秩序，抗衡美国霸权。他们对"核心欧洲"和"欧洲认同"的阐述具有纲领性，在世界范围内引起广泛回响。知识分子介入世界公共领域，与公共传媒联手发起的激辩的风暴，一时之间成为世界传媒聚焦的中心。

德里达和哈贝马斯有过理论上的纷争，他们抛开长达数十年的恩怨，联袂撰文，被视为"当代欧洲思想界的一次轰动之举"。德里达陈述他跟哈贝马斯等联合行动的初衷时说，不管他和哈贝马斯过去在哲学理论上有多大的分歧，现在都是共同发出声音的时候，因为他们共同担心世界前途和人类命运。

虽然德里达学术生涯的顶峰很大程度是出现在美国，但他一直对于美国推行的国家政策持有异议。他经常使用的一个词就是"美国霸权"。

"9·11事件"发生的时候，德里达正在上海，那是他中国之行的第二站。当时陪同他到上海的工作人员都在准备第二天的讲稿，谁也没有顾得上看电视，但德里达看了。助手再见到他的时候，他的表情凝重，他说自己整夜没睡。在复旦大学讲课的时候，有学生问他"解构是否就是摧毁一切"并请他发表对"9·11事件"的看法。德里达回答："解构不是摧毁，解构不是在摧毁一切之后再建立一个新的东西。"他说，美国是这次攻击的受害者，但我们也不应该忘记这里和那里的那些美国霸权政策的受害者。他预见美国的反击将要改变世界的秩序。

张宁回忆说："在德里达与死亡搏斗的这些日子里，他没有停止过思考，没有停止过写作，从2002年以来发表的近十部作品中有解构'流氓'和'流氓国家'概念的《流氓》(2003)，也有反省9·11以后的国际格局的《9·11概念》(2003)。他呼吁另一种世界化进程，呼吁新国际思维。身为犹太人的德里达没有放弃过对以色列'自杀性政治决策'的强烈批评，他认为以色列不再代表犹太精神，也不能代表多种形态且充满矛盾的世界犹太复国运动。他对欧洲建设充满期待，他心目中的欧洲是不同于经济全球化模式的另一种世界主义的欧洲，这个欧洲将肩负着转化主权国家及国际法传统概念与实践的责任。在他眼中，欧洲也应当是能够更好思考非宗教性与社会公正的某些形态的理想之地。他还义无反顾地支持同性恋的结合，甚至主张从民法中消除结婚这个词。"

"德里达的脸上带着一种深沉的忧虑，发生在世界的灾难好像跟他有什么特别的关系，他的忧伤的表情让你看了非常感动。"张宁说。

德里达与夫人玛格丽特和两个孩子居住在巴黎南郊的里斯·奥兰吉斯区。跟其他法国文学家、思想家都喜欢住在热闹的左岸不同，德里达更中意这里的安静。

到晚年，德里达开始关注宽恕，关注友谊和爱，关注死刑，关注宗教。德里达晚年的重要著作就是一部命名为《宗教》的书。这是德里达和哈贝马斯、费拉里斯、瓦蒂莫等五位哲学家在意大利一个叫卡普里的小岛上的思想结晶，在那里他们探讨宗教的问题，他们认为宗教的问题已经成为当今世界一个重大的问题。伊拉克战争、恐怖主义、原教旨主义，都和宗教有关。人类的很多罪恶是以宗教信仰的名义行使的。哲学家用《宗教》的写作，清理和解析影响到全球政治与人类生活和精神的宗教现象。

1942：某种东西凝固了

1930 年 7 月 15 日德里达生于阿尔及利亚艾尔毕阿尔的一个犹太家庭。

德里达在他的回忆文字《明信片》里说："1942 年，我 11 岁的时候，德国人还没占领阿尔及利亚，校长把我叫到办公室，对我说：'你得回家了，小朋友，你父母亲会收到一份通知。'1942 年，对我来说，它标志着一次挫折或者心理创伤。它形成了一种无意识的沉淀。它使我心灰意冷。我当时对 1942 年正在发生的事不太了解。那时我是一个来自阿尔及尔的犹太小孩，遭遇到法国的反犹太主义者的攻击，被赶出学校，即使我那时不知道什么，经历了那次创伤，在我身上还是留下了某些无意识的意识方式，我以这些方式注视理智的事情——关注文化和语言的问题。"

德里达来自一个犹太家庭，身上拥有西班牙血统，在法国开始殖民统治之前就居住在阿尔及利亚。法语是德里达的母语，但是当他还是一个孩子时，就模糊地感觉到法语并不是真正属于自己的语言。被驱逐出学校那一刻加剧了德里达异类的感觉，没有归属的感觉。这样的暴力断裂在他内心留下了印记。他说："我被驱逐出学校的头几个月很糟糕。我开始经历外部世界的反犹太主义，在大街上，在我朋友的圈子里。我旧时的玩伴对我就像对待一个'肮脏的犹太佬'，不再和我说话。一种精神创伤，它不仅导致培育了我对法国文化和法国的非归属感，而且也以某种方式排斥我归属于犹太文化。1942 年到 1943 年间的几个月，某种东西凝固了，变成了我身上永远的一部分。"

在阿尔及利亚，德里达已开始"进入文学和哲学"。1991 年，德里达在接受资深记者埃瓦尔德的专访时说：在阿尔及利亚，我梦想着写作，而我的榜样们早已在指导这一梦想。德里达很早就读过尼采、瓦莱里，读纪德更早。巴黎在 1943 年至 1944 年间被占领，因此解放了的阿尔及尔就成了一个文学首都。纪德经常待在北非，加缪也被谈论很多，新的文学杂志和新的出版商到处涌现。所有这一切都令德里达着迷，他写诗歌，发表在北非的杂志上，他还坚持写"私人日记"。与此同时还过着一种小流氓的生活，混迹于一帮对足球或田径运动比对学习更感兴趣的人中间。在公立中学的最后两年，德里达开始阅读柏格森和萨特，他们成为德里达早期的哲学训练。

在 19 岁以前，德里达从未离开过阿尔及尔郊区的埃尔比哈。19 岁那年，他成为巴黎高等师范学校预科班的学生。在预科班住读的生涯极其艰苦，他并不适应，一直生着病，总是处于精神崩溃的边缘。德里达在回忆那段时光时说：那是最困难、最可怕的岁月。因为背井离乡，也因为巴黎高等师范学校入学考试的严酷竞争的巨大折磨。那是一种生与死的判决。失败就意味着以一种极不稳定的状态回到阿尔及尔，而德里达永远不想再回到阿尔及利亚去，原因是他感到"住'在家里'我永远不可能写作"。还有就是德里达已经不能忍受一个殖民地的社会。在巴黎预科班时期，德里达依然坚持写作，文学成为构筑他个人精神疆界的一个重要领地。他在回答为什么热爱文学的问题时说："文学以这样一种独特的方式，同被称为真理、小说、幻觉、科学、哲学、法律、权利、民主的东西相关联。"

1968：不太合口味的狂欢

1965 年，德里达在成为巴黎高等师范学校的学生之后，又开始了他的教师生涯。

在巴黎高师的最初几年，德里达兴高采烈地沉醉于他自己的研究当中。但是很快德里达就暴露了他和哲学导师的裂痕。很快，德里达就显出他在巴黎高师的激进，他不仅是第一个激进者，而且是最为激进的人。那个时候德里达的解构思想已经成熟，他试图解构一切。这既意味着破坏，又意味着建设。他拿结构主义开刀，因为他与结构主义者关系最为密切。

米歇尔·福柯是他决意解剖的一个偶像。其时，福柯正在巴黎高师做哲学讲师，讲解失语症、病理学，等等。福柯是德里达在乌尔姆大街的教授，德里达一度在索邦给他当助手。有人邀请德里达去哲学学院发表演讲，于是他选择以福柯的《疯狂史》为题。他对自己的老师亮出了解构的锋利刀子。

这次演讲举办于 1963 年 3 月 4 日，福柯也坐在听众席中。"我不久前还是接受米歇尔·福柯教诲的人，对它（《疯狂史》）保持着一种门生的敬意和感激之心。"但他话锋一转："门生意识是一种不幸的意识。当师生开始对话，也就是（门生）开始去回答，总有当场被逮住的感觉，像孩子一样，其定义就意味着他不会说话，尤其不该回嘴。"这位以前的学生的攻击，使福柯大吃一惊。福柯并不特别赞赏他的弟子向他杀出的回马枪，但在作出回应之前他从容不迫，他坐在听众席中一言不发并认真倾听，即使德里达的论文于1967年收入《书写与差异》之后，也是如此。但是福柯1971年作出了回应，福柯称德里达的观点引人注目，但是他的某些观点幼稚浅薄。在福柯看来，德里达成为最新的代表人物。福柯并没有把自己仅仅限于自卫，他还要像教师评价学生那样作出进一步的回应。他把德里达的著作简化为一种带有说教、炫耀色彩的辉煌的语体练习。

德里达没有停下他解构的手术刀。在福柯之前，他解构结构主义之父列维·斯特劳斯、现象学创始人海德格尔、胡塞尔；在福柯之后，他选择了精神分析大师弗洛伊德和同为精神分析大师的拉康，他永无休止地证明着他们命题的荒谬性。他的哲学思想和理论观点在1960年代中期具有极强的颠覆性，德里达成为一个新锐而锋芒毕现的哲学新星。

到1968年的五月风暴中，巴黎高师作为一个培育法兰西思想家的摇篮成为飓风的中心。

1968年的五月风暴是一个社会事件，同时也意味着一个哲学事件。事实上它对一种社会性的或散漫的政体进行实质性的质疑，这一质疑是通过动摇这种政体或参与对它的改革进行的。在1968年5月的前进浪潮中，在法国和其他地方，人们改变了自己。

但是在1968年的五月风暴中，德里达这个激进的哲学叛逆者和挑战者选择了退守和游离的立场。

他在回答埃瓦尔德"五月风暴对你是否重要"的问题时说："我不是所谓的六八分子，尽管我参加了当时的示威，组织了高等师范学校的第一次大集会，但我很警惕，面对自发性的联合论者，反联合主义者狂欢的迷醉，面对最终'自由了的'言语、恢复了的'透明度'等等的热情，我甚至感到担忧，我从不相信这些东西。"

当埃瓦尔德问他：你当时是否认为这有点幼稚？他说："我并不反对这场运动，但我总是很难对一致性感到激动。我并没感到我是在参与一个伟大的变革。但我现在相信，在这场不太合我口味的狂欢中发生了其他的事情。我无法为之命名；这是一种来自很远又传到很远的地震的震动。这些震动余波未平。当我看到保守甚至是倒退势力的怨恨的公开展示，和对控制权的一再坚持这个事实以后，作为一个教师，我正是在这样的后果中，才开始赋予我的作品一个明显的、更具'战斗性'的形式。"

影像中的德里达

满头银发的德里达含着他的赭色烟斗在巴黎街头行走，背后是横跨道路的高架桥和匆匆的人群。烟斗里飘着轻烟，柔软而有光泽的银发被巴黎深秋的风吹动，他不时地回头，眼光深邃慈祥。他的白色的西服，红色的衬衣使他看上去风度翩翩。

电影《德里达》使一代杰出思想家的形象和音容凝集在胶片里，成为永恒。

镜头跟随着德里达：

他坐在理发店里，满头浓密的银发在女理发师手中被用心地梳理，镜前映照出德里达沉思的面孔和深邃的眼睛。

他在南非访问囚禁了曼德拉18年的监狱；在开普顿著名的西开普大学，德里达给那里的学者开设题为"宽恕"的讲座。

电影摄制组还跟随着德里达来到纽约，在那里他讨论了传记作者的角色，讨论了力图在历史人物研究与自己的生活之间架起一座桥梁时所面临的挑战。电影捕捉了德里达许多私人生活的瞬间及话题，如忠诚与婚姻、自恋与名声，还有关于性生活及爱的哲学思考的重要性。

《德里达》还提供了他的很多日常生活细节。小时候，德里达因为胆小，几乎每个晚上都哭着叫"妈妈，我害怕"，因此妈妈让德里达睡在自己旁边的沙发上。德里达的父母亲从来没有读过自己儿子的著作。德里达在19岁以前生活在阿尔及尔，曾因是犹太人而被学校开除。他曾经取过一个秘密的名字，即犹太人的先知"以赛亚"，但是这个名字并没有登录在他的出生证上。他曾在15岁时撰写过他的第一部小说，这部小说是关于一本日记失窃后为了找回进行勒索的故事。他在参加高考时，第一次就失败了。他在捷克参加一次地下学术活动时，以"携带毒品"罪名在布拉格被拘捕。德里达脸部的一面曾经麻痹了三个星期，眼睛一直无法闭上。他曾接到过一个电话，打电话者把他错认为海德格尔。他曾经拒绝过玛格丽特·杜拉斯邀请他在她所拍摄的电影中担任一个角色。在青少年时代，德里达曾梦想成为一位职业足球运动员。德里达没有给他的儿子们实施割礼，这让他的父母非常恼火。德里达患有严重的失眠症和神经官能症，并且过量地服用安眠药和安非他明。

电影的镜头跟随着他，以图像记录着他的生活和思想。但是，在1979年之前，德里达一直在抵制摄影和电视。

1982年5月22日，在迪迪埃为"法兰西文化"制作的一次广播谈话节目中，主持人卡昂问："使我、使你的读者印象极深的是，就公开露面而言，你极其警惕，并带有某种退却，可以举出很多例子，就是出版物上很少有你的照片，也很少看到有关你的采访，这是一种刻意的选择，还是一种必须，或者两者兼而有之？"

德里达回答说："如果事实上存在着像你说的退却，即很少在摄影或新闻方面露面，那么这不是不愿意抛头露面的结果。像许多人一样，我也有某种抛头露面的欲望，但考虑到出席的场合一般都是所谓的文化领域，这多少令我有些担忧。我对摄影并不反感，正相反，我对摄影很感兴趣。我对拍摄我的照片很感兴趣。在我试图不拍照片的15年或20年里，我完全不是为了造成一种形象上的空白、缺席或者消失，而是因为同时控制形象制作、设计及其社会含义的规则，诸如在书架前探出来的作者的脑袋在我看来非常无聊，并且与我所从事的写作和工作的意义相违背。因此我始终坚持不加申辩地不向这类事情屈服。"

拍摄电影《德里达》是女导演兼制片人艾米·瑟林·考夫曼的想法。

考夫曼在16岁的时候就接触过德里达的著作，那是她偶然在书店里看到的。因为天性的因素，考夫曼对哲学与艺术具有本能的感受力，她被德里达的思想所吸引。后来考夫曼考取耶鲁大学，师从德里达学习，恰巧那时德里达在耶鲁大学获取了一个年度教职。10年之后，即1994年，考夫曼在洛杉矶听完了德里达的一个讲座之后，决定为这位以个人的思考力量及其深度改变许多人看待历史、语言、艺术及我们自己的方法的哲人拍摄一部纪录片。考夫曼找到德里达，问是否愿意拍摄一部关于他自己的纪录片电影，但是德里达拒绝了考夫曼。

在考夫曼向德里达提出这个设想之前，其他学者也曾经试探地询问过能否给他拍摄一部电影纪录片，但是所有的问询都被德里达拒绝。

考夫曼回忆道："直到1970年代后期，德里达不但总是拒绝拍电影，而且绝对拒绝拍摄他的照片。即使那个时候他的解构理论及其著作已经在欧洲产生了很大的影响，但是绝大多数人还不知道他长得是什么样的。德里达过去和现在始终有一个坚定的信念：个人崇拜在很大的程度上是荒谬可笑的。然而在那个时候，他就开始为公共事业的利益而从事公共活动。在那个时段，出版界不断地刊印德里达的一张照片，但是出版界刊印的这张照片是米歇尔·福柯的，他们错误地把这张福柯的照片认为是德里达。但实际上福柯是永远的光头形象，而德里达拥有一头让人难以置信的浓密头发。从那时开始，德里达意识到他是无可逃避的，他开始接受了媒体。'如果他们愿意在任何地方刊发我的照片，那最好刊发一张正确的照片。'"

2001年，在与资深电视主持人费拉里的谈话时，被问到拒绝摄影和电视的问题时，德里达说："我谢绝拍照有几个不同的理由，这的确持续了很长时间。其中一个隐蔽的理由，无疑是我与面对自己的相片感觉心神不安有关——在每一幅肖像中，都能读到与死的关系。把面孔掩饰在文字中。就这件事而言，我对自己的面孔总有难言之痛。关于我拒绝在公开场合照相的另一个理由，有某种政治基础，它涉及抵制'文化市场'中促销的规则。作者的照片是以摆好某种墨守成规的姿势拍摄出来的，在书的背面是教授或者作者，如此等等。我绝对不反对摄影艺术，而只是反对市场文化以及后者制造的作者肖像。我对出版著作的人说：我不需要任何照片。这几乎使整个计划落空。因为像那样的发行按惯例封面上要有作者的照片——最后他们终于屈服了。这是一场战争，我感到作者不应该露面，露面是可笑的、庸俗的。与我就作者曾经写过的所有一切相冲突。甚至现在我实际上已经放弃了抵抗——因为抵制实际上是不可能的，此外也太迟了。自从1980年代初以来，照片的问题已经变得相对次要了——现在我们面临的大问题是电视，电视已经取代了照片的位置。至今为止，我一直设法坚持自己的规则：只有在所涉事由与推销我的著作没有任何关系的情况下，我才同意在电视上露面。"

考夫曼具有强韧的意志力，她一直没有放弃为德里达拍摄一部纪录片的设想。她给德里达打电话发传真，执拗地表达她对拍摄德里达及其解构理论的设想。最后考夫曼收到由德里达亲笔书写的明信片。把德里达及其晦涩的解构理论化为电影纪录片的设想得以实现。

考夫曼在电影中采访德里达时曾这样问他：如果你在看一部关于海德格尔、康德或黑格尔的纪录片，你希望能够了解他们的哪些方面？德里达说：希望了解他们的性生活，如果你需要我尽快地回答这个问题的话。我想要听他们谈一谈他们的性生活，正因为他们不讨论这些事情，我就是想听一听他们拒绝讨论的事情。为什么这些哲学家在他们的著作里探讨自己时从来不关涉自己的性生活？为什么他们从自己的著作中抹去他们自己的私人生活？在他们的个人生活中没有比爱更为重要的了。

在德里达远去，背影渐隐而热爱他的人们沉浸在感伤之中的时候，电影《德里达》在深情地触摸和展现这位杰出思想家作为个人的存在，呈示他思想的光芒。

现在我们不要说任何关于玫瑰的事：告别埃科

"与翁贝托·埃科（又译安伯托·艾柯）交谈，犹如面对一根博洛尼亚的罗马蜡烛。"1983 年 7 月 17 日，美国作家赫伯·米根在《纽约时报》"书评周刊"谈对埃科的印象，"他才思焕发，心思缜密，是个诡异但不狡猾的学者。"2016 年 2 月 19 日 22 时 30 分，这根蜡烛燃尽。翁贝托·埃科在他米兰的寓所中辞世，其时他刚过完 84 岁生日。

2007 年埃科应邀到中国访问。他在中国社会科学院会议厅发表演讲，参观故宫博物院，在三联书店与读者见面，访问 798 艺术园区，行程密集。我作为专访记者随行，一直记得埃科头戴黑色礼帽，敞怀穿着军绿风衣，迎寒风疾行的仪态。他有一双神色温暖的眼睛，身材魁梧健壮，蓄着浓密的络腮胡髭，风吹动的时候，军绿风衣勾勒出他高大健壮的身躯。

埃科被称为"百科全书式"学者，身兼哲学家、历史学家、文学评论家和美学家等多种身份，更是全球知名的符号语言学权威，其学术研究范围广泛，知识极为渊博。埃科以其小说《玫瑰的名字》广为人知。这部被称为语言迷宫、意识前卫的畅销小说，是在他 48 岁时完成的，自 1980 年出版后，赢得各界赞誉，除荣获意大利和法国的文学奖，更长驻世界各地的畅销排行榜，销量至今已达 1600 万册，翻译成 47 种文字在世界各地出版，被改编为同名电影。法国《自由报》称之为"智慧和知识结晶的盛宴"。

埃科 1932 年出生于意大利皮埃蒙特大区亚历山德里亚，自少年时期就喜好英美文学。20 世纪 50 年代，他在都灵大学主攻哲学，论文是关于托马斯·阿奎那的美学。后来他为意大利国家电视网的文化节目组工作过，在都灵大学、米兰大学和佛罗伦萨教书，同时在一家出版社兼职做编辑。1975 年之后，埃科主持着博洛尼亚大学的符号学教席，这是全世界大学中所设立的第一个符号学教席。他勤于著述，在美学、符号学和文化批评等研究领域都作出过卓越贡献。

尽管小说处女作《玫瑰的名字》取得杰出成就，埃科迟至八年后才出版第二部小说《傅科摆》，小说再度轰动。1994 年第三本小说《昨日之岛》出版，行销 200 万册；2000 年出版《波多里诺》，意大利版首印即高达 30 万册；2004 年推出小说《罗安娜女王的神秘火焰》，2010 年推出《布拉格墓园》，在意大利出版不到一月就狂销 45 万册，售出 30 余种版权。

埃科仿佛是一个文明的守护者，他始终对文明的毁弃怀有忧患感。在《玫瑰的名字》"第七天"的章节里，有修道院的图书馆被烈焰吞噬的情节。题记中写道:夜晚／火灾发生，在措手不及、无人发令的情况下，地狱凌越了。"当人们着手挽救他们的文明，当人们还有时间妥善保存各种文化标记时，手稿、典籍、早期出版的书籍远比雕塑或绘画更容易保管。我看到了另一种危险。文化一边进行过滤，一边告诉我们哪些必须保存，哪些必须遗忘。文化提供给我们共同的理解基础，也包括谬误在内。"埃科在《别想摆脱书》里说。

埃科是多向度的。他有学者的繁复和驳杂，有小说家的诡异和幽玄，有公共知识分子的激情和雄辩。作为欧洲重要的公共知识分子，他的思考和关注视域从科索沃战争，到伊拉克战争，到复兴欧洲运动，一直置身于事件前沿，不断发出独立的声音。2007 年 3 月埃科访问中国，他在中国社会科学院的会议厅发表演讲《关于战争与和平的思考》，对世界在繁杂纷乱变局中的秩序建立多有思考。

　　埃科关注国际作家的表达自由，有访者问及当年伊朗宗教领袖霍梅尼下令查禁拉什迪的《撒旦诗篇》是否感到不安时，埃科回答："相反，拉什迪事件应该让我们感到极大乐观。因为在从前，一本书遭到宗教机构的查禁就再也不可能幸免于难，作者也必然冒着被烧死或刺杀的风险。而在我们建构起来的交流世界里，拉什迪幸存了下来，受到全体西方社会知识分子的保护，他的书也没有就此消失。"他也关心缅甸反对派政治领袖昂山素季的境遇，他说："当国际舆论发出援助呼声时，缅甸军政府就很难把她的事情蒙在鼓里。"

　　政论文集《倒退的年代》收录了埃科对重大国际事务的发言，对千禧年的世纪焦虑、"9·11"恐怖袭击，发生在阿富汗和伊拉克的两次战争等多有犀利表达。埃科在阐述对公共事务介入的缘由时说："知识分子的任务，不在解决，而在制造危机。知识分子唯有在知道如何和自己的政党唱反调时，他才是真正的批判者而非文宣专家。采取介入立场的知识分子有义务特别将他介入的事置入危机状态。"

　　"现在我们不要说任何关于玫瑰的事。"这是埃科在其小说《傅科摆》中的句子。这部纵横天地、神游尘俗、透视地球的奇书是埃科奇异头脑的幽微呈现。现在让我们对这个杰出的头脑说：再见。

多位一体的偶像

　　2006年诺贝尔文学奖得主奥尔罕·帕慕克在回答读者提问时说："卡尔维诺教会我独创性与历史同等重要，埃科让我学习了温文尔雅地运用谋杀的形式。"2007年3月5日，翁贝托·埃科到达北京。当被问到"奥尔罕·帕慕克说他的写作受到您的影响，您怎么看"时，埃科回答："这是我到中国后第三次听到。在欧洲从来没有人这样问过。我很意外会有人这样问。我是写到了 19 世纪的谋杀，但是这个题材在欧洲是个被广泛运用的题材，我不知道我为什么会对帕慕克产生影响，如果这对帕慕克有影响，那就有吧。"

尽管记者们被反复提示，在社科院演讲大厅里有很多来自各个国家的"重要人物"，但他们还是只围着埃科。埃科无法安静地喝一杯咖啡，不能悠闲地抽一支烟。被围着，埃科不得不跟人说话，他的回答总是简单而直接，有时干脆以沉默相对。

埃科最清楚和详尽的表达是在他走上演讲台的时候。

2003 年，伊拉克战争的爆发引发了一场声势浩大的"复兴欧洲运动"。

埃科参与了这场由德国哲学家哈贝马斯和法国哲学家德里达发起的"复兴欧洲运动"。这场运动的参与者都是鼎鼎大名的知识分子，如瑞士作家阿道夫·穆希格、意大利哲学家詹尼·瓦蒂莫、西班牙作家费尔南多·萨瓦特、匈牙利诺贝尔文学奖获得者凯尔泰斯·伊姆莱，以及被称为"美国公众的良心"的作家苏珊·桑塔格等。这些不同国籍的知识分子同时在欧洲最有影响的大报发表文章，阐述他们在伊战硝烟背景下对欧洲未来的思考。埃科的文章发表在意大利《共和国报》上，表达了自己对复兴欧洲的立场——"不是欧洲外在的无力，而是欧洲内部的堕落"。埃科说，欧洲的一体性应当存在于欧洲人的日常生活和历史传统之中。美国不是欧洲的敌人，也不是欧洲的"他者"。

早在科索沃战争爆发时，埃科就参与了在巴黎索邦大学召开的主题为"国际干预行为"的会议。与会者有法学家、政治学家、军事学家、哲学家、历史学家、不带任何政治倾向的医生……总之是各种各样从来就不喜欢看到战争的人士。

埃科在他的关于科索沃的演讲中说："那次令人饱受折磨的会议所得出的结论是：干预就像是一场外科手术，它意味着有效地阻止和消除丑恶行为。"

在欧洲知识界，一直有人把埃科与法国结构主义哲学家罗兰·巴特进行比较。

1959 年，埃科 27 岁时，开始为米兰一家报纸撰写名为"小记事"的专栏。这些文章被结集出版。"小记事"的最初风格类似罗兰·巴特的《神话学》。"巴特的书出版于 1957 年，那时我已经开始写《小记事》，但并不知道巴特的那本书，否则我绝不会胆大妄为地写一篇谈论脱衣舞的文章。而且，我相信，正是在读了巴特之后，出于谦卑，我放弃了《神话学》的风格，逐渐向混成模仿体裁发展。"埃科说。

然而埃科的谦卑没有限制他作为符号学家的成长。1964 年，罗兰·巴特发表《符号学原理》，同年埃科发表论著《启示录派与综合派》。1965 年，埃科的论文《詹姆斯·邦德：故事的结合方法》发表于罗兰·巴特主编的符号学杂志《通讯》上，埃科跻身于以罗兰·巴特为核心的符号学阵营，成为后现代主义思潮的主将。此后，埃科在世界最古老的大学博洛尼亚大学创立了国际上第一个符号学讲席；不久就成为博洛尼亚大学符号学讲座的终身教授。哲学家赵汀阳曾在博洛尼亚看到一个旅游广告上写道："博洛尼亚拥有举世无双的长廊和埃科。"

此间，埃科还在美国西北大学（1972）、耶鲁大学（1977）、哥伦比亚大学（1978）授课，成为与罗兰·巴特比肩的符号学家。

1980 年 3 月 26 日，罗兰·巴特在与人共进晚餐之后横穿学校街区，被洗衣店里的一辆卡车撞倒，抢救无效死亡。罗兰·巴特辞世之时，正是埃科走向成熟之际。1980 年代，埃科先后获得了全世界二十多所大学的名誉博士称号。与此同时，作为公共知识分子的埃科更加活跃，也更加被世界所瞩目。

建了一座"玫瑰迷宫"

埃科的一生中，有两个人是不能忘记的，这就是乔伊斯和卡尔维诺。

1958 年，埃科还在意大利米兰电台工作。其时，他正在研究乔伊斯。《纪念乔伊斯》是埃科在米兰电台制作的一档广播节目，每期 45 分钟。"一开始是朗读《尤利西斯》的某一章，广播节目有拟声的狂欢，用 3 种语言朗读，英语、法语和意大利语。后来因为乔伊斯自己说，这一章的结构是卡农赋格，所以我和制作人又在原文加上赋格音乐，使《纪念乔伊斯》成为像交响音乐一样的广播作品。"埃科在自述中追忆这段时光。

"伊塔洛·卡尔维诺听到了《纪念乔伊斯》的节目，读到了我发表在前卫杂志《音乐会见》上的文章，卡尔维诺代意大利一家出版社跟我约稿。他问我能不能抽出一部分文章来让艾璐迪出版社出版。我说可以。因为卡尔维诺的支持，我开始计划出版一本完整的书，阐释当代艺术理论中的形式和不确定性。"

这部经由卡尔维诺帮助出版的书取名为《开放的作品》—— 一部关于时代和社会及艺术的惊世骇俗的书，对 20 世纪先锋艺术做了最具挑战性的理论总结。

1962 年，《开放的作品》出版后，埃科就体验到了别样的境况。一方面他获得了广泛的赞誉，另一方面又激怒了另一些人——"我从来没有见过有这么多人被激怒，好像我在侮辱他们的母亲。他们说：不能这样谈论艺术。他们对我侮辱漫骂。那是非常好玩的年代。"埃科回忆说。这场争论持续了好几年，成为走向非传统的"人文学"的美学起点。

1979 年，卡尔维诺发表小说《寒冬夜行人》，这部小说被评论家认为是典型的后现代小说。埃科在他的叙事学专著《悠游小说林》中满怀温暖地写道：

"今天的读者拿我的《读者的角色》和卡尔维诺的《寒冬夜行人》相比，可能会觉得我的书是对他的小说的一种回应。但事实上，这两本书几乎是在同一时间完成的。我们对彼此的工作完全不知情，虽然我们长久以来都萦绕着同样的问题。当卡尔维诺把书寄给我的时候，他肯定也收到了我的，因为在献词页他写道：'给翁贝托：读者在上游，伊塔洛·卡尔维诺在下游。'"

1985 年，卡尔维诺逝世，意大利举国哀声。有人说卡尔维诺的去世，意味着纯文学在西方的终结。作为卡尔维诺的好友，埃科还是表达了异议："文学不会死亡，纯文学也不可能终结。"

在卡尔维诺写出杰出的小说《寒冬夜行人》不久之后，1980 年，埃科写出了《玫瑰的名字》。

早在 1952 年，埃科已经有意写作一本名为《修道院谋杀案》的小说，但直到 1978 年 3 月他才正式动笔。他将小说背景放在自己非常熟悉的中世纪，并从一篇中世纪的散文作品中找到了合适的题目。《玫瑰的名字》的出版商原计划印 3 万册，没想到销量很快达到 300 万册。迄今则已经翻译成 47 种文字，销售了 1600 万册。

《玫瑰的名字》使埃科蜚声世界，跻身于第一流的后现代主义小说家之列。有趣的是，《玫瑰的名字》一出，各种研究论文和专著源源不断，特别是关于"玫瑰之名"的阐释几乎构成一场 20 世纪末期的阐释大战。而埃科的澄清、挑战或是回应也成就了他的《〈玫瑰的名字〉：备忘录》(1980)、《诠释的界限》(1990) 等专著。

在此期间最著名的事件是，1990 年剑桥大学丹纳讲座就阐释学问题邀请埃科和理查德·罗蒂、乔纳森·卡蒂等四位著名学者展开辩论，剑桥大学的这场辩论促成了埃科《诠释与过度诠释》在 1992 年的出版，一时间洛阳纸贵。

作为小说家的埃科继《玫瑰的名字》以后，又陆续发表了另外三部长篇小说：《傅科摆》(1988)、《昨日之岛》(1994) 和《波多里诺》(2000)，这些小说部部畅销，好评如潮。作家格非读到过埃科在哈佛大学做的"关于叙事学"的演讲，在北京，埃科在回答格非关于《玫瑰的名字》的叙事策略时说："我的小说《玫瑰的名字》是一个关于小说的小说。在小说里我用了各种手段，包括使用各种引文，但这只是一个文本的策略。我的目的不是想表达一个中世纪的意大利，而是要表达今天的意大利，表达今天意大利现实生活中的矛盾、冲突和危机。这是我的一个诗意的感觉。"

从不夸大其辞

北京三联书店的咖啡厅，应邀而至的学者、艺术家、艺术批评家及出版人济济一堂。

在北京访问的时间里，紧随埃科的是他的妻子。她有着一头褐黄色的头发，清瘦而俏丽的面孔，身材颀长。她是电影导演，关注当代艺术。在埃科接受记者访问时，她在门口守候着，对埃科做各种手势，她的神情优雅，目光柔和，而埃科的微笑则显得充满信赖和依靠。

很多时候是妻子在代埃科讲话。声明已戒掉烟的埃科在灯光昏暗的咖啡厅点燃雪茄。

埃科表达了他对中国当代艺术的关注："我的父母当年看毕加索作品的时候完全不知道什么意思，根本看不懂。可是现在毕加索的画会出现在各种杂志上，包括巧克力的包装上。"

"我想知道在中国的中小学校里有没有现代艺术的教程，"埃科说，"我看我的小孙子，他在小学里的美术课本里都有波罗克式绘画（把画色散在画布上），那些画在我小时候所处的年代里是不能接受的，但是现在我能从只有5岁的小孙子的课本里看到那些画。"

埃科诞生于意大利西北部皮埃蒙特的亚历山德里亚，故乡小城的文化氛围冷静平淡而非意大利式的热情洋溢。埃科不止一次指出，正是这种环境塑造了他的气质："怀疑主义，对花言巧语的厌恶，从不过激，从不夸大其辞地断言。"埃科的父亲是一名会计师，一生中曾经被政府征召参加了三次战争。在二战期间，埃科与母亲搬到皮埃蒙特山区的一个小村庄居住。埃科共有12个兄弟姐妹。13岁时，埃科参加了意大利天主教行动青年行动团，在方济各修会做过一段时间的修道士。正是这段经历使他接触了天主教的哲学核心——托马斯主义。19岁，埃科进入都灵大学哲学系学习，大学毕业后进入新闻传媒界工作，同时他开始与一批前卫的作家、音乐家和画家交往。5年后他离开传媒，到米兰一家杂志社当了非文学类栏目编辑。这份工作他做了16年之久。埃科是以中世纪学者的身份步入学术圈的，他的论著《中世纪的艺术和美》，反对将中世纪视为"蒙昧时期"，而将其视为欧洲近代文明的坩埚，认为近代文明的各种倾向都植根于中世纪。与其说埃科的早期研究取得了什么具体的成就，毋宁说他找到了一种综合的视野、辩证的态度。

学者马凌致力于研究后现代主义中的学院派作家，她说："埃科无疑是当代欧洲最博学的学者之一，他自己也曾从符号学角度研究过'多才多艺'的艺术家。他提出符号学的等值特点以及个人的推理能力、演绎能力能使艺术家打通壁垒。"

在北京三联书店的咖啡厅。中国之行北京站的最后一程，寒暄过去，埃科坐在人群的后边。参与中国艺术家交流的是埃科的夫人。她用ＤＶ机放映她拍摄的纪录片，同时解释那些画面的意思。在白色的大屏幕上，是一个装置艺术家在用帆布盖一个巨大的建筑物。不断地展开，不断地覆盖。画外是小提琴舒缓如流溪的乐音和淅沥而下的雨声。

在昏暗的咖啡馆的后端，埃科咬着雪茄在椅子上睡着了。

埃科：我是一个经常被误读的人

2007 年 3 月 8 日北京天气寒冷，埃科头戴黑色礼帽、身穿军绿呢制风衣夹着黑色皮包步伐快捷地走在冷风中，风吹动的时候，军绿的风衣勾勒出他高大健壮的身躯。

开始采访之前，我拿出埃科的七本中译本。看到那些装帧不同、面貌各异的书，埃科很高兴，一本一本地翻开看。埃科随身带一只"掌中宝"计算器，一沓填得密密麻麻的表格。埃科说这些表格记录他在各个国家能见到的不同语种的埃科作品，很多是盗版，一旦发现就记录在案。"我想拿走这些书，很多书我自己都没有见过。"

更疯狂的人认为书已经死了

遇见盗版书你会生气吗？通常你怎么处理书被盗印的情况？

埃科：我自己也不清楚有多少书被盗版，可能很多。我是个自由派，如果是出于教育的目的，给年轻人、给学生看的，用就用了，版权我不追究。不过还是希望出我书的人能跟我联系。以前有日本的译者来意大利跟我沟通，我非常高兴，他问了很多问题，让我给他解释某些词是什么意思，尽管我不会说日语，我还是很高兴。很多语言我都不会，比如俄语、匈牙利语，但这些译者很多都跟我进行过沟通，我很高兴。很遗憾，中国的译者还没有跟我进行过这样的沟通。也许在以前没有国际公约，不能按照国际惯例进行沟通，不过现在有这么多的交流方式，我希望中国的译者也能够跟我进行沟通。

世上大概有两类作家，一种是像卡尔维诺这样的作家，另一种像马尔克斯那样的作家，前者更关注文学形式或者文体试验，后者更关注现实人生和社会公共事务。你认为哪种作家更重要，更有价值？

埃科：我不觉得他们有很大的不同。卡尔维诺第一部小说其实更多的是关于政治、关于战争的，他在政治上很活跃。他最后一部书是纯文学的，但我不觉得这种纯文学就对现实没有意义。有很多评论说我的一些小说题材跟现实无关。有些人就说《玫瑰的名字》是历史小说，因为我写的是中世纪，但我是借用一个历史题材反映意大利现实的问题——这是我个人的看法。

在中国大陆有个说法是，"文学已死"，你经历过半个世纪的写作，了解过世界各种文学潮流，你怎么看"文学已死"的说法？

埃科：我今年75岁了，在过去的60年间这样的说法从来没有停止过，一会儿说"文学死了"，一会儿说"小说死了"，更疯狂的说法是"书已经死了"，但事实上，我还不断地在阅读、在写作。我认为那样的说法非常愚蠢。

互联网的出现还是对文学构成了影响，互联网的存在对传统阅读方式的挑战也是事实。你怎么看互联网，对你的写作有影响吗？

埃科：就像不会因为有了飞机就说汽车死了一样，互联网对于阅读的影响也应该分成两类，对像我这样的学者的影响和对普通人的影响，我认为是有区别的。就像人们看电视一样，很多人其实成了电视的奴隶，很多人像呆子一样看电视。

作为一个学者，或者作为一个学者型的作家，我是利用互联网而不是被互联网利用的对象。我把互联网当成一个工具，通过它获得信息，甚至我有大量的书也是读者通过互联网来购买。互联网促进了书的流通，原来书的销售要通过书店，现在可以通过网络书店订购，但这跟青少年玩电子游戏、玩网络游戏，跟成年人的色情娱乐完全不同。很多人利用互联网——他不是要找一个女人现实地做爱，他把机器当成做爱的对象，满足一种色情的刺激。互联网使一些人完全成为坏信息的受害者，但它对另一些人就是非常好的一个工具，互联网对我而言是一个好工具。

最关心的问题是怎样继续活下去

你有多种身份，要是请你介绍自己，你怎么说？除了说你是小说家、哲学家和美学家以外，还有一个词是"公共知识分子"，你是怎样的公共知识分子？

埃科：一个大学教授，在星期六和星期天也会写小说；或者也可以这样说，我是一个在星期一到星期五在大学里教书的作家。

至于公共知识分子，我在一个州的报纸有一个专栏，写各种各样的问题。比如上个星期我写了关于意大利选举的文章。我已经出版了若干本书，其中就包括到 2005 年之前所有的这种新闻性评论文章，这本书的其他语言的版本已经出版了，英文版几个月之后就会出版。还有，比如在今天的会议上，我也作了发言，表达对战争的看法，那么在其他的文章当中，我也会对公共领域、政治方面的问题，作出自己的评论和批评。

什么问题是你目前最关心的？

埃科：最关心的问题就是怎样继续活下去，因为我已经很大了。在2001 年的时候，我才有了唯一的孙子，我一直很关心这个小孩的成长。我这么关心这个小孩就是因为我觉得这个孩子将来生活的环境比较艰难，因为现在这个世界面临比如生态的危机，还有其他的问题，随着我年龄的增大，我越来越悲观了。

你说悲观我很意外。看你的书和听你今天的发言，你的表达和思想的姿态都是强有力的。

埃科：媒体总是对知识分子寄予了太多的希望，其实到目前为止我认为知识分子对很多事情是无能为力的，好像这座房子着火了，你手头有一本诗集，但是这个诗集对你来说根本没有用，你要灭火就需要去找水，或者去找消防队员，诗对你来说，可能以后才会派上用场。对于全世界来说——全世界有很多的知识分子，对他们来说，可能的情况是，很多地方房子着火了，但他们仍然可以躲在自己没着火的房子里捧着诗集看。

你使我们看到知识分子精神的变化，以前的知识分子好像不是这样的，比如在1950年代、1960年代，像你同时代的萨特、加缪、罗兰·巴特，还有1990年代的德里达，在社会失去正义的时候，他们会走到街头表达自己抗议的声音。

埃科：并不是萨特自己上街去进行示威，而是那里已经有人示威了。如果没有这些人，即使萨特名望再高，他个人也无能为力。你应该问为什么没有那么多人——普通大众上街去游行示威，而不是说为什么没有知识分子去上街示威。

这个问题你可以回答吗？

埃科：不要把知识分子的行动和公民的行动混在一起，萨特去游行是作为一个公民去的，而不是作为一个知识分子去的。作为知识分子他做的事情是写书、为社会和民众指引未来的道路和方向。但作为公民来讲，他有权利参加任何的政治活动，比如有人写了一份请愿书，针对环境污染的问题向政府请愿，如果我签了名，那么我签名首先是作为一个公民，而不是作为一个知识分子，别人发现我签了名，才知道我是个知识分子。所以在意大利的大选中，我非常积极地参与，因为我是公民。

谁能清晰地看见这个世界

熟悉你第一次中国之行的人清晰地记得你有过"中国没有像样的城市"的感慨，为什么这样说？当时的情景你还能记得吗？时隔十几年再到中国，你对中国的印象有改变吗？

埃科:"中国没有像样的城市"这样的话我说不出来。可能是阿兰·贝特教授说过这个话，因为阿兰在中国丢了行李，这已经是他第二次丢行李了，第一次是在印度，可能是因为他丢了行李非常着急，说出这样的话，我是不太可能讲出这样的话。

第一次到中国的时候，当时我的感受是很复杂的，我到很多地方，先到香港、广东、北京、西安、乌鲁木齐，然后又回到香港和澳门，所以这个行程很复杂，我也很难用很简短的话来概括。我觉得中国在很多方面都给我留下了深刻的印象，令我感到惊讶的是，当我到了北京之后觉得就像到了洛杉矶。我只能告诉您我第一次对中国的印象，因为第二次我还只见了记者，别的什么人都还没有接触。

这次你到北京作"治与乱"的发言，有学者讨论你的讲话，有人认为你的讲话其实是在支持战争，还有人认为，至少你认为后现代战争不如古典战争，认为古典战争还要好一些。

埃科：我的发言只是说战争还没有消失，到现在为止，要消除战争也是不可能的，如果有人因此而产生了一些其他的想法，那个也都是错误。我只是对战争的情况作了一个分析，我根本不是支持战争。因为我认为战争创造了新的平衡这种说法不对。战争很有可能导致新的不平衡。现在看来，战争不但没有消失而且比以往更加疯狂，为打击恐怖主义而投下炸弹，但是炸弹投放的地方根本不是恐怖主义者藏身的地方。

你有一本书叫《小记事》，中译本叫《误读》，在你的生活中，你是不是经常经历"误读"？

埃科：这是书的名字，但是看你怎么理解这个词。误读，对我来说是经常的。我今天早上花了一个小时的时间来讲我反对战争，但结果还是被误读成赞成战争。如果我写一本哲学类的书，我写的是这样的东西，别人说是另外的东西，我必须马上说"不"。但遇到简单的问题，比如说刚才那两种误读，赞成战争或者说中国没有城市，这都无所谓，我不愿意辩解。

如果我写小说或者哲学，别人对我的本意有误解的话，通常有两种可能性：我不这样认为，但你有权利那样认为。我的本意是说，我不想跟别人说你应该怎么理解我，或者你要按我的意思理解，也许你按照你的方式去理解，比我的理解还深，这也说不定。有时候我觉得书比主人更有哲学性，更像知识分子。我的译者也经常这样问我，一个字我用的意思是 A 还是 B，我的本意是想用 A，但是译者用 B 的时候，比我原来的意思更漂亮或者更准确。

你长久地生活在学院里面，作为作家，大学的体制更有利于你的创作吗？

埃科：就像人有胖瘦一样，作家也是分成不同的种类，有的作家写小说，有的作家写诗，有的还写别的。大学不一定都是由精英分子组成，不是说大学里面的人都是天才，大学里也有普通人，可能有些人还不如普通人。我是大学教授，但是并不是完全限制在大学里。我在 50 岁的时候，已经开始写小说了。有的学者在讲课之余踢球、弹吉他，我是用来写小说。做学者是我的工作，但是让我快乐的事情是做一个作家。18 年来我最高兴的事就是一有时间就坐下来写作。

早年你做过电台的编辑，后来是学者的生涯，你的写作也处于两极，既有复杂宏大的书写，也有日常的表达，你是一个可以复杂也可以简单的人吗？

埃科：从多个角度来看这个问题，我觉得我一直在做同样的事情，不管什么样的工作。我有个专栏，每个星期都要写，我写书，还写论文，在这个之间连接是很严密的。比如说写学术的书，其实很多论点就是从每个礼拜的专栏里面来的，专栏文字只不过我是用一种更易懂更简单的方法，面对更多的人在写。很多人会觉得为什么学术的书跟专栏之间有那么大的差别，对我个人来讲，很多论点其实在每个星期的专栏里都写了，而且是用更简单的方式写。我是用记者的眼光研究学问，在我这里，记者、作家和教授是一体的。

你写过那么多旧的、新的书，写出过那么多透彻的文字，能说你是一个清楚了解世界的人吗？

埃科：谁也不能清楚地了解自己所处的这个世界，谁也无法清晰地看清楚这个世界，我从来没有见过谁能清晰地看见这个世界。如果你认为有人能清晰地看清楚世界，把他介绍给我。

（本文采访得到北京外国语学院赵媛、歌德学院北京分院崔峤的协助，在此致谢）

"红色的切"：世纪偶像制造

1959 年随着卡斯特罗领导的革命的成功，古巴成为全球瞩目的焦点。
菲德尔·卡斯特罗与亲密助手切·格瓦拉同时成为世界瞩目的政治
明星。1960 年法国思想家保罗·萨特与西蒙娜·德·波伏瓦来到古巴对
这个新兴的革命之地进行考察。卡斯特罗和切·格瓦拉分别接见了他们。
切的神秘气质给萨特留下深刻的印象。多年后在格瓦拉遇难后，萨特给
了他极高的赞誉。他称切"不仅是一个知识分子，而且是我们这个时代
最完美的人"。

2010 年盛夏，法国著名思想家雷吉斯·德布雷来到北京。德布雷身
兼多种身份，作家、哲学家、媒介学家、龚古尔文学奖评委。更重要的是，
德布雷在青年时期曾参加拉美革命，与格瓦拉共同出没玻利维亚游击战
丛林，他是格瓦拉生命最后时刻的见证者。

我应邀赴法国驻华大使馆文化中心访问德布雷先生。现场聆听他的
演讲，通过他的个人视角回望 20 世纪 60 年代拉丁美洲的革命风云，回
望格瓦拉的人生故事。

1967 年 4 月 9 日，巴黎高等师范学校学生、哲学教师雷吉斯·德布
雷在玻利维亚米约旁巴镇被政府军逮捕，当年他 26 岁。在被捕时，他

正试图保护一支由格瓦拉领导的游击队安全返回国内，这支游击队在1967年9月到达玻利维亚。在遭受数天的严厉审讯之后，德布雷被秘密关押，玻利维亚政府指控他为游击队领导人之一，他面临被处死或者监禁30年的判决。

2014年9月，德布雷再访中国，讲述格瓦拉的故事，也讲述对世界"革命"的思考。

切的神话

"让我们面对现实，让我们忠于理想。"这是切·格瓦拉激励人心的格言。

格瓦拉是享有国际影响力的谜一般的政治偶像。他的形象被复制到T恤、书包、海报、围巾、棒球帽和钥匙圈上成为文化符号，全世界对格瓦拉的迷恋在他死后持续了多年。

1928年6月14日，格瓦拉出生于阿根廷罗萨利奥市。在布宜诺斯艾利斯大学医学院求学期间和毕业不久，他曾多次周游拉丁美洲，其中包括他早年在《摩托日记》中描述的，他在1952年驾驶一辆诺顿牌摩托车所进行的不可思议的南美之旅。加勒比海的美丽岛国古巴，不仅在地理上更在文化上，为充满拉丁气质的革命青年提供了理想的新天地。著名巴西导演沃尔特·塞勒斯的影片《摩托日记》，讲述了格瓦拉的革命理想的形成与青年时代的拉美旅行相关。1954年格瓦拉客居危地马拉期间开始投身政治活动。然而他支持的民选政府在美国中央情报局策划的军事政变中被推翻，格瓦拉随即逃亡墨西哥。

格瓦拉留下的《玻利维亚日记》中记录了他的生平和重要时光。

早年格瓦拉在危地马拉和流亡的古巴革命者有过初步的接触，随后又在墨西哥城找到了他们。1955年7月他会见了菲德尔·卡斯特罗，当即加入了旨在推翻古巴独裁者富尔亨西奥·巴蒂斯塔的游击队远征军。古巴人给他起了昵称"切"。随后格瓦拉作为游击队一名随队医生登上"格拉玛号"游艇开始驶向古巴，这支游击队随后在古巴的马埃斯特腊山区开展了革命武装斗争。几个月后，格瓦拉被菲德尔·卡斯特罗任命为第一位起义军少校司令。他同时负责游击队伤病员和巴蒂斯塔政府军伤病俘虏的治疗工作，在随后的革命战争中格瓦拉功勋卓著。

格瓦拉一生具有传奇性。1959年，独裁者巴蒂斯塔逃离古巴，格瓦拉成为革命新政府中的一名重要领导人，始任全国土地改革委员会工业司长，继任国家银行行长，后改任工业部部长。格瓦拉还是后来的古巴共产党中央领导人之一。除了担任这些职务以外，格瓦拉还是古巴革命政府在国际事务活动中的出色代表，他频繁出席国际会议，在国际论坛发表演讲，他的慷慨激昂和能言善辩令国际瞩目。美国《时代》周刊曾经评选格瓦拉为"世纪偶像"。这与他后来领导的"革命"行动有关。1965年4月格瓦拉离开古巴，继续投身游击战争。最初他领导一支由古巴人组成的游击队赴刚果支持刚果人民的革命斗争。1965年12月他秘密返回古巴，筹建一支由古巴人组成的游击队前往玻利维亚。格瓦拉的计划是挑战该国的军事独裁政权，最后以燎原之势将革命运动推广至整个拉丁美洲。

1977年，法国著名导演克里斯·马盖拍摄纪录片《红底色的年代》，回顾了弥漫1960年代的革命激情。其中有一个历史细节，关于格瓦拉要在玻利维亚建立游击军事基地，却被共产党的第一书记拒绝。既缺乏当地印第安人的支持，又没有可靠的根据地，格瓦拉的革命实践离其目标越来越远，最后被迫沦为一场冒险。1967年10月8日，格瓦拉在游击战斗中负伤，他落入接受过美国训练和操纵的玻利维亚反叛乱部队手中，次日惨遭杀害。随后政府军隐匿了他的尸体。他被砍掉了双手，他的尸体和其他几名战友的尸体一起埋在了玻利维亚中部山区小镇巴耶格兰德外的飞机跑道附近。

美国作家乔恩·安德森在其所著的《切·格瓦拉传》深情地写道：

"切的敌人不愿看到他的墓地受到众人的瞻仰，他们希望他的消失能够终结切的神话。然而，切的神话超越了所有人的控制，越传越广。成千上万的人为他的去世哀悼。诗人和哲学家赞美他，音乐家编曲歌颂他，画家描绘他的英姿。亚洲、非洲和拉丁美洲的马克思主义游击战士们高举他的旗帜奔赴战场。在美国和西欧的年轻人奋起反抗越南战争后的既定秩序、种族歧视和社会正统观念的时候，切叛逆的脸庞成为他们的终极偶像。切的遗骨可能消失了，可是他的精神还活着，切无所不在。"

与切在一起

在切·格瓦拉遇难 43 年之后，德布雷讲述了当年他在切·格瓦拉的玻利维亚游击营地尼阿卡瓦苏的情景。德布雷被捕之前化装成一个墨西哥的新闻记者，他与一个名叫希罗·布斯托斯的阿根廷画家结伴去采访格瓦拉，来到游击队营地。当时有人怀疑他们是特洛伊木马——美国中情局的奸细。因为在他们被捕 6 个月之后，切·格瓦拉和他的战友们被捕。德布雷显然经受过拷打，但并没有泄露机密。因为在美国中情局策划下的军事围剿显示事先就掌握不少情报。被人怀疑最多的是阿根廷的画家希罗·布斯托斯，有人认为是他泄露了机密，供出格瓦拉率领的游击队营地。

由美国作家乔恩·安德森所著的《切·格瓦拉传》有两章写了当时的情景。在传记所附的照片中有一幅是切·格瓦拉与德布雷和布斯托斯等人在游击队营地的合影，还有一幅照片是切阅读德布雷的著作《革命中的革命》的读书笔记中的一页影印。这些照片在切与政府军的作战中遗失后又找到的。这些照片真实地记录了当时的现场，成为具有文献价值的物证。

其时是格瓦拉的游击战最艰苦而磨难丛生的时刻。《切·格瓦拉传》描述了当年的情景。

"几天前，玻利维亚警察突袭了营地下方的卡拉米那庄园。切在回营地的路上传来更多坏消息。政府军回到他们的农场，没收了一头骡子和吉普，抓住了一名正在返回营地的信使。切加紧赶回营地。他回到营地时，发现营地里弥漫着一种失败的情绪。人乱作一团，人心涣散。"

德布雷是在那时候见到格瓦拉的。其时他的身份是"一名法国的马克思主义理论家"，他和卡斯特罗以及古巴的安全部门关系密切。他积极支持在拉丁美洲推行古巴的革命模式。切和德布雷交换了意见，德布雷说他希望留下来参战。可是切对他说，如果他在欧洲开展工作会更好。切说他会给国际和平斗士伯兰特·罗素写信，请求他建立一个国际基金，资助"玻利维亚解放运动"。切也会见了希罗·布斯托斯，这位阿根廷画家对切的乡村游击战理论是否明智持怀疑态度。切对布斯托斯说他的战略目标是夺取阿根廷的政权。

两天后游击队营地就遭到政府军袭击。一架飞机轰炸了卡拉米那庄园的周围地区。政府军杀死了 15 名游击队员，抓获了 4 名俘虏，其中包括两名"外国人"。切的游击事业受到重创，德布雷和布斯托斯想要撤离前线，他们在走进米约旁巴镇的时候被政府军抓获了。

对德布雷的审判吸引了国际媒体的关注。对于切·格瓦拉来说，德布雷和布斯托斯被捕是沉重的打击，他们是切向外界传递消息的唯一机会。据当时审问德布雷的人说，是德布雷最终证实了切·格瓦拉在玻利维亚的消息。起初，德布雷说他是法国记者，跟游击队没有关系。可是随着审讯越来越严酷，他最终屈服了，承认被称为"拉蒙"的游击队司令实际上就是切。

审问员得知布斯托斯是艺术家，他们让他画出游击队员的样子。布斯托斯照做了，还画了游击队在尼阿卡瓦苏营地和窑洞的地图。德布雷和布斯托斯被捕后，切和他的人在丛林中披荆斩棘，长途跋涉，忍受酷热、寒风、大雨，到处寻找食物和水。他们一直寻找后方部队，可是始终没有找到。他们常常迷路，偶尔与政府军的巡逻队交火，哈瓦那电台是他们了解外面情况的唯一途径。几天后在一次战斗中，切身边的人身亡，他与游击队员失去了联系。

切躲在一大块岩石后面，用 M2 卡宾枪射击。但是没多久枪管被一颗子弹击中，枪没法再用。他的子弹夹显然已经丢了，他没有武器了。第二枚子弹击中了他的左腿小腿，第三枚子弹穿过了他的贝雷帽。切的敌人见到了他最后的样子：切躺在地上，他的双手被绑在身后，双脚也被绑。身边是他朋友的尸体，他腿上的伤口在渗血。

1967 年 10 月 9 日，切·格瓦拉遇害。享年 39 岁。

1997 年，切·格瓦拉的遗骸终于被发现，并运回古巴。

格瓦拉纪念碑矗立在古巴中部的圣克拉拉。

那是他在革命战争年代赢得重大军事战役胜利的地方。

两面之词

切·格瓦拉遇害之后，一场为德布雷辩护的运动在巴黎发起。

当年的法国《世界报》刊登了德布雷被捕的消息，也刊登了法国知识界致玻利维亚国家元首巴里昂托斯将军的电报，其形式如同一份请愿书。众多的签名者对德布雷的命运深感忧虑，他们呼吁保障德布雷的安全。在数十名签名者中包括了当时法国最著名的知识分子，有保罗·萨特、玛格丽特·杜拉斯、雅克·拉康、弗朗索瓦丝·萨冈等人，一些具有影响力的政治人物如时任法国总统戴高乐将军也关注德布雷的命运，为他的自由而努力斡旋。

德布雷 1940 年 9 月 2 日出生于巴黎的一个律师家庭，16 岁时赢得法国文科竞赛奖，18 岁以第一名的成绩考入巴黎高师。他年轻的时候，世界正处于一个非殖民化运动高涨的年代，法国先是从印度支那退出，接着又在阿尔及利亚面临困境，与此同时，民族独立解放的浪潮波及亚非拉三大洲。

青年时代的德布雷充满政治激情，部分原因在于他是马克思主义哲学家路易·阿尔都塞的高足。这位出版过《保卫马克思》的著名理论家，在巴黎高师影响了许多著名的学生，米歇尔·福柯和德布雷都在这个名单上，当年探讨革命理论的兴趣是那个年代的巴黎高师师生的时尚。

德布雷在切·格瓦拉之死中所扮演的角色，使他成为受争议的人。

他回法国后持续不断参与政治活动，且有大量的文学和政治作品问世，经常引起媒体关注。然而有人声称要清算历史，只是一直没有确切的凭据。直到1996年，格瓦拉的长女在阿根廷首都发表谈话说德布雷被捕后可能泄密，遭到当事人的反驳，其中包括当年玻利维亚军方的特工头目，出来作证否认德布雷泄密。2001年，还有人在追究德布雷所谓的历史责任。

对这段经历，德布雷在他的作品中有过不同角度的回忆和讲述。

2014年出版的《两面之词：关于革命问题的通信》是德布雷与中国哲学家赵汀阳的最新对话集。谈到对以往政治激情的反思时他说："一切伟大的民族都需要（或者在他们活力最兴盛的时代曾经需要过）英雄的史诗、民族的传说、传奇的人物、国父（戴高乐、格瓦拉、曼德拉、华盛顿等）。然而革命也常常会在衰老中自我否定，反过来对付自己。反对滥用权力的无政府派起义最终会导致一个更强硬、更集中的政权。法国有过拿破仑，俄国有过斯大林，罗马有过凯撒。造反的精神最终变为被迫的服从，自发性变化为官僚化，不同政见变成正宗教条，这不是新东西。"

1967年德布雷被捕后，戴高乐将军亲自出面，向玻利维亚政府施加压力，政府相关部门和整个法国以及意大利和其他国家乃至玻利维亚的工会等团体都出面声援。德布雷的母亲是巴黎市议会的议员，也亲自出面，甚至还去见美国参议员。据说，玻利维亚政府试图通过德布雷的被捕与法国交换军火、工兵营的装备以及训练空军飞行员。结果因为是多方出面，最后玻利维亚政府派军方负责人去巴黎见法国外交部长，被当面训斥。更替总统之后的玻利维亚新政府当中有要员具有左翼倾向，此人与玻利维亚共产党领导人有亲戚关系。最后在各种因素的综合作用下，玻利维亚政府军只好释放德布雷。获释之后，德布雷向法国的相关部门写过感谢信。

从此开始，德布雷更坚定了政治上的共和主义精神（他在哲学上属于马克思主义，对辩证法的运用极其娴熟）。在他的政治自传《可敬的大人物》中，他表达了对戴高乐总统的敬意。

10 年之后，法国总统密特朗任命德布雷为外交事务特别顾问。

多年来德布雷穿梭于政治和思想界，穿梭于哲学和文化研究。青年时代的革命理想，在拉美丛林里与切·格瓦拉亲历游击战，这样的经历使他对世事有更为深入而透彻的理解。

2014 年 9 月德布雷再访中国，此次访问中他再次回忆拉美革命。

再次重温他与切·格瓦拉共同经历的时光，也深省那段岁月带给他的启示。

由丛林战士到文化英雄
——雷吉斯·德布雷的思想之旅

革命首先不是造反，而是一种哲学。

——雷吉斯·德布雷

2010 年 6 月 4 日，应法国驻华大使馆邀请，德布雷前来北京出席"法国文化季"活动。到晚间，德布雷在法国文化中心的放映厅发表了题为"知识分子与权力"的主题演讲。

德布雷舒展地坐在讲台上的座椅间，面前是可以移动的麦克风，桌面上是他写下的演讲稿。与他的左翼思想家出生入死的英雄气势不同，坐在讲台上的德布雷更像一个普通的老人。

他的头发花白，语调温和，有时候会微笑，更多时候像独语。

他不是简单的知识分子

担任主持人的法国驻华大使馆工作人员向听众介绍德布雷时花了很长时间，有一句话意味深长："我们不能把德布雷先生看作是一个简单的知识分子，他的行动主义使他和其他法国知识分子区分开来，因为很多法国的知识分子不会表明自己的态度。"

加勒比海的美丽岛国古巴，不仅在地理上，更在文化上为充满拉丁气质的革命青年提供了理想的新天地。著名巴西导演沃尔特·塞勒斯的影片《摩托日记》，讲述了格瓦拉革命理想的形成与青年时代的拉美旅行相关，相似的事情是德布雷的革命情结也和60年代初期他在拉美的旅行有关。

似乎革命生涯也存在某种路径依赖，可能出于无意识，德布雷重复了格瓦拉当年的旅途，除巴拉圭之外，行程跨越整个拉美大陆，亲眼见证民族解放运动的汹涌浪潮，亲耳聆听到游击队的枪声在整个安第斯山脉的深谷回荡。

旅行的结果之一是产生了政治思考。返回法国后，德布雷很快写作了《卡斯特罗主义：拉丁美洲新的长征》一文，发表在萨特主编的《现代》杂志上。文章的主题是从革命战略的角度宣传武装斗争在拉美完成民族革命的重要意义。这和格瓦拉的想法不谋而合，远在阿尔及尔的格瓦拉读到之后，马上把文章和作者推荐给卡斯特罗。1965年冬天，正在法国东部南锡圣女贞德中学教授哲学的德布雷收到卡斯特罗的电报，邀请他出席将在古巴召开的三大洲会议。德布雷从古巴开始了长达八年的拉美革命生涯，名义上是古巴大学的哲学教师，实际上却在训练营里熟悉各种枪械和游击战术。

回忆德布雷年轻时代的经历，让人发现似乎他是一个军事理论家，至少写了两本分析战争的书。以知识分子身份介入的德布雷深信，"没有革命的理论，便没有革命的运动。"他不满足于各种游击战术的军事训练，提出新的游击中心理论，颇为引人注目：1967年，他在法国出版了《革命中的革命》，书中分析了拉美武装斗争的战术和战略，提出策源地理论，认为游击战的成功之道在于形成无数个策源地，在世界各地点燃武装革命之火。这本书很快成为格瓦拉游击战手册的姊妹篇。在后来总结格瓦拉主义教训的时候，德布雷又于1973年出版《格瓦拉游击战》一书，认为要完成"持久的革命"，需要解决革命组织和战略战术的问题，如城市无产阶级的支持，阶级构成的系统探索，以及组织结构、军事配置、活动地域、时间选择等问题。游击中心主义的战略更倾向于可操作性。

对社会革新充满政治期待

法国政治学者让·弗朗索瓦·西里奈利在其所著《知识分子与法兰西激情：20世纪的声明和请愿书》中回顾了德布雷事件，他说："当一个知识分子与诉讼案子有关时，整个知识界便有能力紧密团结起来。在这一点上，德布雷事件对法国来说首先是一种内部的内生现象。"

当年德布雷被玻利维亚军政府判处30年徒刑。经过多方营救，三年零十个月之后，德布雷离开监狱，去了另外一个也处于革命状态的南美国家——智利。不过这一次，智利的联合阵线政府来自合法的选举。在巴黎出版的《智利的革命：与萨尔瓦多·阿连德的谈话》一书，是另一种革命经验的观察和记录。

当历史再一次中断智利的革命进程时，德布雷不得不告别拉美。此时的法国，"无产阶级左派"正在从影响力最高点下滑，左翼社会运动开始从极端向理性回落。1972年，法国、意大利和西班牙三个西欧国家的共产党开始提出以和平竞选为主要政治形式的欧洲共产主义战略。在法国，社会党和共产党的联合参选透露出社会革新的新曙光。

回到法国的德布雷，仍然是一个对社会革新充满政治期待的人。1981年5月10日，密特朗代表社会党和共产党当选总统，当天晚上，巴黎共和广场上的"国际歌"旋律一直回荡到深夜。作为一个共和主义者，德布雷进入政界，先后出任法国总统第三世界特别助理、南太平洋理事会秘书长、法国行政法院审查官、塞维里亚世博会法国馆文化总监等行政职务。

政治的不可思议性往往在于言语和行动之间的落差，或者说是主观理想和客观环境之间的可操作空间：法国战后最左的政府推行的是最右的财经政策。德布雷慢慢体会到，知识分子沉溺在语言的世界中，难免会有孤立感，而要在现实世界中选择阵营，沉默和含蓄又成为一种必须。对政治进行彻底的思考，往往是难以实现的。朱利安·班达当年就曾经指出知识分子的天职是做"非宗教的、功利主义世界"的"恶人"，做文明的担保者和见证人，这种文明强调道义至上意识的精神崇拜。德布雷从参与政治的现实经验中体会到失望："我们的领导人不再区分不再清晰的界线：他们不再说他们的所作所为，他们也不再做他们说过的事情。"政治家只需要他的名声，并不需要他的意见。显然，政治并非精神的严肃实践。

德布雷终于在1992年彻底离开政界，决心回到高校去继续学术生涯。

在漫长的20世纪中，革命曾经是影响巨大的主题。对于许多西方左翼知识分子来说，革命信念是一种政治意义的存在。革命寄托了他们对未来的想象和期待，通过革命驱逐不合理和不平等，尽管革命的结果往往与期待背道而驰。真诚的革命者往往源于信念，即便岁月消磨了幻觉，但始终维护追求正义和公平的理想。从这个意义出发，理解左翼知识分子对革命的辩护相对容易。区分两种革命的必要性在于，当当事人都已经从生物学意义上消失之后，警示的声音越来越远越来越微弱的时候，人们可能回避因为忘却的经历而重复错误。

40多年以来，围绕德布雷的这段冒险经历及其理想价值，有过不断的争议和评论。这段难忘的革命经历一直成为德布雷不断反思的动力源，从20世纪70年代开始，德布雷就不断发表以小说、政论为形式的若干著作进行反思，进行批评和自我批评，其中最引人注目的是1987年开始出版的"人生三部曲"自传，全面回顾从国外到国内的政治经历，前后经历十一年完成的三卷本文采飞扬，令人联想到两个著名的法国知识分子萨特和波伏瓦，他们具有同样旺盛的写作才华和惊人的修辞能力，同样鲜明的法国气质，不但敢于承担政治投入的风险和责任，也能够以文字本身表达一种具有道德内涵的精神。

从丛林战士到文化英雄，德布雷在不断开拓自己的境界，并通过媒介与社会大众分享。沿着 20 世纪的足迹来勇敢地面对世界,德布雷的"词与物"为不同时代的知识分子呈现出信念的价值和道义的担当。

当我们胜利的时候成为官僚,
失败的时候就成为俘虏

你的革命生涯给我们留下了深刻的印象。1960 年代,你获得巴黎高等师范学校哲学教师资格,同时也是共产主义学生联盟中的积极分子,你曾到古巴投身革命,在玻利维亚跟随切·格瓦拉。现在回顾这段历史,有什么样的记忆是难以忘记的?

德布雷:要说最美好的回忆,当然是与战友和游击队员之间的博爱,也有热情的投入和牺牲,对未来充满期待。总之是所有传统革命战斗的美德。当然我们知道也会有困难的时候,当我们胜利的时候,成为官僚;当我们失败的时候,成为俘虏。

你怎么看切·格瓦拉,他是怎样的一个人?很多人把他描述成一个英雄,事实是怎样的?

德布雷:格瓦拉是一个爱国者,当然和卡斯特罗不一样。卡斯特罗是古巴的爱国者,格瓦拉是拉美爱国者,他想象二十来个拉美国家可以组成一个国家。所以,在完成古巴革命后,作为阿根廷人,他想重新把革命引回阿根廷,就通过玻利维亚来接近这个目标。他在非洲有过一次可以说比较失败的经验。作为一个国际主义者,他试图在刚果组织武装斗争。他是一个正直、有勇气和知识分子品味的人,可能比较缺乏战术意识,更多着眼于长远的未来而不是当下的形势,这是革命者经常会犯的错误。

你认识卡斯特罗,并有着长期的革命友谊。在你和他之间的交往中,他是一个怎样的人?

德布雷：卡斯特罗是一位传播者，一个非常有教养、精致和热情的人。不幸的是，随着时光的流逝，他似乎失去了和现实的联系。

我们好奇的是，你是如何认识这些风云人物的？

德布雷：这个故事要回过头来讲。我在 1963—1964 年间在拉美旅行，足迹差不多走遍拉美，当时的拉美国家几乎都被卷入一个以游击战形式为特征的革命运动当中。当我回到法国的时候，在萨特主编的《现代》杂志上发表了一篇《卡斯特罗主义：拉丁美洲新的长征》的文章。格瓦拉在阿尔及尔看到这篇文章，回到哈瓦那后向卡斯特罗进行了推荐。然后，1965 年 1 月 1 日，当卡斯特罗在哈瓦那组织召开亚洲、非洲和拉丁美洲三大洲会议时，就直接以他个人的名义邀请我去哈瓦那。

去哈瓦那对你来说是一次新奇的经验吗？

德布雷：1961 年我曾经在哈瓦那参加过扫盲活动。我还记得在 1961 年美国策动的猪湾事件发生的时候，我和现在的法国外交部长贝尔纳·库希纳一起到古巴驻法国大使馆去申请作为自愿者。总之那个时候，我们是国际主义者。

你第一次见到格瓦拉的时候是什么情境？有什么印象？

德布雷：那是在 1961 年，当时和一群外国人一起见到他。第一眼印象是这个人长得很漂亮，喜欢讽刺，有点像拉丁风格的周恩来。

红色高棉是最致命的一击

哲学教师、左翼学生积极分子、左翼知识分子、游击队员……这些词汇构成你当年的身份特征。现在你如何看待这段革命生涯？如何评估它的意义和价值？

德布雷：那个时候，我们是国际主义者。最后我们发现，社会主义革命在本质上是一场民族革命，民族逻辑活跃其中。理论上是基于传统的马克思列宁主义话语，实际上是一场民族革命。一开始，革命欢迎外国人，很快我们发现实际上离世界革命的理想还很远，不是理想中的世界革命，而是在那些被帝国主义支配和压迫的国家中重新寻找民族解放和民族权利。所以说，寻找"新人类"（即格瓦拉所说的重新诞生的"新人类"），在我看来是一种失败。因为人不可能被重新创造，被重新创造的是赢得独立的国家，它们为自己在世界上的独立地位而自豪，如今天的拉美国家。

记得在20世纪90年代你曾经感叹道，冷战结束后，从法国大革命开辟的这条历史路径面临着被重新评估的可能。事实上，20世纪的革命是一个不断传递并扩散的结果。中国革命成功的重要原因之一，是在长期的革命实践中探索出葛兰西意义上的文化领导权的中国模式。非常有趣的是，你后来创建的媒介学理论当中，特别强调了象征形式、集体组织和传播技术系统这三个部分之间的互动关系的社会功能。如果挪用你的这种归纳性总结，是否可以在某种意义上重新思考革命的起源及其发展？

德布雷：如果简单地说，革命首先是一种思想。革命是一种世界观，是由知识分子生产的。他们确信拥有历史的意义，追求人民的幸福，然后找到一种物质力量，一种军事技术，掌握政治权力，建立一种新的道德秩序。这是古典的列宁主义的理论。

我们是否可以说，在信息贫困的年代，纵向结构的象征权力的建构是革命传播的基本出发点和革命成功的基本配置？

德布雷：革命首先不是一种造反，而是一种哲学，一种关于建立新社会的理性计划。这种计划的化身是政党，但很快被歪曲，一种解放变成一种限制。在法国，"革命"这个词有两个意思，一个意思是通过暴力掌握政权，另一个意思是说地球的自转。这当然是一种反讽，因为我们进行革命是为了改变世界，而经常是转了一圈以后又回到出发点。这差不多成了一种规律，但新的出发点与原来的出发点已经不完全一样了。

法国巴黎高等师范学校当年是思想的重镇，很多 20 世纪杰出的思想家都活跃在那个时期。在巴黎高师就读带给你什么样的影响？

德布雷：巴黎高师首先给我带来的是一种知识分子的教育，我们有一位马克思主义哲学老师路易·阿尔都塞，他引导我们阅读马克思和列宁的著作。

那个时候你在古巴。为什么？

德布雷：我之所以选择古巴，是因为我的革命观念更倾向于实践和行动，而不仅仅是一种哲学。事实上，高师的学生在人们看来有点像无产阶级的贵族。（笑）当然我们参加那个年代的运动从属于那个年代的意识形态背景。

在那个年代，萨特对你们的影响大吗？

德布雷：对。那个时候的萨特有很大的影响。但他是马克思主义者，试图更新马克思主义。

你和他之间的个人交往如何？

德布雷：当然有，因为也可以说他是我的同学。

你和他交往很密切吗？

德布雷：那倒没有，我从来不在他那个核心圈子中。我去过几次他家，因为那个时候我也为《现代》杂志写稿，当时由波伏瓦主编。萨特对我很慷慨。当我在玻利维亚被捕的时候，他首先出来发动舆论，营救我。

你还记得整个知识界在声援你，营救你，你当时怎样想象外界对你的支持？

德布雷：当时我处在一个无法与外界沟通的处境，差不多四个月。然后我每三个月见一次法国领事，后来偷偷地写一些信给亲近的朋友，但同外界还是隔绝的。

就是说你不知道法国正在发生什么？

德布雷：不知道。后来的两年，我有一个半导体收音机可以听广播。但在玻利维亚不可能听到法国的广播，只能听到当地的广播。

后来知道当时法国知识界对你的营救吗？

德布雷：我不知道，很少，很不清楚。我知道有些声援我的会议和组织。后来我主要知道的是戴高乐将军（当时的法国总统）在我被捕一开始就进行干预，使玻利维亚政府不能枪毙我。

你被关押的时间是三年？

德布雷：差不多有四年，是三年零十个月。

然后你去了智利？

德布雷：对。当时智利是阿连德在执政，他非常博爱地接待我。我拍了一部纪录片，待到差不多1973年。

可以说你是一个世界革命的观察家。

德布雷：我相信你对20世纪的历史比较熟悉。

我认识另外一个法国教授阿芒·马特拉，当时也在智利工作。后来被皮诺切特军政府驱逐出境。有趣的是，在中国的媒体上也有过关于智利模式的讨论，有争论。

德布雷：的确。智利的社会主义没有成功。

我们的印象中，那个年代的法国知识分子具有社会激情，关注公共事务，积极介入国际政治。

德布雷：的确是这样。首先是1968年的五月风暴，我们称之为左翼运动的崛起。在法国共产党当中，有很多人亲中国、亲古巴。如果我们回过来讨论这个年代，最重要的是诞生了左翼联盟，社会党和共产党联合参加总统大选，出现了以社会主义为展望的社会党政府，由密特朗领导。在某种意义上，慢慢远离了第三世界主义的诱惑。应该说，第三世界主义之所以严重受损，是因为在一些革命运动之后的第三世界国家出现的专制和独裁，尤其是红色高棉，这是最致命的一击。

就是说使革命梦幻走向终结。

德布雷："文化大革命"也没有带来什么好影响。

知识分子生产的是世俗宗教

你听到格瓦拉遇难的时候是什么反应？震撼之后有过相应的思想反思吗？

德布雷：当然是一个灾难，不可想象。

你是在事件之后很久才得知的？

德布雷：差不多是在我被捕六个月之后，我当时马上就知道了。

是因为收音机传来的广播？

德布雷：不。是因为我当时就看到军警在庆祝。我们想游击战可以在其他人的领导下继续下去，事实上，游击战没有继续。但可以说，30年之后，有格瓦拉理想的人到处都有，通过不同的形式比如内生的、种族的和社会的形式出现，当今的玻利维亚总统莫拉莱斯就可以说是这一种形式的某种化身，也算是一种回旋。格瓦拉游击战的问题在于游击战是进口的，由白人组成，和印第安人没有关系。有点像中国 1927 年的广州起义，革命者从外面来，当地农民没有参与。

你如何看待你青年时代的这段革命生涯？

德布雷：我认为我们在成为革命先锋之前可能陷入历史的诡计，没有考虑到历史的长度和真实的情境。我们是志愿主义者，急躁。但我始终相信我们的追求是正义的，绝对没有否定这段革命历史。从古巴回来以后，我开始对游击战进行自我批评，写作了两卷本的《武器批判》，批判仅仅聚焦军事的革命理论，这套游击战的军事理论假定能够从军事活动中产生政治运动，其实就是一批先锋战士来扮演雷管的角色以引爆人民，但这没有成功。

那么从这个历史经验当中找到了另外的思路吗？比如说改良？

德布雷：对。我成为一名改良主义者，我不再是革命者。（笑）注意，我之所以不再是革命者，是因为我在西欧，这里有合法的斗争条件，这里有集会自由和表达自由，在合法框架内，有议会制度，走宪政程序，我们在有些事务中推进一些诉求，比如关于平等、司法和社会的议题。对我来说，革命者就是作为游击队员参加武装斗争，是一种不合法的斗争，这在西欧没有意义。这就是我为什么跟随弗朗索瓦·密特朗参与推动合法条件下的社会改良。我认为，不要把革命意识形态化。革命首先是一种情境，只要能够进行合法斗争，就应该坚持合法斗争的形式。否则，就会陷入恐怖主义，在一些西欧国家如德国和意大利就有过这种历史教训，完全与群众脱节，失去影响。

法国对世界文明的贡献，是从启蒙年代到20世纪向人类贡献出许多优秀的知识分子，高举自由、平等、博爱的旗帜来建构主体关系，并产生出许多主义。正如你在1980年出版的这本《誊写人》中所说，知识分子的功能是使主义和非知识分子相结合。今天你如何看待这个问题？

德布雷：知识分子生产的是一种世俗宗教，没有上帝的宗教，是一种大众意识形态。其实你也知道，法西斯主义一开始也是一场知识分子运动，民族主义也是，共产主义亦不例外。

那么在今天的互联网时代，信息资源无限丰富而边际成本趋向于零，追求信息权力的平等成为推动社会关系和生产力发展的动力性因素，无数网民的自由表达似乎在建构一种基于互联网的公民社会。在这种情况下，你认为知识分子的角色还会有新的机会吗？

德布雷：互联网是一种信息民主化的手段，所有人都可以接近信息。

尤其是互联网的出现使得信息本身可以独立于国家。有一种历史规律：当出现一种新的表达手段时，国家开始是试图控制，但最终失败。

国家不能赢得控制？

德布雷：国家在技术面前始终是输家。在我们的历史上，国家在 16 世纪输给了书籍出版，19 世纪输给了报刊发行，20 世纪输给了无线广播，那么 21 世纪将要输给互联网。

我们还感到好奇的是，当萨特去世的时候惊动了很多的民众。这是一个标志，或者是一个状态或情境，就是说知识分子的影响力随着萨特的去世而开始递减？

德布雷：对。萨特的逝世几乎可以说一个象征意义上的知识分子的葬礼。就是说，作为一个伟大的反对者，他有过很大的社会号召力。之后的知识分子更加专业，更加有节制，他们不再声称能够在总体上代表社会。

记得你在一本著作中曾经说过，影响是为了产生信仰，产生信仰是为了找到生存的理由，而这些理由首先是关于人和事物的有力量的影响。非常有趣的是，在接触影像的过程中，我们发现被制造的影像已经成为历史的组成部分。如果说影像是政治人类学的场面调度，或者说是政治潜意识的培养基，结合到你的媒介学理论，我们是否可以期待把这种新的方法论当作重新认识历史的工具？

德布雷：影像的动员能力经常超越思想的动员能力。一个思想首先要找到一个形象，一个思想经常要被化身为一个形象、一个人、一个英雄、一个圣人。这个讨论要回到神话，就是说要人们去认同某个人物，某个社会建构的人物。如果人是信徒，他就有可能需要信仰，比如说去相信超人，当然实际上超人并不存在。

（本文写作受益于美国作家乔恩·安德森所著《切·格瓦拉传》及切·格瓦拉的《玻利维亚日记》）

图书在版编目（CIP）数据

在异乡的窗口，守望／夏榆著 .—上海：上海三联书店，2016.12
ISBN 978-7-5426-5681-0

Ⅰ . ①在… Ⅱ . ①夏… Ⅲ . ①名人—访问记—世界—现代
Ⅳ . ① K812.6

中国版本图书馆 CIP 数据核字 (2016) 第 205979 号

在异乡的窗口，守望

著　　者／夏　榆
责任编辑／黄　韬
特约编辑／徐曙蕾
装帧设计／尚世德众

出　　版／上海三联书店
　　　　　　(201199) 中国上海市闵行区都市路 4855 号 2 座 10 楼
网　　址／www.sjpc1932.com
发　　行／新经典发行有限公司
电　　话／010-68423599　　邮箱／editor@readinglife.com
印　　刷／北京新华印刷有限公司

版　　次／2016 年 12 月第 1 版
印　　次／2016 年 12 月第 1 次印刷
开　　本／880×1230　1/32
字　　数／300 千字
印　　张／11.75
书　　号／ISBN　978-7-5426-5681-0/K · 398
定　　价／39.00 元

如有印装质量问题，请发邮件至 zhiliang@readinglife.com